LES TRIBUS DU ROI

DU MÊME AUTEUR

CHEZ LE MÊME ÉDITEUR

Les Seigneurs de la haute lande
La Palombe noire
La Sève et la Cendre
Le Secret du docteur Lescat
Acadie, terre promise
Retour en Acadie
La Plantation de Bois-Joli
La Baie des maudits
Constance et la Ville d'Hiver
Les Amants du Saint-Laurent

CHEZ D'AUTRES ÉDITEURS

La Rizière des barbares
Et tu franchiras la frontière
La Fin des mandarins
Rouges Rivières
Vietnam Impressions
Cambodge Impressions
Landes de terre et d'eaux

Vous pouvez retrouver l'auteur à l'adresse Internet :
dubosalain@gmail.com

Alain Dubos

LES TRIBUS DU ROI

Roman

PRESSES
DE LA CITÉ

ISBN 978-2-258-08812-2

Anglais, Français et Tribus en 1690

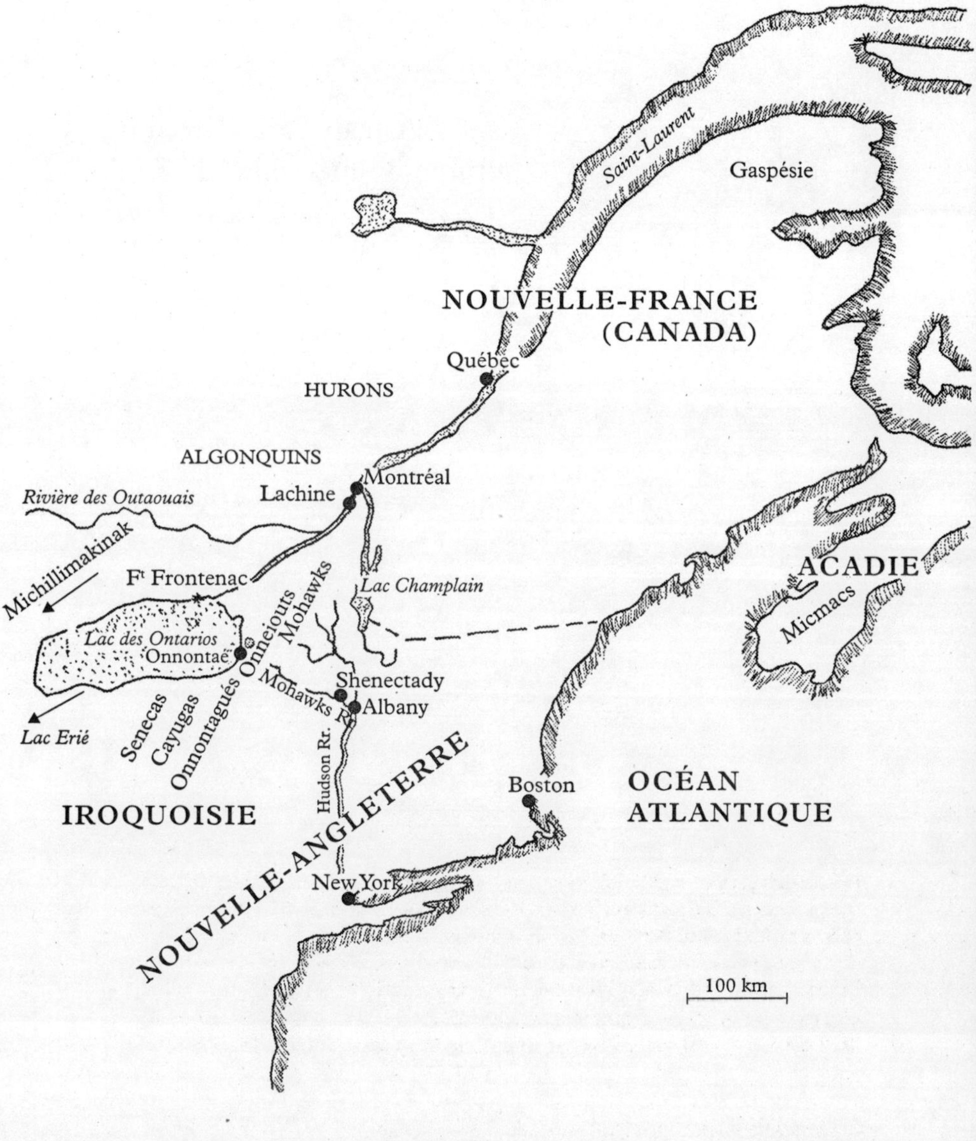

A Jean-Paul Perreault,
homme de mémoire, d'action
et d'amitié

Quelques points d'histoire…

Ce roman s'inscrit dans le cours d'événements réels survenus en Nouvelle-France à la fin du XVIIe siècle.

A cette époque de la grandeur de Louis XIV et de l'expansion maximale de la France au Nouveau Monde (dix mille habitants quand commence le livre), on nomme Canada la possession qui s'étend du golfe du Saint-Laurent aux rives des Grands Lacs américains, la Nouvelle-France s'augmentant de l'Acadie et de la Louisiane.

Les Anglais (quarante mille colons et assimilés), en guerre avec leur ennemi intime depuis la fondation de la colonie, sont quant à eux cantonnés loin au nord du continent, sur la baie d'Hudson, où ils traitent le castor. Leurs colonies à proprement parler sont très au sud du grand fleuve, la limite des deux empires se situant au nord des Etats actuels du Maine, de New York et du Vermont.

A la fin des années 1680, l'Angleterre, qui a pourtant pris puis rendu Québec un demi-siècle auparavant, regarde encore le Canada des Français à la longue-vue. Elle n'y est présente militairement qu'à l'intérieur de quelques forts, dans la région des

Grands Lacs. En revanche, elle soutient et arme les actions de tribus sauvages, principalement iroquoises, qu'elle tient en majorité ralliées à sa cause et sur lesquelles les gouvernants français tentent, entre guerre et diplomatie, d'exercer une influence pour le moins aléatoire.

Coincées par la géographie entre les deux puissances en conflit permanent, en butte aux attaques des soldats, des miliciens et des alliés indiens du Roi-Soleil, les Cinq Nations iroquoises[1] sont contraintes de louvoyer pour ne pas disparaître comme les Hurons, par elles chassés autrefois de leurs terres et affaiblis au point d'être quasiment rayés de la carte à l'aube du XVIIIe siècle. Ce jeu des alliances est un élément capital dans l'histoire du continent et de sa colonisation.

Les saisons jouent ici un rôle essentiel. Les distances aussi, tant entre l'Europe et l'Amérique qu'entre les Français et les Anglais. L'unité de temps est au mieux la semaine, en moyenne le mois, l'hiver, le semestre. L'arbitre porte un nom : Saint-Laurent, cœur et artère, mer intérieure et point stratégique, joyau français de sa source ontarienne à l'océan, pardessus tout objet des convoitises anglaises.

Par-delà la fiction romanesque, cet ouvrage s'attache à reconstituer la société de ces temps anciens, quand les villes abritaient quelques centaines d'habitants derrière des palissades de bois, sans autres voies de

---

1. Les Goyogouins, « peuple de la grande pipe » ; les Mohawks, « peuple des étoiles » ; les Oneidas, appelés Onneiouts par les Français ; les Onondagas, appelés Onnontagués par les Français ; les Sénécas, aussi appelés Tsonnontouans. Pour la clarté du récit, ils seront regroupés sous le vocable « Iroquois », sauf dans les passages où il sera question de leurs querelles internes et des efforts des uns et des autres pour les diviser.

communication que les rivières, les lacs et quelques mauvais chemins forestiers. Quand également le choc entre les civilisations indienne et européenne produisait ses premiers effets, précurseurs des grands nettoyages ethniques du XIXe siècle.

C'est l'époque des coureurs des bois, chercheurs envoûtés par une matière première nommée castor, dans des espaces sans limites précises. C'est le temps des colons livrés à eux-mêmes aux marches de territoires trop vastes pour eux, des bourgeois et des nobles, des religieux, des militaires et des marins, des boutiquiers et des commis ; un peuple expatrié, en vérité fragile et menacé.

En somme, ce dont il est question ici, c'est de la mémoire injustement gommée de cet appendice français en constant danger à l'autre bout de l'Atlantique, havre et berceau d'hommes et de femmes que l'on nomme alors, simplement, Canadiens.

Il est fort regrettable que ces pans entiers de notre histoire de France, mêlant les races et les cultures, éclairant les conflits linguistiques et culturels de notre siècle débutant, ne soient pas enseignés. Ce minime effort permettrait pourtant de comprendre bien des choses de notre monde contemporain. Mais c'est ainsi, un voile d'oubli, ou peut-être de honte, a été jeté sur l'Amérique française des premiers temps.

Alors, puisque les chargés de cours ont démissionné, il appartient aux historiens, avec leur rectitude, et aux romanciers, forts de leur imagination, de faire le travail à leur place, afin que le souvenir de nos destinées américaines à leur aube ne se perde pas.

PREMIÈRE PARTIE

Daniel

1

Versailles, juin 1689

— Monsieur de Frontenac, voici les lettres signées de notre main qui font de vous le gouverneur de notre province du Canada. Nous regarderons votre entreprise avec beaucoup de sollicitude, mais avec également la rigueur convenant à la tenue et au succès de nos affaires en Amérique.

Louis de Buade de Frontenac se leva de son fauteuil, s'inclina tandis que son souverain lui tendait les documents. Il lui sembla revivre l'instant où, dix-sept années auparavant, dans le même bureau inondé de lumière, Louis XIV lui avait confié une première fois le sort de la colonie.

— Sire, l'honneur que me fait Votre Majesté en me renouvelant sa confiance me touche au cœur. J'aime ce pays du Canada autant que ma patrie, j'y passerai s'il le faut et avec bonheur le temps qu'il me reste de vivre, au service de Votre Majesté.

Le roi remercia son hôte d'un geste courtois.

— Asseyez-vous à nouveau, monsieur. Nous allons évoquer quelques points importants.

Au bout d'une courte période de répit, la guerre avait repris en Europe, redistribuant les cartes au détriment de la France. La défaite du catholique Jacques II et de son renfort offert par Louis XIV, en Irlande, avait permis au protestant Guillaume III de prendre le pouvoir en Angleterre. Un huguenot sur le trône anglais, quatre ans après la révocation de l'édit de Nantes : l'issue n'avait pas fait de doute. Les colonies d'Amérique, qu'elles fussent anglaises ou françaises, avaient immédiatement été plongées dans la tourmente.

Le roi pointa l'index vers la carte étalée sur son bureau, désigna la frontière entre les possessions des uns et des autres ; une zone floue, contestée, limitée par le fleuve Hudson et la rivière Mohawk, au sud du lac Champlain.

Il tapota la carte. Il savait que si les conflits connaissaient des répits en Europe il n'en allait pas de même au Nouveau Monde. Là-bas, l'affaire se résumait à un affrontement franco-anglais, quasiment incessant depuis presque un siècle.

— Nous tenons solidement l'Acadie et les rivières limitrophes de la Nouvelle-Angleterre, dit-il. Ce sont de bonnes positions, d'où nous pouvons harceler l'adversaire. Nous sommes d'accord sur votre plan pour prendre New York, si possible dès cet automne. Le *Fourgon* et l'*Embuscade* se posteront à l'entrée de la rivière Hudson après vous avoir porté à Québec. L'armée levée par vos soins attaquera par voie de terre.

Frontenac acquiesça. Il avait maintes fois plaidé pour que cette opération, décisive à ses yeux, ait lieu.

Avec quelles troupes la mener ? C'était là une autre affaire. Le roi ne doutait pas de son issue.

— Vous devrez porter le feu partout où vous le pourrez. De plus, nous comptons sur vous pour rompre le lien qui unit les Anglais et cette Iroquoisie en perpétuelle balance. Monsieur de Denonville paraît bien impuissant à parfaire cette mission-là. C'est la raison pour laquelle notre ministre, monsieur de Pontchartrain, nous a recommandé de vous renvoyer en Amérique.

Frontenac eut une moue navrée. Il allait remplacer un gouverneur que ses atermoiements et ses lenteurs tactiques confinaient dans une position de défense plutôt passive. L'équation américaine était simple : un colon français pour quatre anglais. Sur le plan militaire, les choses étaient moins tranchées, une sorte d'équilibre s'était installé au fil des ans. Au jeu des alliances, les Français se montraient les plus habiles pour négocier avec les tribus indiennes. Ainsi compensaient-ils le peuplement insuffisant du Canada.

Frontenac posa son poing fermé sur la carte. Il avait mûrement réfléchi à la nouvelle donne américaine.

— Je m'y emploierai dès mon arrivée, sire. Notre politique sera de nous attacher encore mieux ces nations sauvages. Elles balancent en effet depuis toujours entre nous et nos adversaires. Nous avons d'excellents capitaines au Nouveau Monde, une population jeune, vigoureuse et désireuse de ne plus vivre sous la menace. Ce sont là des atouts majeurs.

En vérité, les tribus iroquoises n'avaient jamais cessé, elles non plus, leur propre guerre contre les Français. Le contrôle du commerce des fourrures était le point central autour duquel s'agitaient, armes à la main, chasseurs, soldats, marchands et armateurs. Le désordre permanent entretenu par le zèle anglais, la faible émigration vers une colonie grande comme quatre fois la France laissaient les « habitants[1] » du Canada dans une situation d'extrême danger.

Frontenac sourit intérieurement. On l'avait rappelé autrefois à Paris pour sanctionner sa tendance à vouloir en découdre par tous les moyens avec les cinq tribus sauvages constituant la nation iroquoise. Trop bouillant, trop impétueux. Et voilà qu'on lui donnait à nouveau mission de réduire le péril indien par le fer et son égal anglais par le feu. La politique était vraiment un art délicat.

Il s'embarquerait vers l'Amérique avec l'expérience de son premier séjour, et quelques années de plus pour mettre en harmonie le désir d'action du guerrier et la nécessaire réflexion du diplomate.

— Madame de Frontenac vous accompagnera-t-elle cette fois ? s'enquit le roi d'un air un peu grave.

— Hélas non, sire. L'idée même d'affronter les durs climats du Canada la plonge dans une grande mélancolie. Il vaut mieux dès lors qu'elle profite autant que possible de ceux de la France. Mon épouse est de santé fragile mais douée d'un fort caractère, on ne la convainc pas aisément.

Le roi eut un bref sourire.

— Nous avons grand espoir en vous, monsieur de Frontenac. Notre père, le roi Louis XIII, fut votre parrain de baptême au château de Saint-Germain.

---

1. Nom donné aux cultivateurs de la colonie.

Vous le servîtes avec grande vaillance au long de la guerre que nous nommons de Trente Ans. C'est le même soldat qu'à notre tour nous mandatons sur le champ de bataille.

Frontenac toussota dans sa main. La question qu'il avait à poser au souverain valait son pesant de stratégie militaire.

— Sire, pourrai-je compter sur l'envoi de troupes en nombre suffisant pour lancer loin des offensives ? Nos navires n'arrivent au Canada qu'une ou deux fois l'an, ils sont certes remplis de bonnes et belles choses pour la province, mais il conviendrait cependant d'y placer aussi quelques bataillons.

Le roi hocha la tête, soucieux. Les campagnes de Flandre absorbaient la majeure partie de ses armées.

— L'histoire de notre pays est celle d'une permanente défense, dit-il, et ce depuis toujours. Monsieur de Vauban est là pour le signaler, en maints endroits du royaume. Affronter aujourd'hui le Saint Empire, l'Angleterre, l'Espagne et les Pays-Bas ligués à Augsbourg n'est pas une petite affaire. Nous verrons cependant à vous fournir le plus régulièrement possible de quoi tourmenter l'adversaire. Il est vrai, n'est-ce pas, que nous sommes là-bas dans un très ancien tête-à-tête avec les Anglais.

— Dix mille des nôtres pour quarante mille des leurs, sire, la proportion s'inverse si l'on considère la surface de nos colonies respectives. C'est un défi.

Il plaidait pour un effort massif de peuplement, sans lequel la France ne pourrait conserver longtemps encore un territoire aussi vaste qu'il était déshabité.

Le roi acquiesça, soucieux.

— Nous en sommes bien conscient, monsieur de Frontenac. Nos Canadiens sont admirables de ténacité, de courage et d'endurance. Les laisser à la domination anglaise nous navrerait, croyez-le bien. Nous avons le souci qu'ils conservent leur terre. Monsieur de Pontchartrain sera notre lien dans cette entreprise. Dieu vous garde, mon ami, et soyez audacieux.

Le nouveau gouverneur du Canada n'en saurait pas plus ce jour-là. Comme par le passe, il devrait se battre avec de faibles moyens contre un ennemi bien supérieur en nombre. Il s'inclina avec cérémonie, tenant dans sa main le document qui lui offrait enfin un séjour longtemps désiré.

Dans le salon où patientaient les hôtes du souverain, le miroir face auquel il coiffa son large feutre lui renvoya l'image d'un homme de soixante-sept ans, fort en torse comme en bedaine et dont une bonne fortune colorait ce matin-là les joues. Pour le reste, il reconnut une trogne de Gascon durcie par des orbites proéminentes abritant un regard fiévreux, aux lèvres épaisses faites pour ordonner et parler franc, surmontées d'une moustache aux pointes relevées. Il pensa : Je vieillis, tout de même, sentit son bras droit, blessé quarante ans plus tôt en Italie, lui peser.

Il grogna.

— Bast, cette carcasse usée me soutiendra bien quelque temps encore.

Sa femme resterait en France. La belle affaire. Cela faisait longtemps que les époux Frontenac avaient dissocié leurs destinées. Il chassa une disgracieuse pensée de son esprit. Son couple était demeuré stérile, un échec sans rémission.

Il soupira, d'aise cette fois. Il y aurait le port de La Rochelle, l'embarquement et le vent, ensuite, pour gonfler les voiles jusqu'à l'embouchure du Saint-Laurent. Québec valait bien une séparation consentie de part et d'autre.

Le nouveau gouverneur du Canada se redressa, quitta des yeux son reflet dans la glace. L'aventure américaine n'avait pas sa pareille, depuis toujours. Et puis, on ne confinait pas facilement au fauteuil un soldat brûlant du désir de servir son pays, son roi. Quel que fût son âge, ou sa situation matrimoniale.

2

Lachine, 2 août 1689

C'était, à trois lieues à l'ouest de Montréal, au bord du Saint-Laurent et en amont de rapides, un village de colons gros de quelque deux cents âmes. La terre y était assez bonne quoique parfois maltraitée par les humeurs du fleuve et des climats canadiens. On y vivait modestement, à bonne distance des frontières fluviales séparant l'île de Montréal du vaste et mystérieux monde indien. Quant au nom du lieu, il avait été choisi en souvenir des explorateurs qui, tels Cartier et Champlain, pensaient trouver un jour la Chine au bout de ce chemin.

Ce soir-là, on avait quasiment terminé la moisson du seigle. Quelques jours à peine après les agapes de la Sainte-Anne, l'événement avait été fêté comme il se devait, avec de la soupe aux lardons et de la pâte cuite dans du sirop d'érable. Les sauterelles ne s'étaient pas abattues sur les champs cette année-là, l'espoir d'une bonne récolte était réel.

Hommes et femmes avaient besogné le jour durant, sans cesse tourmentés, malgré l'onguent de lard et la graisse d'ours dont ils s'étaient enduits, par des nuées de maringouins[1]. Les insectes avaient été conviés au festin des peaux nues, ces mêmes peaux dont l'exhibition féminine dans les champs contrariait tant les religieux.

Le soir venu, les femmes avaient revêtu des châles, puis on avait allumé des feux devant les maisons, pauvre défense contre les bestioles. Fatigués, les gens avaient tiré les rideaux derrière leurs vitres en papier ciré, et s'en étaient allés se coucher.

La nuit était noire, étouffante. Longtemps, on avait cru à l'orage, espérant qu'un peu d'eau viendrait mouiller la terre desséchée, mais le ciel était demeuré fermé sur de lourdes nuées.

Daniel Beauchêne avait attendu la mi-nuit les yeux grands ouverts, guettant le moment où son père entamerait l'une de ses périodes d'intense ronflement. Ses parents dormaient sur leur lit-alcôve fermé par un rideau coulissant, dans un coin de la grande pièce unique ; lui et son cadet François couchaient à côté de la cheminée, à quelque distance de leur sœur Marguerite.

Si la récolte était bonne, on agrandirait la maison d'un étage. Le bavardage d'après-vêpres avait tourné autour de ça. La guerre n'empêchait pas les projets. « Nous nous mettrons tous au bâti dès le printemps prochain, avait promis Etienne Beauchêne, nous aurons alors un vrai grenier avec une fenêtre pour y monter la paille. »

Lorsqu'il fut certain que personne ne s'éveillerait, Daniel se leva sans bruit, enfila ses chausses, ses

1. Moustiques.

mocassins en peau, puis il secoua doucement l'épaule de son frère.

— C'est maintenant ? chuchota François.

— Oui. Fais silence.

L'obscurité était quasi totale dans la maison. Les deux garçons longèrent la cheminée, où des braises rougeoyaient encore. En cette saison, l'âtre ne servait que pour la cuisine, son rayon ajoutait encore à la chaleur ambiante.

François caressa au passage le buffet où Gabrielle Beauchêne rangeait vaisselle et poteries, la haute armoire à un vantail, le coffre contre lequel, petit enfant, il s'était un jour ouvert le front. Etienne Beauchêne était fier des meubles qu'il assemblait lui-même. Au village, il était reconnu comme le meilleur menuisier.

Daniel précéda son cadet jusqu'à la porte. Quelques secondes plus tard, les deux garçons se retrouvèrent dehors, au moment où les premières gouttes de pluie commençaient à tomber.

— Ton capot, murmura Daniel.

Ils se couvrirent. Des éclairs zébraient la nuit, révélaient, dans leur incandescence, les parcelles rectangulaires du premier rang[1] alignées le long de la rive avec, à l'horizon, le flot étale du Saint-Laurent. François Beauchêne frissonna. Il allait subir cette nuit-là une épreuve longtemps redoutée, affronter l'orage dans le noir et vaincre enfin une peur que jusque-là il n'avait pas réussi à dominer. Daniel lui claqua le dos.

1. Les fermes étaient bâties de bas en haut, en rangs successifs.

— Alors, petit frère ?

— J'irai, cette fois.

A quinze ans passés, Daniel en paraissait deux ou trois de plus. Des muscles longs, déliés, un torse bien découpé, une moustache naissante, blonde comme sa chevelure, qui durcissait son visage aux lèvres minces, aux joues plates. Quant à son regard de loup, gris-bleu, Marguerite prétendait qu'il était celui d'un seigneur, capable de faire se pâmer les donzelles de Québec et de Versailles, même.

Il poussa François devant lui.

— C'est toi, le guide. Va droit vers le feu du ciel, il vaut bien celui d'une lanterne, et prends garde qu'il ne te tombe sur la tête.

Ils longèrent la clôture d'un voisin, traversèrent le lopin menant au fleuve. La menace des orages avait forcé les habitants à moissonner sans tarder. Ne demeuraient, çà et là, que quelques épis de blé, d'orge et d'avoine.

Il y aurait du fourrage pour l'hiver plein la grange des Beauchêne, par la bonté du ciel. Les paysans de Lachine guetteraient bientôt, impatients, le moment de labourer. Ils auraient peu de temps pour cela ; la terre devrait être préparée puis ensemencée avant les premières offensives de l'hiver.

Un chien aboya, tout près.

François s'arrêta, pris d'une peur subite. Le défi consistait à embarquer puis à se laisser aller au fil du courant jusqu'au point où le rétrécissement du géant commençait à en accélérer le flot. Des rochers affleurants rendaient la navigation dangereuse.

« Je l'ai déjà fait avec d'autres », avait affirmé Daniel.

Il faudrait alors retourner vers l'amont à la force des bras. Au-delà d'une certaine limite, c'était courir vers une mort quasi certaine. Aucun bateau ne s'aventurait sur le sault de Lachine, le transport des marchandises empruntait ses rives, par des portages.

François inspira un grand coup. Il ne pouvait renoncer si près du but, et puis son aîné était l'un des garçons les plus hardis du village ; pêcheur et chasseur, aussi dur au mal qu'habile de ses doigts, un vrai Sauvage, au dire de Gabrielle, leur mère.

Si Etienne Beauchêne apprenait cette équipée nocturne, il se mettrait dans une de ses colères froides que les femmes de la maison s'emploieraient à calmer. François se dit qu'il ne risquait rien. Les éclairs, de plus en plus rapprochés, facilitaient sa marche vers le Saint-Laurent. Lorsqu'il aperçut la crique sableuse où reposait la barque des Beauchêne, il sentit son cœur battre fort.

Il se hâta, le cou dans les épaules, le dos rond. A ce spectacle, Daniel sourit. Son frère venait d'avoir treize ans. Quand l'aîné s'était fondu, très jeune, dans la société des adultes, le cadet, pâle et fluet, demeurait dans les jupes de sa mère et de sa sœur, couvé tel un poussin par un gynécée inquiet. Tout petit, François avait failli être emporté par une diarrhée fébrile, puis par une épidémie de croup[1]. Depuis, les femmes de la ferme Beauchêne le traitaient comme une porcelaine que briserait le moindre souffle d'air.

« C'est trop, vous l'empêchez de respirer », regrettait le chef de famille.

---

1. Diphtérie.

On le faisait taire.

« Ce n'est pas ton affaire, le tançait sa femme, il y a suffisamment de gens pour besogner la terre. Ce drôle s'occupe comme il faut à nourrir les bêtes et à égrener le blé d'Inde. »

Enfant, François avait eu droit, pour tout conte de fées, au récit maintes fois répété du tremblement de terre qui avait dévasté la ville de Québec une trentaine d'années auparavant. Ainsi le Seigneur punissait-il celles de ses créatures qui mentaient, trichaient, volaient ou, plus simplement, désobéissaient aux parents.

Il se retourna, fut soulagé de savoir que son frère l'avait rejoint. Tout devenait menace autour de lui.

— La barque est là, dit Daniel.

Puis, sur une bourrade dans le dos du gamin, il ajouta :

— Allez, je suis là et je connais le chemin par cœur.

Comme ses pairs du village, Etienne Beauchêne avait formellement interdit à ses fils de se risquer à distance des habitations, quelle que fût l'heure. Une rumeur hantait la colonie depuis le mois de juin. Furieuses d'être empêchées par les Français de commercer librement leurs fourrures, des tribus iroquoises avaient fait de nouveau alliance avec les Anglais, qui de surcroît les payaient mieux. Tout ce beau monde se préparait à harceler une fois de plus les paysans.

On avait repéré des mouvements d'Indiens vers l'amont, aux limites de l'île de Montréal. A l'ouest, des chasseurs avaient été massacrés sur la rivière des Outaouais, d'autres, enlevés. Le quotidien des habitants du Canada était plein d'aléas sous le règne de Louis XIV ; par dizaines, petits et grands avaient déjà payé de leur vie et souvent de leur chevelure le simple fait de se trouver à portée des guerriers iroquois.

— Hardi, moineau ! lança Daniel.

Ainsi surnommait-il le freluquet dont s'inquiétait tant leur mère.

L'averse forcissait. Des rafales la portaient à l'horizontale, droit sur les joues des deux frères. Au moment où Daniel se penchait pour dénouer la corde retenant l'esquif, un éclair prolongé illumina le décor.

— A terre, François ! Et ne bouge plus.

Daniel s'aplatit contre le sol devenu fangeux en quelques minutes. Dans l'incandescence de la foudre, il avait aperçu des silhouettes près d'autres barques, à trente pas.

Il prit son frère contre lui. Au chuintement de la pluie se mêlèrent des chuchotis, des ordres brefs dans une langue inconnue.

Des Iroquois catholiques alliés des Français vivaient aux environs immédiats de Montréal. On les voyait en ville les jours de marché, occupés à vendre leurs étoffes et leur vannerie, pacifiés depuis assez longtemps pour qu'on ait cessé de les craindre. Il en venait même à Lachine, quémandant de la nourriture lorsque les rigueurs de l'hiver avaient épuisé leurs réserves de nourriture. Ceux-là n'avaient aucune raison de débarquer en pleine nuit dans un village ami.

Daniel hasarda un regard, de derrière la proue de l'embarcation ; juste le temps de distinguer, dans la lumière d'un éclair, des grappes humaines foulant le sable de la crique, des hommes à demi nus, casse-tête ou poignard en main, courant, courbés, vers le village.

Il sentit son cœur s'affoler. Des centaines de guerriers iroquois avaient abordé la côte et se préparaient à attaquer Lachine. Déjà, les Indiens se dispersaient par groupes compacts et se positionnaient face à l'alignement des maisons. Et il en débarquait encore, une véritable armée comme on n'en avait encore jamais vu au Canada, de mémoire de colon ou d'officier.

Daniel se rejeta en arrière. Il ne pouvait rien faire, une chaîne humaine continue lui barrait le chemin. Il sacra.

A l'arrière de la troupe des assaillants se tenaient deux hommes différemment vêtus. Ceux-là portaient des vestes en peau de coureurs des bois, des chapeaux de feutre d'où s'échappaient des mèches de cheveux clairs. Ces hommes-là n'étaient pas iroquois. L'un d'eux portait à l'oreille une boucle perlée de minuscules coquillages, un de ces bijoux fabriqués par les femmes dans les villages indiens. Les mains sur les hanches, indifférents à l'averse qui noyait tout, ils observaient, immobiles, la progression des assaillants.

François Beauchêne commençait à comprendre. Il se mit à trembler.

— Ils sont loin, lui dit Daniel.

— Ils vont nous tuer ?

— Je ne sais pas. Non. Reste là et ne bouge pas d'un pouce.

Entre deux éclairs, le garçon rampa vers des rochers qu'il escalada. De là, il vit les maisons noyées dans un brouillard de pluie, les Iroquois tapis au milieu des champs, immobiles.

Il fallait donner l'alerte, mais, de là où il se trouvait, Daniel ne serait entendu de personne. Au moment où il décidait de se lancer entre les assaillants, il les vit qui se dressaient et se mettaient à courir, hurlant à pleins poumons.

— Seigneur Dieu, aie pitié...

Il était trop tard. En quelques secondes, les Sauvages parvinrent à leur but, un groupe par maison. Daniel entendit le bruit des portes que l'on enfonçait, des fenêtres brisées par où l'on se ruait. Aux cris de guerre des Indiens répondirent presque aussitôt les invectives des colons brutalement tirés du sommeil et déjà traînés hors de leurs habitations.

La ferme Beauchêne se trouvait au milieu du second rang. Daniel espéra que son père avait eu le temps de saisir son fusil ou son couteau. Mais l'attaque était à ce point coordonnée que les colons n'avaient quasiment aucune chance de s'en tirer indemnes. Peut-être les gens qui vivaient en lisière de forêt, au nord, auraient-ils le temps de fuir.

Il serra les poings. Une bouffée de honte, de chagrin et de colère mêlés le submergea. Soudain, il vit venir vers lui des enfants qu'une aînée tentait de conduire en lieu sûr. Il les connaissait ; la fille était une Barbary, les petits, ses cousins.

— Par ici ! hurla-t-il.

Il reçut la fuyarde dans ses bras, conduisit les petits à l'abri de la barque. L'endroit n'était pas absolument sûr. Il leur ordonna ainsi qu'à François de marcher en direction de l'aval, où les Iroquois n'avaient pas abordé.

La fille haletait, les yeux écarquillés.

— J'ai vu des nôtres qui couraient vers Montréal. Ils vont donner l'alerte à la ville et les soldats viendront...

Daniel songea qu'il serait bien tard pour cela. Montréal se trouvait à des heures de marche de Lachine, trop loin pour que quiconque pût empêcher le massacre d'aller à son terme. Même en descendant le fil du fleuve au-delà des rapides, on ne pourrait donner l'alerte à temps.

Il jura. Face à lui, une orgie de feu et de sang avait commencé. Des maisons brûlaient, éclairant une mêlée confuse d'où s'extirpaient ici et là des colons que les assaillants poursuivaient et forçaient. Des femmes s'enfuyaient, vite rattrapées et conduites aussitôt vers les barques indiennes.

— Là, mon père ! gémit-elle.

Elle s'élança vers les brasiers, à découvert. Daniel lui cria de revenir. En vain. Elle courut jusqu'à ce que, l'ayant repérée, un Iroquois d'au moins six pieds de haut l'agrippe et, l'ayant saisie par la taille, l'entraîne à son tour vers la rive.

Daniel s'agenouilla ; son front vint toucher la terre que la pluie continuait à battre avec violence. Il se sentit lâche, abandonné, inutile. Les mains contre les oreilles, il demeura ainsi prosterné un long moment, attendant le moment où il serait égorgé.

C'était comme dans les récits que l'on colportait à voix basse d'un hameau à l'autre du Canada. Les gens de Lachine s'étaient persuadés que la proximité de Montréal et de ses fortifications pourtant assez pauvres les protégeraient durablement. La guerre en décidait autrement, cette nuit-là. Les Sauvages n'avaient pas choisi leur cible au hasard. Ici, les terres étaient les meilleures de la colonie.

Daniel se releva. A cent pas, l'enfer ouvert dans le village s'étendait maintenant tout le long du fleuve ; les Indiens n'épargnaient aucune habitation. Tout serait détruit, rasé, et les humains exterminés jusqu'au dernier.

Le garçon pensa aux petits, qu'il fallait éloigner. Il marcha vers l'aval, dans les lueurs des incendies. Ne plus entendre les cris des assassins et ceux des martyrs le soulagea un peu. Au bout d'un quart d'heure, dans la nuit qu'un globe rougeoyant éclairait, à l'ouest, il trouva la demi-douzaine d'enfants pelotonnés, trempés comme des soupes, derrière des rochers.

Son frère se précipita à sa rencontre. Il voulait savoir ce qu'il advenait des siens. Daniel lui répondit qu'il n'en savait rien, que le plus important était d'aller se mettre à l'abri derrière les palissades de Montréal.

Bouche bée, François contempla les lueurs changeantes, à l'horizon.

— C'est le feu, là-bas, ils mettent tout aux flammes. C'est plus fort que la pluie, tout brûle...

— On n'y peut rien, à c't'heure, grogna Daniel. Maintenant, vous allez me suivre.

Un sentier défoncé longeait le fleuve entre des herbes hautes, rejoignait ensuite le chemin de Lachine à Montréal. A la jonction, l'aîné des Beauchêne vit venir vers lui des voisins, hommes et femmes en chemise ou quasiment nus, rescapés qu'habitait, pour certains, une terreur sans nom. Des jeunes gens s'étaient élancés à la course afin de prévenir les gens de Montréal. Daniel confia les petits à la troupe des fuyards.

— Où veux-tu aller ? Sauve-toi ! lui cria quelqu'un.

— Je retourne au bourg. Il y a peut-être à faire, là-bas.

Il était étonnamment calme, soudain. Ainsi devaient être les capitaines des navires au moment du naufrage. Détachés du monde, ayant fait ce qu'ils pouvaient, simplement curieux de savoir ce qu'il adviendrait désormais d'eux.

Il se mit en route vers la lueur émergeant de la forêt. Lachine était une clairière fertile gagnée sur de vastes étendues boisées, un terroir ordonné dont les habitants, descendants des pionniers de Champlain, étaient fiers à juste titre. Daniel en croisa d'autres, chercha parmi eux ses parents, sa sœur. Il se souvint qu'il y avait un peu plus de deux cents habitants au village, dans une quarantaine de fermes. Il pressa le pas.

L'orage l'emportait sur les incendies, la lumière ondulante s'apaisait peu à peu. Poussée par le vent, une fumée âcre se répandait vers l'est dans un chuintement doux, prenait possession des champs, des sentiers, de la rive du fleuve. Nul bruit humain ne l'accompagnait. Daniel attendit dans la pénombre, écouta le tintement de sonnailles, tout près de lui. Les bêtes apeurées s'étaient elles aussi enfuies du village.

Il lui apparut bientôt que tout était terminé. Les Iroquois n'auraient pas traîné dans la région. Il se mit à courir. A l'entrée dans Lachine, il fut rejoint par des hommes et des femmes qui s'étaient cachés dans les bois. L'angoisse se lisait sur les visages, les gens se signaient, murmuraient des prières. On se hâta le long des premières fermes. Quelques dizaines de pas les séparaient l'une de l'autre. Certaines avaient été épargnées, d'autres portaient les stigmates de la fureur indienne.

L'assaut avait duré deux heures, une éternité de folie meurtrière sous une pluie battante ; l'eau, comme un présent du ciel aux ruines fumantes de Lachine. Partout, ce n'étaient que cendre mouillée, murs noircis, cadavres dont les survivants entreprirent le terrible inventaire.

— Ils sont dizaines, murmura Daniel.

Il y en avait de toutes parts, immobiles dans la lumière des torches. Des doigts féroces avaient arraché leurs habits de nuit, griffé leurs visages, leurs ventres, leurs poitrines. Les corps étaient dans des positions obscènes, lacérés, gorges tranchées. Des viscères s'étalaient près des gisants, cela faisait des flaques rouges et grises, luisantes sur la boue.

A l'instant précis où il aperçut ce qui restait de la ferme Beauchêne, Daniel sentit ses jambes se dérober sous lui. Le toit de chaume avait disparu, de courtes flammes léchaient l'intérieur des murs en rondins. Un corps de femme, sans tête, barrait la porte d'entrée ; assis, jambes écartées, bras ballants.

Daniel eut une nausée qu'il réprima à grand-peine. Levant haut la torche, il se mit en quête du reste de sa mère, qu'il trouva planté sur un pieu du poulailler, les yeux à demi ouverts, vestige grimaçant de ce qui avait été une femme de quarante ans capable de pousser la charrue.

Daniel aurait voulu ne pas toucher cette ignominie offerte à des dieux sans pitié. Il dut s'y résoudre pourtant, empoigna la tête qui, l'espace d'une seconde, eut l'air de lui sourire, comme soulagée de ne plus être ainsi piquée sur un bout de bois. Effaré, il la lâcha, recula, enjamba le corps mutilé, pénétra dans la maison.

Etienne Beauchêne était étalé en travers de son lit, du sang gouttait de sa chemise de nuit ; cela faisait des petits lacs jusque sur le plancher grossier. On lui avait planté, bien droite, une fourche dans le thorax. Daniel s'approcha. Son père respirait encore, par intermittence ; le regard fixe, les mains ouvertes, paumes vers le ciel.

Le garçon s'affaissa d'un coup. Terrifié par cette mécanique de la vie qui allait bientôt s'arrêter, il demeura coi, appuyé contre le chambranle de la porte, jusqu'à ce que les courtes inspirations de l'agonisant eussent cessé.

Il songea alors à sa sœur, pensa qu'elle avait été enlevée et serait mise au poteau un jour prochain. Dehors, dans le silence un peu brumeux que l'orage laissait derrière lui, des plaintes montaient d'endroits où l'on n'avait pas parachevé l'ouvrage. Des blessés, et d'autres, épargnés quant à eux, murmurant ou criant, pleurant.

Daniel se releva, prit dans ses bras le corps de sa mère qu'il alla déposer sur le lit. Puis, ayant arraché la fourche de la poitrine de son père, il sortit, ramassa la tête de Gabrielle Beauchêne et, les mains rougies de sang, la joignit comme il put au cou, après quoi il ouvrit un drap sous lequel il abrita les deux cadavres.

Le jour se leva sur un champ de mort. Les colons accourus de Montréal durent se rendre à l'évidence ; plus grand monde ne survivait, des deux cents habitants de Lachine[1]. Ceux qui n'avaient pas été éventrés, décapités, lardés, avaient été enlevés, et l'on savait ce que cela signifiait. De la souffrance en plus, une expiation sans fin sous la torture, la mort, enfin, attendue comme une délivrance.

Des étables achevaient de se consumer. Déjà, l'on s'occupait à chercher les bêtes jusque dans les bois. Les vaches et les cochons, les moutons ; c'était une partie de la richesse des habitants, le trésor autorisant la survie quand l'hiver faisait des bourgs des îles perdues en neige, coupées du monde pour de longs mois.

Daniel Beauchêne parcourut, les yeux secs, ce cimetière à ciel ouvert, tout au long de la matinée. Il lui fallait se repaître d'un tel spectacle pour savoir qu'en lui, au tréfonds de son âme, gîtait désormais un sentiment qu'il ne pouvait pourtant comprendre tout à fait. Il y avait la fatigue et le dégoût, la sidération devant un spectacle reproduit à l'identique un peu partout ; et le feu aussi, dans son cœur, dans son ventre, un brasier qui tendait ses muscles et semblait pouvoir le soulever de terre et le porter loin, jusqu'aux fleuves, aux lacs, aux collines et aux forêts d'où les assassins étaient partis.

Peu soucieux des ordres donnés par les adultes, il

---

1. L'estimation est d'une quarantaine de morts et d'autant de disparus.

avait par le passé maintes fois exploré les bois environnants en compagnie de quelques tout jeunes gens de son âge. Certains baignaient maintenant dans leur sang, sur la terre fangeuse du village.

Ensemble, ils avaient posé des collets, construit des cabanes, tiré à la fronde ou à l'arc sur des lapins ou des marcassins. Ils avaient embarqué nuitamment sur les canots des villageois, par défi : qui ramerait le plus vite contre le courant gagnerait le respect des autres. Des jeux d'enfants, en terrain dangereux.

— La mort, la mort, la mort...

Il retourna dans sa maison, vit les légumes étalés sur la table de la pièce commune, les herbes et le chou sauvage, près des salaisons assemblées dans une assiette en bois. Il songea aux mains des femmes préparant la soupe d'été, coupant le lard et les pommes, sortant le pain du four. Des voix heureuses avaient résonné là, chantant, à jamais couvertes par des cris. Il se boucha les oreilles, hurla pour les faire taire.

— Tout est donc trépassé !

Il y avait eu le châtiment donné par les couteaux et les casse-tête. Et sa préparation, son contrôle, par les deux étrangers demeurés à distance, au bord du fleuve. Ceux-là n'avaient pas de sang sur les mains, et pourtant, ils portaient la responsabilité de la tuerie au même titre que les autres. Pire encore, ils avaient sans doute poussé les Sauvages à agir ; mandatés par des chefs en Nouvelle-Angleterre, ils étaient tout aussi coupables que leurs hommes de main.

Daniel se souvint qu'il priait autrefois chaque soir, à genoux devant un crucifix. C'était dans une autre vie, au milieu de gens qui croyaient à un Dieu de justice et de bonté. Beaucoup de ceux qui avaient échappé au massacre s'obstineraient dans cette foi d'agneaux prêts à l'égorgement. L'évêque et les prêtres les y encourageraient, même. Pour Daniel Beauchêne, le diable en personne avait débarqué sur la côte nord du Saint-Laurent, en cette nuit d'août 1689. Le Dieu des chrétiens n'avait pas eu grand-chose à voir dans l'affaire.

Le jeu changeait soudain d'objet. Les plus endurcis, les plus chanceux, les plus capables de repousser les sentiments chrétiens qu'exaltaient les prêtres de Montréal, ceux-là seuls en maîtriseraient le dénouement. Leur quête n'aurait ni répit ni merci.

Lorsqu'il vit, sous un soleil pâle perçant le brouillard, la rangée de corps alignés au bord d'un champ, les têtes et les membres qu'on leur avait joints, lorsqu'il eut entendu le chagrin et la colère des gens, compris leur impuissance et perçu leur terreur sous les pleurs et les gémissements, Daniel Beauchêne sut qu'ayant perdu les siens et vu ce qu'il en avait été fait, il pénétrait dans le monde glacé des justiciers.

3

Pour beaucoup de ses habitants, la bourgade faiblement fortifiée de Montréal s'appelait toujours Ville-Marie. On lui avait donné ce nom à sa fondation, un demi-siècle plus tôt[1], en hommage à la sainte patronne de ses fondateurs ; une trentaine d'hommes et de femmes installés là dans l'espoir d'ouvrir un poste de traite et d'évangéliser les redoutables tribus iroquoises qui les cernaient. Un jour ou l'autre, on se déciderait à lui offrir un nom définitif.

Elle comptait, en cette année de massacres, un gros millier d'âmes. Enclose dans des palissades de pieux d'une quinzaine de pieds de haut, liés entre eux, elle donnait à l'extérieur par cinq portes d'entrée que les archers fermaient chaque soir à la même heure.

Trois saignées rectilignes et parallèles, Notre-Dame, Saint-Paul et Sainte-Catherine, tranchaient la cité dans sa longueur, coupées à angle droit par des voies finissant au nord dans des champs et au sud sur la rive par endroits encore sauvage du Saint-Laurent. A l'intérieur de l'enceinte, le clergé s'était

1. Montréal fut créée en 1642.

taillé la meilleure part des quelque deux cents bâtiments composant la cité. Couvent et Séminaire, église Notre-Dame et Hôtel-Dieu dominaient les maisons de pierre ou de bois mal alignées le long de rues boueuses, les étables, les forges et échoppes, les étals des bouchers, des « chaircuitiers », des boulangers et des autres corps de métier.

François Beauchêne ouvrit grands ses yeux sur la ville dont les habitants prétendaient, à tort sans doute, qu'elle était aussi puissante que Québec et capable de rivaliser, question finance et commerce, avec la capitale de la colonie.

— Elle pue, dit-il, grimaçant.

Il y était venu plusieurs fois avec son père, sur une charrette de grain. Il ne se souvenait pas d'une pareille senteur de latrines mal purgées, d'un remugle aussi prégnant d'ordures pourrissant dans les chaleurs de l'été. Il manquait à une telle fragrance la vapeur brumeuse que l'automne lui offrirait. Comparé à cette lourdeur, l'air de Lachine avait la pureté d'un zéphyr marin.

Les frères Beauchêne avaient été séparés. Tandis que Daniel était accueilli, maugréant, au Séminaire, François fut confié, eu égard à son jeune âge, à une famille de tonneliers de la rue Sainte-Catherine, en plein cœur de la ville.

Le logis d'accueil était assez bien tenu par une femme jeune, mère d'un nourrisson et déjà pleine d'un autre à venir. L'homme, un colosse bourru qui sacrait souvent, passait le plus clair de son temps entre son atelier de tonnelier et le cabaret voisin, d'où il sortait le plus souvent en titubant. Il avait salué son pensionnaire d'un coup de pied aux fesses, le priant de dégager l'entrée de la demeure. Depuis cet instant, François avait évité de le croiser.

Jugé trop frêle pour participer aux activités de la tonnellerie, l'orphelin de Lachine fut laissé à lui-même et se risqua bientôt à l'extérieur de la maison. Il désirait savoir de quoi était faite une ville ; d'odeurs, certes, mais aussi de cent spectacles animés par des gens fort différents les uns des autres. Les femmes en robe de lin et coiffe blanche, les ouvriers pauvrement vêtus ressemblant en fin de compte aux campagnards, les soldats sortant d'un cabaret pour entrer dans un autre, des lieux pleins de la boucane des pipes et résonnant de cris, de rires, de jurons et de colères.

Des bourgeois en souliers vernis pataugeaient dans les cloaques nés des orages d'août, des cavaliers parcouraient les longues rues au galop, soulevant des gerbes de boue. Quelques voitures attelées ou tirées à bras se frayaient avec peine un chemin entre les fondrières, partout bruissait et murmurait une industrie de boutiques et d'ateliers, s'organisait une activité intense pour une si petite cité.

François en fut ébaubi. Ce monde-là lui plut, à peine découvert. Maintes fois, après qu'il eut observé les petites voiles et les canots à la manœuvre sur le fleuve, il s'assit sur une pierre d'angle ou sur un madrier pour contempler le spectacle et ses acteurs. La guerre pourtant toute proche semblait ne devoir jamais pénétrer ce monde fermé sur lui-même.

Menacée par les coups de main iroquois, fragile derrière des défenses qu'une seule volée de boulets réduirait en poussière, Montréal vivait pourtant, telle une minuscule fourmilière perdue sur la rive nord du

Saint-Laurent. Cornettes et soutanes y côtoyaient misères obscures et brèves destinées. Au fil des jours, François apprit à distinguer les commis en veste de lin des fonctionnaires capotés de noir, les trappeurs revêtus de peau des orfèvres portant tricorne et gilet de laine, les domestiques chargées de linge des tanneuses parfumées au cuir macéré. Une soixantaine de métiers coexistaient dans les lourdes chaleurs du plein été.

Ainsi l'enfant mis à l'abri en ville apprit-il que les cheminées devaient être ramonées tous les deux mois et qu'il était interdit de s'en aller fumer la pipe dans la rue sous peine d'amende. Mendier à Montréal était une sorte de métier puisque il fallait pour cela un certificat dûment signé par un juge ou un curé.

François ne tarda pas à tout savoir de l'obligation faite aux tripiers et aux bouchers de jeter les immondices à la rivière, de l'interdiction faite aux cabaretiers de servir de l'alcool passé neuf heures du soir. L'interdiction de s'enivrer le fit sourire ; on vacillait volontiers au sortir des bouges voisins, jusque dans la maison de son hôte. La défense faite aux gens de pratiquer la religion prétendument réformée le laissa indifférent. Sous le règne du roi Louis XIV, qui désirait recevoir les verges obtenait vite satisfaction.

« C'est un des petits de Lachine », murmurait-on sur son passage.

Les gens le considéraient avec compassion et lui, toujours en quête de quelque découverte, explorait, contemplait le travail des ferronniers, des couseuses, des maraîchers triant les légumes sur la place du marché. Un jour, sa découverte d'une boutique de bottier voisinant avec celle d'un chapelier le bouleversa. Il fondit en larmes. Les Beauchêne rêvaient de pouvoir aller se vêtir dans ces commerces récemment ouverts à Montréal. Des bottes et un chapeau, un luxe !

— Tu as l'esprit bien agile, petit, lui dit le père Rémy[1], admiratif. Je me souviens que tu sculptais de fort jolis petits Jésus de cire, dans ton village. Te voilà donc citadin, et les yeux grands ouverts.

Il avait eu en charge la paroisse de Lachine, où il s'était employé à mettre de l'ordre dans le fouillis des registres. Après le massacre, il avait œuvré, inlassable, au placement des orphelins dans les familles montréalaises. Entre deux suppliques aux autorités pour réduire le nombre de tavernes, il rendait souvent visite à ses ouailles afin de prendre des nouvelles de leurs pensionnaires.

François lui conta ses découvertes, ses étonnements. Ce cadran solaire sur ardoise, près de la rivière Saint-Pierre, dont il suivait le mouvement heure par heure ! Le temps se mesurait donc autrement que par les simples alternances du jour et de la nuit ?

Il le submergea de questions sur la manière dont les gouvernants du Canada régissaient l'apparent désordre des choses. Lorsqu'il vivait encore, son grand-père lui avait décrit la Ville-Marie des origines, pieuse et austère, la minuscule communauté abritée derrière les planches d'un simple fort, intimement liée par la prière, le jeûne, les dévotions de chaque jour.

---

1. Pierre Rémy (1636-1726), prêtre sulpicien.

— Pourquoi cela a-t-il changé ?

Il y avait les cabarets et les auberges, le commerce et le négoce remplaçant le quotidien monacal des premiers habitants.

— Le roi a envoyé ses soldats et vois-tu, François, ces hommes-là ne sont pas tous confits en dévotion. La colonie manque d'épouses et de mères, ce que la nature regrette.

Quelques jours plus tard, le prêtre trouva son protégé devant une affiche qu'il s'efforçait de déchiffrer. L'avis concernait les latrines, dont il fallait que chaque habitation fût désormais munie, par décret du gouverneur. François hocha la tête avec gravité.

— Je voudrais savoir écrire, et lire aussi.

— Que ferais-tu de cela ? s'étonna le religieux.

— Je ne sais pas. Un métier, peut-être.

Le prêtre se caressa le menton. Il n'était pas habituel qu'un enfant de treize ans venant de la campagne lui fît semblable demande.

— Ecrire pour ceux qui ne savent pas le faire ?

— Pourquoi pas, mon père ? Je ne désire pas retourner à la ferme, j'en serais triste car je penserais sans cesse à mes pauvres parents.

— Bien sûr, je comprends. Eh bien, nous allons voir à te placer au bon endroit. Tu te rendras chaque jour au Petit Séminaire pour qu'on t'y enseigne quelques rudiments.

Ainsi mis à l'abri dans un lieu où l'on était censé apprendre des choses essentielles, François demeura quelque temps sans nouvelles de son aîné. L'éducation différente qu'avaient reçue les deux garçons fit qu'il n'en éprouva pas de véritable frustration. Un jour, une femme qui rendait visite à la logeuse de l'orphelin parla des milices que le gouverneur de la colonie recrutait pour porter la guerre en territoire iroquois. Les jeunes gens de Montréal y adhéraient volontiers, tant la nécessité de se défendre leur semblait plus vitale que tout le reste. Connaissant son frère, François se dit que Daniel ferait sûrement partie de cette cohorte de volontaires.

Il ne se trompait pas. Daniel n'était pas fait pour séjourner indéfiniment chez les religieux. Quelques jours suffirent à ceux-ci pour se rendre compte que leur pensionnaire serait plus à l'aise dans les grands espaces du Canada qu'entre les murs du Séminaire. Daniel était un jeune fauve en colère, rétif à la prière comme au service de la messe, encore qu'on ne l'eût jamais trop interrogé sur la profondeur de sa foi.

« Dieu ne peut laisser de telles choses s'accomplir, avait-il lancé un jour au supérieur, estomaqué. Il devait regarder ailleurs, la nuit où l'on a massacré mes pauvres parents, et pour cela je lui tiens rancune. »

Il trouvait étrange que l'on associât aux désirs du Seigneur les horreurs dont il avait été le témoin. Un Dieu de bonté ne permettrait pas cela, à moins d'avoir été vaincu par le diable quelque part dans les cieux. Daniel refusait d'entendre le discours lénifiant des jésuites et des récollets. Il existait, pour régler ses comptes avec les démons, d'autres voies que la méditation, la prière et l'incantation.

— Je ne veux pas aller à l'hôpital comme les miséreux et les orphelins, affirma-t-il d'emblée.

— Veux-tu t'engager dans les armées du roi ? lui répondit-on. Tu y trouverais des hommes à qui tu parais bien ressembler, et d'autres aussi dont le commerce amenderait ton méchant caractère.

Les religieux n'étaient pas seuls à regretter que le royaume de France se débarrassât de ce qui l'encombrait par le biais de l'armée. Les soldats étaient certes respectables, qui choisissaient d'aller se battre loin de leurs foyers. Pour le reste, c'était bien souvent la lie de la société qui s'embarquait pour le Nouveau Monde. Mendiants et canailles, filles des rues, promis à la potence et oisifs se portaient volontaires pour changer d'air, assainissant par leur exil une mère patrie soulagée de les savoir au loin.

Daniel ne se le fit pas dire deux fois. La nuit de Lachine avait étouffé en lui une foi déjà moins qu'ordinaire. Il se disait d'autre part en ville que le vieil adversaire de monseigneur Laval[1], celui qui avait autorisé la vente d'eau-de-vie aux Indiens dans le but d'en faire des alliés, le comte de Frontenac, allait peut-être bien revenir en Nouvelle-France. Un guerrier que cet homme-là, adversaire sans répit de l'Anglais et de l'Iroquois, auquel le père de Daniel vouait une grande admiration.

— Oui, je le désire, de toute mon âme, avoua Daniel. Mais avant cela, je veux retourner au village. Les gens rapportent qu'on y travaille à nouveau. La besogne n'y manque pas, je pense. Quand les semailles auront été faites, je prendrai l'uniforme.

1. Evêque de Québec (1623-1708).

Les poings serrés, il fit face à ses tuteurs. Les jésuites furent impressionnés par sa détermination. Le garçon au visage fermé, aux manières aussi rudes qu'était tranchant son parler, n'entrerait pas facilement en religion. En revanche, il serait une recrue de choix pour les militaires.

Octobre 1689

Ainsi Daniel Beauchêne fit-il d'un cœur léger son maigre paquetage et quitta-t-il sans regret la compagnie murmurante des séminaristes. On l'attendait au quartier des soldats. En chemin, il s'enquit de l'adresse des tonneliers et trouva son cadet occupé à empiler des bondes.

— Alors, moineau, on t'a trouvé une besogne ?

François fut heureux de revoir son frère. Il le découvrit plus grand de taille. Leur solitude d'orphelins lui fit venir les larmes aux yeux. Une pluie fine tombait ce jour-là sur Montréal, attristant le décor disparate des rues et des maisons. Ils demeurèrent tous deux silencieux, écrasés soudain par leur passé récent.

— Nous les vengerons, dit Daniel. Je ne puis penser à autre chose, qu'il fasse jour ou nuit.

Il prit François contre lui, d'un geste inhabituel, laissa le chagrin de l'enfant se répandre, puis se calmer.

— J'étais bien certain que tu ne resterais pas longtemps là-haut, lui dit François lorsqu'il eut repris ses esprits.

— Tu as vu ça ! Ils ont bien essayé de me garder, mais à part sonner la cloche je ne leur servais pas à grand-chose. Je vais rejoindre les gens de Lachine, enfin, ceux qui restent, la troupe ensuite. Je partirai en guerre, dès que possible. On te traite bien ici, au moins ?

François n'avait pas à se plaindre. L'hôtesse le laissait libre de ses mouvements, quant au mari, il avait cessé de talocher son protégé le jour où François l'avait menacé de le dénoncer au Conseil souverain. Bien que les châtiments corporels fussent autorisés, les gouvernants de Québec ne plaisantaient pas avec les tortionnaires d'enfants mis en tutelle.

— Tu lui as dit ça tel quel !?

— Oui.

— Tu ne manques pas d'aplomb, moineau.

L'enfant avait changé lui aussi, en quelques semaines. De corps, il était toujours à plaindre, avec son thorax légèrement concave, ses bras maigres, son cou de poulet. Le regard qu'il posait sur les gens et sur les choses n'était en revanche plus le même. Daniel y décela, derrière des restes de candeur, un peu de malice, une certaine hardiesse et beaucoup de curiosité.

— J'espère que tu ne resteras pas trop longtemps ici, dit-il, tu n'es pas fait pour bouchonner des tonneaux dans une cave sans lumière. Au vrai, pourquoi es-tu fait, au juste ?

Il songeait au Séminaire, ou à un emploi moins pénible que le cerclage de fûts de bière d'épinette ou de vin.

— Commis, tiens, voilà une bonne place pour une créature aussi débile que toi. On te donne des documents, des papiers ou des ordres d'achat que tu t'en vas porter en ville. Les gens signent et tu t'en retournes chez ton maître avec la fortune du monde entre les mains.

L'idée l'amusa. François se laisserait tout aussi bien aller au service de Dieu. Daniel savait son cadet docile, peu enclin à l'effort physique. Il serait peut-être prêtre un jour, son bien-être à rêvasser des heures durant l'y prédisposait. François lui conta ses rencontres avec le sulpicien.

— Le père Rémy s'occupe de moi. Il veut que j'étudie le latin avec les séminaristes.

Daniel haussa les épaules.

— Pour lire les Evangiles du haut d'une chaire... La belle ouvrage que voilà !

A ses yeux, la destinée de François Beauchêne se dessinerait le plus loin possible des lieux où l'on s'entretuait.

— Tu seras pour de bon en sécurité à Québec. Il faut que les religieux t'y envoient. Vrai, moineau, je dis que tu n'as plus rien à faire ici. Sache en tout cas que si l'on te propose un jour un emploi de domestique, tu pourras réclamer un salaire. C'est au moins soixante sols, par contrat, et le tribunal pour qui rompt sa parole.

— Domestique...

— Eh, ma foi ! A moins que tu ne veuilles faire le soldat. Le chéri de madame Beauchêne avec un fusil dans les mains ! Les Anglais n'auront qu'à bien se tenir.

François se rembrunit, piqué au vif par le grand rire de son frère. Pas plus que Daniel il ne serait le valet de quiconque.

Québec, 13 octobre 1689

La brise venue de l'océan avait poussé le navire vers l'ouest, au gré de ses faibles humeurs. L'été canadien allait vers sa fin, roussissant la forêt sous les derniers rayons d'un soleil encore tiède. Des montagnes découpées sur l'azur comme par un ciseau de sculpteur au flot apaisé du grand fleuve entre ses rives ponctuées de bois épais, de fermes et de champs cultivés, tout respirait une paix d'automne dont on savait cependant combien elle était précaire et trompeuse.

Lorsque, au bout d'un voyage de trois mois agrémenté de quelques coups de tabac mais libre de toute menace anglaise, monsieur de Frontenac aperçut enfin la haute falaise de Québec, il éprouva une joie enfantine qui l'étonna et le bouleversa. Cernée de défenses faites d'un mélange de bois, de pierre et de sable, portant fièrement les silhouettes massives de ses couvents, églises, fort et palais, la ville semblait de loin imprenable.

— La belle sauvage que voilà ! s'exclama-t-il. La Rochelle et Saint-Malo en seraient à bon droit jalouses.

Etalées au pied de la citadelle, les maisons de la ville basse avaient augmenté en nombre. Frontenac en fut satisfait. Ayant ôté son chapeau emplumé, il salua le décor dont il gardait en mémoire le moindre détail. Ce pays était donc à ce point le sien, qu'il fût si impatient d'y poser à nouveau le pied ?

Il observa les petites voiles et les pirogues indiennes venues, comme à chaque arrivée de

France, saluer et accompagner les navires. Les passagers de l'*Embuscade*, vaisseau royal, s'étaient accoudés au bastingage, c'étaient là des instants d'intense plaisir.

On avait bourlingué pendant douze semaines, dans la promiscuité, les remugles humains et ceux des bêtes embarquées. Les religieuses et le gouverneur avaient eu droit à des cabines voisines de celle du capitaine ; pour les autres, des châlits alignés dans la cale et dans l'entrepont, de l'eau corrompue que le second mettait sous clef chaque soir, et l'interdiction de se déplacer passé dix heures du soir. L'ordinaire, pour les aventuriers de l'Atlantique.

A bord, des officiers et la cinquantaine de soldats que Frontenac avait arrachés aux troupes royales, un maigre contingent de filles à marier réduit des deux malheureuses mortes de colique et immergées, quatre traînées ramassées dans les caniveaux de Paris et volontaires pour se louer, des courtiers en fourrure, un chirurgien, trois jésuites avaient partagé la saumure avec des clercs missionnés auprès des autorités ; tout un petit monde assez représentatif de ce qu'était alors la colonie. Et le renfort d'une centaine de sujets pour sa maigre population.

Frontenac s'amusa au spectacle des jeunes filles à la fois fascinées et inquiètes. Il avait connu l'active époque du peuplement, quand il s'agissait de fournir des épouses aux trop nombreux célibataires du Canada. Filles du roi. Des orphelines, prises en pitié par madame de Maintenon et à qui l'on offrait ainsi le gîte et le couvert dans des foyers à construire d'une façon somme toute aléatoire. Elles ne manquaient pas de sang.

En mer, certaines s'étaient confiées à lui, quêtant le conseil du grand-père qu'il aurait pu être. Il leur avait décrit le pays, ses climats et ses coutumes, omettant de leur dire que la vie y était soumise aux rigueurs et bien souvent aux atrocités d'une guerre sans fin ni merci. Après tout, l'on pouvait espérer que cela s'achevât un jour prochain.

— Allez, mesdemoiselles, voilà un fort beau pays ! leur lança-t-il tandis qu'elles se penchaient pour voir les Indiens à demi nus pagayant aux côtés du bateau. Voyez, ces gens ne sont pas les sauvages que l'on décrit trop souvent en France. Et les beaux partis ne manquent pas dans les bonnes villes de Québec et de Montréal !

Le navire fut ancré à une trentaine de pas du rivage. On embarqua dans des canots, un peu ivres, roulis et tangage dans les corps. Une foule bavarde se pressait sur le quai boueux. Un vaisseau parvenu de France sans anicroche, arborant fièrement son royal pavillon, la fleur de lys mollement bercée par le vent, des visages nouveaux et celui, longtemps espéré, du Père des Sauvages[1], c'était pour de bon une journée mémorable.

Rayonnant, Frontenac leva son feutre, salua les gens. L'annonce de son retour l'avait précédé, telle une traînée de poudre. Ses vieux adversaires s'étaient déplacés pour l'accueillir : l'évêque et l'intendant, dont il se disait qu'ils n'étaient pas spécialement satisfaits de ce retour. Frontenac vit s'avancer vers lui le gouverneur de la Nouvelle-France, son ami Hector de Callières, épais comme lui de silhouette,

1. Surnom donné au gouverneur du Canada.

le regard clair. Les deux hommes s'embrassèrent avec cordialité, s'enquirent de leurs santés respectives.

— Je vous amène un tuilier et deux briquetiers, annonça Frontenac. Les bardeaux de nos toits seront remplacés par de la bonne argile, et la chaleur ainsi maintenue à l'intérieur des maisons.

— Certes, voilà une bonne chose, mais nous avons de fort mauvaises nouvelles à vous donner, lui annonça d'emblée Callières.

Il décrivit l'assaut contre Lachine, le village ravagé, les pertes humaines. Près de quarante morts dénombrés, des captifs par dizaines. Frontenac savait ce que cela signifiait, la torture et le trépas pour la plupart de ces malheureux, l'esclavage ou l'adoption dans les tribus pour les plus chanceux.

— J'étais donc en mer lorsque cela s'est produit, regretta Frontenac. Eh bien, mon ami, nous avons de l'ouvrage.

Le reste ne portait pas davantage à l'optimisme. La rougeole et la petite vérole avaient fait des ravages tant chez les civils de la colonie que chez les militaires. Insuffisamment renforcée, l'armée française était dans l'incapacité d'aller prendre New York. En quelques phrases, Callières annihila les espoirs de Frontenac.

— Porter la guerre à deux cents lieues d'ici ? Folie !

— Alors il ne manquerait plus que les Anglais parachèvent leur triste besogne en attaquant Québec, dit Frontenac. Dieu merci, l'hiver est assez proche désormais pour les en dissuader. Cette année, en tout cas.

Il reçut le salut de la délégation des édiles, des religieux et des citadins, s'inclina devant l'homme dont il prenait la place, puis, chapeau bas, devant les sœurs commises à l'accueil de leurs pupilles.

Pareillement vêtues de ferrandine, coiffées de taffetas blanc et fatiguées par le voyage, les jeunes filles se tenaient l'une contre l'autre, comme apeurées soudain. La bénédiction de l'évêque n'illumina pas les visages. Elles se signèrent, tête baissée, observant à la dérobée le peuple attroupé autour des arrivants, les portefaix s'engouffrant dans les cales du navire. La famille aventureuse constituée le temps d'un long voyage se dispersait déjà, les uns accueillis par des proches, les autres, un peu perdus, attendant qu'on les prenne en charge.

Frontenac avait à faire le soir même. Il n'y avait pas de temps à perdre. Il rejoignit son logis dans le Fort Saint-Louis. C'était, au sommet de la colline descendant vers la falaise, une forteresse de pierre hébergeant un palais aux hautes pièces percées d'étroites fenêtres.

Au fil du voyage, une idée simple lui était venue, muée petit à petit en stratégie.

— Le temps des affrontements en ordre de bataille est révolu, expliqua-t-il à Callières. Mes prédécesseurs se sont épuisés à vouloir affronter ainsi l'Iroquois et celui-ci nous a répondu à sa manière, à Lachine. Nous n'avons de toute façon pas les moyens de lancer des bataillons à travers la forêt. Il va falloir appliquer partout ma vieille théorie qui est de se battre à la manière indienne. J'avais commencé à l'expérimenter lorsque je fus rappelé en France. Lutter, oui, comme le guerrier peint, cette évidence m'est apparue au milieu de l'océan. Je me demandais alors ce que nous ferions face à une flotte de cinq ou six adversaires...

— Esquiver, je suppose.

Frontenac posa ses pieds sur un tabouret garni d'un coussin de velours.

— Certes, mon cher ami. Mais profiter de la nuit, du brouillard, du contre-jour, que sais-je encore, pour tomber sur le râble de la grosse bête et la piquer méchamment. Nous agirons de même ici. Au lieu de la faire venir vers nos rangs pour une mêlée, nous la tiendrons dans la hantise de la rencontre fortuite avec des petits groupes fort mobiles, et fondus dans le paysage. Il nous faut apprivoiser le hasard, Callières. Nous sommes en terre sauvage, sachons en respecter la coutume. A notre avantage, bien sûr.

Callières complimenta son pair. Il le trouva alerte, plein d'énergie, d'idées, de projets, comme rajeuni au bout d'une absence longue de dix-sept années.

— Nous irons aussitôt porter notre réconfort à ces malheureux de Lachine, décida Frontenac. Nous devons montrer notre force aux assassins et aussi à ceux qui les poussent à nous tourmenter. Pas de répit, mon ami. Le roi me donne mission de faire la guerre chez l'Anglais, jusqu'à Boston et New York s'il le faut. Hélas, j'arrive les mains vides ou presque. Avec de l'argent, certes, mais doté d'un bien maigre contingent de soldats. J'ai pourtant plaidé devant Pontchartrain, vous pouvez m'en croire, mais les campagnes de Flandre sont gourmandes en hommes. Nous nous contenterons de peu, par habitude, n'est-ce pas ?

Callières acquiesça. La colonie était une sorte de miracle suspendu dans le temps et l'espace.

— Les habitants vous aiment. Ils sont heureux de vous savoir à nouveau parmi eux. Un signe du Seigneur, disent-ils.

— Du roi, mon ami, seulement du roi et de son ministre.

Frontenac eut un sourire plein de malice.

— Ne me dites pas que l'évêque et l'intendant cherchent à persuader le bon peuple du Canada du contraire.

— Ils se feront à l'idée de votre retour, n'en doutez pas.

Lachine, octobre 1689

— A-t-on pris les dispositions concernant les survivants de cette atrocité ? s'inquiéta le gouverneur. Je pense surtout aux petits.

La douceur automnale lui avait autorisé un voyage somme toute agréable sur le fleuve. La vision des restes de ce qui avait été un village florissant assombrit son visage. Callières le rassura.

— Certes. Nous avons mis les jeunes survivants au refuge chez nos bonnes ursulines ainsi qu'au Séminaire, charge à elles de leur trouver des familles susceptibles de les recueillir. Il était important de les éloigner tout d'abord du charnier, quitte à ce qu'ils reviennent un jour ici. A Montréal, ils goûtent à la paix, apprennent des choses qui les élèvent. Il en est deux ou trois, d'ailleurs, qu'il serait intéressant d'aider à s'instruire. La colonie aura besoin de soldats mais aussi de têtes pensantes.

— De soldats, Callières, de soldats surtout. Les

cerveaux bien faits nous sont à cette heure plus utiles au maniement du couteau et du fusil qu'à celui de la plume et du buvard. La pensée précède, dit-on, l'action. L'urgence nous impose de mêler les deux intimement, il en va de la simple survie de cette colonie. Nous verrons ensuite comment remettre les choses dans l'ordre.

Daniel Beauchêne s'était construit un refuge de toile, de branchages et de feuilles à quelques toises de sa ferme. Les labours avaient occupé le plus clair de son temps ; il en avait éprouvé une sorte d'ivresse, un plaisir amer et douloureux. D'autres s'étaient comme lui remis au travail ; il fallait conjurer le sort, aller au bout du deuil, demeurer attaché à la terre ensanglantée et montrer ainsi aux absents que la vie continuait.

Daniel vit venir vers lui la délégation de Québec. Il reconnut sans peine la silhouette ventrue du gouverneur ; on la lui avait assez souvent décrite, pour s'en moquer parfois, gentiment ; tant d'énergie dans un corps si rond !

— Vous voulez habiter de nouveau cette maison ? lui demanda Frontenac. J'ai vu que l'on s'entraide avec charité, ici, pour reconstruire. L'orage du deux août a empêché que les flammes soient mises aux champs. La moisson s'est terminée bon an mal an, m'a-t-on dit. Les colons du Canada sont des gens courageux.

Daniel darda sur lui son regard gris. On avait fini de moissonner, en effet, en vue des tombes alignées en lisière de bois, en bivouaquant à la belle étoile. Mais l'essentiel de la récolte était parti en fumée.

— Monsieur, je veux punir ceux qui ont fait ça, dit-il, je veux que ces bêtes sauvages endurent ce que mes pauvres parents ont enduré, et puis je désire encore retrouver ma sœur, qui nous a été arrachée pour être déportée là-haut.

Il eut un coup de menton vers l'amont.

— Quel âge as-tu, drôle ?

— Dix-sept ans bientôt, monsieur.

Il avait menti, d'instinct. Frontenac lui sourit. Il avait besoin de miliciens, d'habitants capables de faire pour de bon le coup de feu à l'occasion. Ces braves gens avaient jusque-là subi les attaques et coups de main iroquois, attendant trop souvent, mal armés, une aide militaire qui n'était pas venue. Les temps allaient changer.

— C'est intéressant, dit-il à Callières. Nous allons former des brigades de ces jeunes gens, leur donner un enseignement militaire et les disperser dans la nature à proximité des territoires ennemis. Cela te plairait-il, petit ?

Daniel acquiesça d'un signe de tête.

— Je comptais m'enrôler dès la fin des besognes icitte.

Apprendre le métier des armes lui plaisait davantage que porter l'uniforme. Son désir de vengeance passerait cependant par là. En même temps, il éprouvait l'envie de courir les bois et les lacs pour traquer le castor, chasser l'outarde et l'orignal ; vivre l'existence de ces hommes surgis, vêtus de peau, mystérieux, des épaisseurs de la forêt, et qui transitaient auparavant par le village.

— Eh bien, je connais un sergent qui veillera à ton éducation, dit Frontenac, réjoui.

Le père Rémy faisait partie de la délégation. Il évoqua la situation de François Beauchêne, le cadet, un garçon étonnant, d'une grande intelligence et qui semblait vouloir s'instruire autrement que dans la troupe. Le placer dans une famille de Québec serait pertinent, il y avait là-bas un séminaire plus important qu'à Montréal, une vraie société au sein de laquelle l'orphelin trouverait sa place.

Frontenac acquiesça. La colonie devait conserver ses valeurs des premiers temps, la piété, la compassion, le sens de l'entraide. Au Canada, les orphelins n'étaient pas abandonnés ; on leur trouvait des familles d'accueil, les religieux n'étaient pas en reste, qui en faisaient volontiers des prêtres ou des sœurs.

— Mon ami Falernes, vous savez, l'armateur, sera peut-être intéressé de recevoir ce petit bougre chez lui, dit Frontenac, pensif.

De la ferme Beauchêne, sa vue embrassait le village presque en entier. Les stigmates de la tuerie, visibles un peu partout, l'attristèrent. Et si Montréal subissait un jour le même sort ? La bourgade ne se développerait pas tant qu'elle resterait ainsi exposée aux coups de l'ennemi.

Le gouverneur tapota l'épaule de Daniel. Il faudrait bien des garçons tels que lui pour satisfaire un roi dont la prodigalité envers sa colonie n'était pas la qualité majeure.

— Dieu te garde, mon garçon.

Il s'éloigna d'un pas alourdi par l'ampleur du massacre. Certes, les Iroquois, qui avaient pourtant eu la nuit entière devant eux, n'avaient pas tué tout le monde dans le village. Ils avaient interrompu leur orgie sanglante à un moment donné, comme pour donner un avertissement aux Français. « Restez neutres dans nos guerres internes et les choses iront normalement. Nous n'avons pas l'intention de vous chasser du Canada, et nous désirons vos terres bien moins que vous ne convoitez les nôtres. Laissez-nous libres de chasser, de commercer et de nous entrebattre. Nous ne savons pas ce qu'est la propriété, ce bien si précieux pour vous. Laissez-nous vivre comme nous l'entendons, auprès de vous comme auprès des Anglais, alors nous mettrons en terre les haches des guerriers. »

Frontenac ignorerait la mise en garde. On le renvoyait en Amérique pour y mener un combat décisif. L'île de Montréal était peuplée de pauvres gens contraints à l'angoisse, quand, en aval de Québec, les riverains du bas Saint-Laurent pouvaient moissonner sans la protection des soldats, ouvrir en paix des établissements commerciaux, des fonderies, des postes de traite ; quand les morutiers canadiens rejoignaient en haute mer les Basques, les Normands et les Bretons, sans craindre un assaut des Sauvages.

— Québec est bien loin d'ici, en ce jour, murmura le vieux soldat.

4

Le sergent La Tulipe n'avait pas d'âge. Une gueule, en revanche ; flétrie comme une vieille pomme, couturée au front et aux joues à la suite d'une ancienne initiation par des Sauvages affamés qui avaient relâché leur prisonnier contre des vivres.

Son corps osseux, d'une étonnante souplesse, portait les stigmates boursouflés de quelques séances de torture, aux seins, aux aisselles, au nombril. Le pire était pourtant son haleine, capable de faire repérer la troupe par vent portant, au dire de ses vieux compagnons.

Il avait débarqué à Québec au milieu du siècle avec le régiment de Carignan-Salières et une trentaine de filles du roi chaperonnées par des ursulines qui ne badinaient pas avec les distances réglementaires. Débauché au bout de deux engagements de trois ans, il s'était fait coureur des bois, avait hanté les villages des tribus alliées, semant ici et là une progéniture qu'il croisait de temps à autre, au hasard de ses voyages. Il terminait sa carrière par un retour aux armées, comme éclaireur, pisteur, guide et mémoire d'un passé révolu.

Lorsqu'il avait visité les quartiers militaires où Daniel Beauchêne apprenait le métier des armes, il avait vite remarqué le garçon agile, rapide à la course et doué d'une grande force sous une apparence presque fragile.

« Tu veux marcher, couillon ? Guetter, attendre, faire parfois retraite sans demander ton reste, mais tuer aussi, au couteau ou au fusil ? »

Il parlait un mélange accentué de français et de gascon, crachait à intervalles réguliers une glu plus brune encore que la terre. L'homme n'avait pas de grands efforts à faire pour se montrer inquiétant. Sa réputation le précédait ; on le disait habile à la découpe des chevelures, avec une préférence pour celles, volontiers blondes ou rousses, des Anglais.

Les dents serrées, Daniel avait soutenu son regard de rapace tapi au fond d'orbites proéminentes.

« Si je dois faire tout cela pour venger mes parents et retrouver un jour ma sœur, oui, je le veux.

— C'est peut-être mieux que tu ne la retrouves pas, c'est moi qui te le dis. Tu feras ça pour le roi de France, d'abord. As-tu signé ton engagement ?

— Non, monsieur, pas encore. »

Une prime de cent livres était offerte aux volontaires du régiment. Les officiers avaient droit quant à eux à des seigneuries où ils employaient leurs anciens soldats. Ainsi le roi soignait-il la fine fleur de son armée.

La Tulipe avait eu une moue dubitative.

« Tu tiens à cet argent, petit couillon ?

— Ça m'est égal. »

Daniel s'était empressé de lui dire qu'il prisait peu la vie au fort de la Montagne, à Montréal. Dormir à trois dans un lit n'était guère confortable, sur une paillasse changée une fois l'an, de surcroît. On y attrapait des poux.

« Et coucher entre deux soldats, c'est la torture, exactement. »

La Tulipe avait ri de bon cœur. La vie dans les forts était une épreuve à côté de laquelle la chasse aux Iroquois passait volontiers pour une promenade au grand air.

« Je n'aime pas les gens qui y sont », avait ajouté Daniel.

Les Français du régiment ne tenaient pas les Canadiens en haute estime. Ils les trouvaient frustes, peu aptes à être commandés. Il suffisait bien que les colons offrent aux militaires en campagne l'écuelle, le grabat et la bougie. Pour le reste, la guerre était une chose suffisamment sérieuse pour n'être confiée qu'à des professionnels.

Le vieil édenté avait tranché :

« Je vais te faire entrer dans la milice : le tricorne, la veste bleue et le bas sous la culotte, ce n'est pas pour toi. »

De tous les garçons dont le sergent avait la charge, Daniel Beauchêne se révéla très vite le plus endurant, le mieux à même d'interpréter les multiples signes balisant les pistes forestières, les abords des rivières, les gués.

Le petit paysan aux yeux de loup, aux doigts aussi fins que son corps était musculeux, était réveillé le premier, couché le dernier, et n'appréciait rien tant que se coller dans le sillage de son maître, observant le moindre de ses gestes, quêtant une explication à toute chose, toujours prêt à pousser plus loin les patrouilles dans l'île de Montréal.

« Quand passerons-nous ces maudites rivières ? »

Il brûlait de se lancer vers l'ouest, le sud, partout où les massacreurs de Lachine préparaient leurs attaques contre la colonie. Il rêvait de faire jaillir vers le ciel iroquois des flammes hautes comme celles qui avaient consumé son village. Les rondes de soldats et de miliciens autour des bourgades françaises, c'était bien, mais il y avait mieux à faire : rendre aux Iroquois la monnaie de leur pièce. Chez eux.

Quand ses compagnons, fourbus, se laissaient tomber à terre, il en réclamait encore. On ne marchait pas assez vite, assez loin. La Tulipe le tançait :

« Du calme, couillon, tu recevras bien assez tôt la pointe de flèche qui te tuera. »

Haussements d'épaules. Daniel se ressentait lui-même comme une partie de la forêt, un arbre parmi des milliers d'autres, invisible et pourtant bien présent. La boue des chemins était sa matrice, les rives pentues du Saint-Laurent encombrées de branchages, d'arbustes, les rochers glissants, les rapides, sa demeure mouvante, le lieu jamais semblable au secret duquel il se sentait invincible.

« On verra ça, petit. »

La Tulipe doutait, par principe. Il connaissait la guerre, ses usages et ses atrocités. La colonie ne manquait pas d'hommes courageux ; elle recelait aussi quelques matamores prestement amollis par la nécessité de se battre. Quarante années de pratique avaient doté l'homme d'une philosophie simple. Le guerrier n'existe pas avant la bataille.

A l'étroit dans ses habits neufs de milicien, Daniel regardait avec envie les coureurs des bois qui, parfois, faisaient un bout de route avec les soldats. Ces hommes-là, pareils à ceux qui traversaient autrefois le village de Lachine, étaient fascinants ; vêtus de peau, coiffés de feutre ou d'une tuque[1], fusil en bandoulière, poignard et pistolet à la ceinture ; l'écho de leurs aventures résonnait dans la nuit, autour des feux. Au matin, ils n'étaient déjà plus là. Daniel pensait à eux à voix haute.

« Un jour, je serai des leurs. »

La Tulipe les connaissait tous. Certains avaient marché à ses côtés du temps où la Huronie avait succombé sous les coups des Iroquois. Guerre fratricide. Les Français n'avaient pu empêcher leurs alliés de se faire exterminer à petit feu. Frontenac lui-même avait été impuissant à les préserver.

Daniel aurait le temps d'écouter la leçon de son maître.

« Le castor, petit, c'est une autre histoire. Celle-là, je la connais aussi par cœur. On verra ça quand tu auras fait tes preuves, la pétoire à la main. »

L'homme avait été égorgé dans la maison. La femme avait disparu. C'était à l'ouest de Lachine, dans une région que l'on défrichait encore. Des habitants courageux avaient choisi de s'installer là malgré la distance avec Montréal. Les archers et les soldats

1. Bonnet de laine rouge.

leur avaient recommandé de se mettre en sécurité plus près de la ville. En vain. Il fallait trouver de nouvelles terres pour nourrir les familles nombreuses ; quant à la misère, elle était suffisante au Canada pour ne pas l'appesantir.

Les visiteurs avaient emporté le bétail. Seul survivait là un cochon, allongé dans sa bauge. La Tulipe examina le corps de l'habitant.

— Hébert, un Normand. Encore chaud. Ils sont passés il n'y a guère.

On s'était battu dans la maison. Des chaises renversées, des traces de sang sur les murs et jusque devant l'âtre attestaient d'une lutte à mort.

— Il en a peut-être blessé un, dit le sergent, celui-là a perdu son couvre-chef...

Il exhiba une plume rougie, réfléchit quelques instants. Il y avait une chance pour que les assaillants aient ainsi été ralentis dans leur retraite.

— Deux hommes avec moi, les autres demeurent ici et attendent qu'on revienne.

Daniel était déjà sur le seuil. Il ne laisserait à personne le soin d'accompagner son chef.

Les Français partirent vers le fleuve, dans un crépuscule où flamboyaient les feuillages d'automne. La Tulipe s'arrêta souvent, observa le chemin, humant l'air comme s'il y traînait des odeurs familières.

— Il perd son sang. *Diou bibant*[1], ses associés ne doivent pas être loin. Ces gens-là préfèrent par coutume mourir chez eux... Là ! s'exclama-t-il soudain, je sais où ils sont. Restez ici, tous les deux. Je les

1. « Dieu vivant », juron gascon.

débusque et, s'ils m'échappent, vous les accueillez comme il faut.

Il se rua, courbé, vers la rive. Daniel et son compagnon s'accroupirent, le doigt sur la détente de leur fusil. Un coup de feu les fit sursauter. Puis, plus rien. La Tulipe ne tarda pas à revenir, poussant devant lui un prisonnier. Il tenait en main une chevelure qu'il exhiba tel un trophée.

— Le diable les emporte, ils étaient quatre, les deux autres ont sauté à l'eau. Nous avons gagné un canot dans l'affaire.

Daniel se sentit frustré. Tandis qu'il menait ses recrues vers la rivière à travers un fouillis d'arbustes, de bois mort et d'herbes hautes, le sergent vit la contrariété du garçon. Une bourrade à l'épaule. On en verrait d'autres. Le dépit de Daniel le mit en joie.

— Regardez, dit-il, voilà ce qui reste quand on a décousu un cuir.

Un corps gisait au creux d'une fondrière. Le sergent avait achevé l'Indien blessé à la cuisse par le fermier, puis l'avait dûment débarrassé de ses cheveux. Daniel se pencha vers le crâne luisant, veiné de bleu, du cadavre. Quelques gouttes de sang perlaient aux berges de la peau, c'était du travail bien conclu. La Tulipe eût fait un habile chaircuitier.

— Vous croyez qu'ils étaient à l'assaut de Lachine ? lui demanda Daniel.

— C'est bien Dieu possible, couillon. Ceux-là sont des Onnontagués[1], leur village est à une semaine de

1. Une des Cinq Tribus iroquoises, on l'a dit, et la plus proche de Montréal.

marche d'ici, ou un peu moins. Ils ont le visage peint pour le combat.

Il interrogea le captif, qui garda le silence. C'était un grand échalas au dos voûté, plus très jeune. Daniel scruta l'homme, le trouva ressemblant à celui qui avait traîné les jeunes Canadiennes vers les embarcations des assaillants. Il leva lentement le canon de son fusil vers lui.

— Alors, il va nous dire où sont les captives. Il va le dire ou je le farcis de plomb.

La Tulipe s'interposa. Les prisonniers étaient suffisamment précieux pour qu'on ne les abatte point.

— Nous allons le ramener à Montréal, et ces messieurs décideront de son sort.

Il reprit ses questions dans la langue de l'Iroquois. L'homme secouait négativement la tête. Daniel comprit qu'il se défendait d'avoir participé au massacre. Ces hommes préféraient la plupart du temps mourir plutôt qu'avouer. On en brûlait parfois un ou deux en place publique, pour l'exemple ou tout simplement parce qu'ils n'avaient plus de valeur marchande.

La Tulipe avait sa théorie :

« Si nous en tuons le bon nombre, les sachems paieront cher le retour des prisonniers. C'est comme l'or, quand il est rare, il faut débourser davantage pour en avoir. »

Daniel se moquait bien de cet argument-là. La présence d'un Sauvage, si près de lui, le troublait. Il éprouvait une envie si visible d'abattre le prisonnier que La Tulipe lui ordonna de s'éloigner séance tenante.

— On s'en retourne. Tu avanceras devant nous, à bonne distance. Je te conseille de bien ouvrir les yeux, il se peut que d'autres de ces diables nous attendent entre ici et Lachine. Allez, jeunesse, en route, tendres alcôves et soupes chaudes nous attendent en la belle cité de Montréal.

A peine de retour en ville, la patrouille se joignit à un corps d'Indiens alliés, de miliciens et de soldats, une cinquantaine d'hommes au total, dont la mission était de s'enfoncer plus profondément, cette fois, en territoire iroquois.

La troupe était diverse. Des officiers et des civils aguerris y côtoyaient une bleusaille que l'on supposait capable de comprendre vite et d'agir à bon escient. Le mélange voulu par Frontenac avait de l'allure ; il ne tarderait pas à se doter d'une solide et pérenne unité.

Le gouverneur n'avait pas tardé à mettre en pratique sa stratégie. On attaquerait l'adversaire selon ses propres méthodes ; la rapidité de déplacement, le grand manteau de la forêt pour complice, la capacité de surgir, de frapper et de se retirer aussi vite que l'on s'était montré.

Daniel brûlait de se colleter avec un ennemi encore mystérieux. Ses rêves étaient peuplés de rencontres, de courses, de fusillades. D'étranges personnages les hantaient, des guerriers hauts comme des arbres, et des civils européens aussi, portant un anneau à l'oreille. A force de songer à eux, endormi ou éveillé, il finit par se demander si tout cela était bien réel, si ce n'était en vérité rien d'autre qu'un long cauchemar dont il ne pouvait s'extraire. Puis le souvenir bien réel des cris, des lueurs, du sang répandu à Lachine le ramena à la réalité. Son tourment en fut avivé.

Bien que finissant, octobre baignait encore dans des langueurs estivales caressées par des brises sans méchanceté ; comme si l'été s'arc-boutait encore un peu, cette année-là, avant de laisser la place aux interminables semaines de pénombre, de gel et de vents mauvais.

L'été des Indiens. Il semblait que la forêt tout entière se consumait, sans flammes ni fumées. Alternant avec l'austère compacité des épinettes, des bois de feuillus offraient au regard la flamboyante rousseur de leur feuillage.

Daniel s'arrêta, contempla longuement le spectacle.

Vues du chemin sur lequel tombait, par mille trouées, la lumière tamisée du soleil, les cimes caressées par le vent composaient un océan mouvant, sans cesse recommencé. C'était comme à Lachine en automne, mais plus vaste encore, une matrice au cœur de laquelle avançait la mission française.

Daniel se souvint de ces semaines paysannes consacrées à préparer l'hivernage. On coupait le bois tandis que les femmes enterraient les pommes de terre et remettaient les fourneaux en marche pour cuisiner les pâtés de gibier. Puis on tuait le cochon, en rêvant de saucisses, de jambon, de boudin, c'était autant de cérémonies heureuses, de rituels gagnés sur la guerre et sur ses menaces.

« Il n'y a pas de colons par ici pour nous offrir ces douceurs, regretta le sergent. Mais patience. Au fil de la route, nous trouverons autre chose. »

Ils longèrent le Saint-Laurent à travers le pays algonquin, loin vers le sud-ouest. Les immensités de forêt considérées comme siennes par la France lui appartenaient en vérité fort peu. Le roi s'endormait à Versailles devant les cartes d'un empire ressemblant davantage à un tissu ravaudé qu'à une fière bannière hissée sur un fort conquis.

« Vaste, pas vrai, couillon ? plaisantait La Tulipe. On n'est pas encore à y faire brouter des vaches. »

Lacs et clairières, rus descendant des collines, ciel immense, solitudes. Maringouins en meutes dès que cessaient les averses d'automne. Sous l'œil intéressé de son maître, Daniel se fondit dans le décor, quand d'autres se retenaient pour ne pas demander grâce.

— C'est bien, petit. Tu es d'ici, pour de bon, lui dit un soir le sergent.

Il faudrait plusieurs jours de marche pour parvenir aux terres hostiles. La Tulipe avait été formel. Le portage en cours au bord du fleuve conduirait la troupe en territoire ami, dans une tribu d'Iroquois catholiques où l'on ferait étape.

Daniel avait écouté son aîné raconter comment ces alliés vivant si près d'une fratrie devenue ennemie parvenaient à préserver leur liberté. Les Anglais avaient bien tenté de les stipendier, en vain. L'attachement de ces gens au roi et à la religion romaine garantissait une loyauté dont les fréquentes attaques de leurs frères ne les détournaient pas.

— Ils nous sont amis, ce qui n'en fait pas des animaux ou des esclaves. D'ailleurs, on ne réduit pas un Sauvage à l'esclavage. Les prêtres du Séminaire sont bien incapables de les éduquer. Pour un qui apprend quelque chose, vingt s'enfuient et disparaissent dans la nature. Ils ont la liberté chevillée au corps, alors il faut les considérer comme des hommes, tout bonnement.

Daniel eut du mal à admettre cette théorie. Les Sauvages étaient entrés dans sa vie de la façon la plus violente qui fût. Surgis de la nuit venteuse, ils avaient peint son village de la couleur écarlate du sang. Les visiter, même alliés au roi de France, serait une épreuve cruelle.

— Qui me dit que ce ne sont pas eux les assassins de Lachine ?

— Moi, je te le dis, mordious ! Tu ne vas pas m'emmerder avec ça maintenant ! Ou alors tu ramasses ta giberne et tu t'en retournes chez les séminaristes ! Tu diras la messe. C'est ça que tu veux, couillon ? Mais encore, si tu cherches autre chose, tu es libre d'aller faire l'ouvrier sur le quai de Montréal.

Daniel se renfrogna. Le brûlot de vengeance qui lui ravageait l'âme recevait un seau d'eau qui ne l'éteignait guère.

— Soit, finit-il par admettre, mais je n'y resterai pas longtemps.

La Tulipe le prit par le col.

— Tu obéiras aux ordres et tu ne feras pas le brave. Je t'ai à l'œil. Maintenant, écoute-moi bien. Nous avons dans ce vaste pays des amitiés solides et d'autres qui le sont moins. Les nations y sont nombreuses, voilà qui n'est pas facile à comprendre. Elles sont divisées en clans et les clans en familles. Certaines sont à nous, d'autres nous font la misère. La politique et la guerre sont deux choses bien différentes. L'une se trame dans des palais de pierre, l'autre se fait sur des terrains incertains.

Il relâcha un peu son étreinte.

— Pour nous, au-delà de ce village où nous allons, l'ami d'aujourd'hui pourra être celui qui te mettra au poteau demain, ou qui te gardera prisonnier pendant des années. Ecoute bien, si tu entends dire que la chaudière est à nouveau portée vers le ciel, c'est que tes fesses risquent bien de brûler sur un joli tas de feuilles mortes. Au contraire, si on t'annonce que la hache mérite d'être suspendue, si l'on te parle de nettoyer le sang répandu par terre ou de planter un arbre en ta compagnie, alors tu pourras t'avancer sans craindre pour ta chevelure. La tienne est épaisse et couleur des blés, un guerrier iroquois peut en tirer dix livres à Albany.

L'idée le mit en joie. Daniel lui demanda ce que contenaient les lourds sacs pendant aux flancs des mules. Le sergent exhiba le trésor qu'il tenait dans la poche de sa veste.

— De la nacre, en collier. Nous emportons aussi des justaucorps, des chemises, de la verroterie et des marmites. Ces cadeaux-là sont parfois plus efficaces qu'une volée de plomb. Notre capitaine, monsieur de Bienville, en remettra quelques-uns au fil de la route. Nos alliés ont besoin de se sentir respectés. Les autres aussi, d'ailleurs. Le cadeau, grand couillon, c'est ce qui peut te sauver la vie.

Il avait fait la leçon de géographie en cours de route, montrant, du haut des collines, les horizons lointains où vivaient les tribus, où se confrontaient les rêves d'empire. Entre Outaouais et Saint-Laurent, on pouvait encore avancer sans trop de crainte. Partout ailleurs, c'était l'inconnu.

Il frappa l'épaule de Daniel du revers de la main.

— Ça te fait mal aux tripes, une chose pareille, hein ? Tu ne t'es pas engagé pour porter des présents à des Sauvages dont tu ne sais même pas à quel roi ils sont ? Pourtant, il va falloir que tu t'y fasses. Mais rassure-toi, si le Grand Manitou est occupé ailleurs qu'à cette affaire entre Français et Anglais, tu en trucideras quelques-uns à l'occasion. Il faut une bonne justice en ce bas monde.

Des enfants étaient accourus en bandes joyeuses, au-devant des soldats et des civils. Ils formèrent une escorte le long du chemin défoncé, curieux de découvrir les hommes vêtus de bleu et de brun avec, dans le dos, un fusil au canon interminable et, pendant à la ceinture, une lame de baïonnette ou un poignard.

Sur la côte nord du fleuve, à une semaine de marche du lac des Ontarios, on avait suivi un vague chemin montant vers un plateau d'où la vue embrassait le paysage uniforme de la forêt avec, en contrebas, la vallée du Saint-Laurent. Ainsi les Sauvages s'installaient-ils de préférence sur ces promontoires, pour une défense plus facile qu'en plaine.

La forêt disparut, laissant place à une clairière au centre de laquelle s'alignaient, derrière une mince palissade et à intervalles réguliers, les habitations indiennes. De loin, cela ressemblait à des serres.

Lorsqu'il en distingua les premiers éléments, Daniel sentit une subite sueur couler dans son cou. Il avait vécu si près de ce village, sans même le savoir.

Des Iroquois séjournaient là, de la même race que les égorgeurs de Lachine. Des familles perdues en forêt ; c'était bien autre chose que le spectacle familier des vendeurs de cuir, de viande séchée ou de mocassins transitant par les bourgs français. Un peuple, sur sa terre.

— Catholiques. C'est la différence, lui asséna le sergent.

Précédant les porteurs de canots, la troupe traversa des champs de blé d'Inde[1] coupé, des prairies. Une faune de cochons, de volaille, de bovins étiques occupait l'espace, fouillait le sol détrempé par les pluies d'automne. Tout semblait pacifié, la nature comme les longs bâtiments hébergeant le clan.

— La terre est fatiguée icitte, constata le sergent, alors ce village ne tardera pas à déménager. Usée ou non, elle est à tout le monde, cette foutue garce, les enfants, pareil. Pas de barrières ni de clôtures, on se partage la moisson, qu'elle soit bonne ou mauvaise, et ce sont les mères qui te donnent ta part. Les femmes sont aux champs et les hommes à la chasse ou à la guerre, à chacun son rôle. Pour le reste, dix ou vingt familles par maison, ces drôles savent vivre ensemble sans se jalouser.

Il observa le ciel clément. Octobre, la saison des chasseurs.

1. Maïs.

— Ou des guerriers peints, va savoir. Ces gens ont de quoi survivre, depuis la nuit des temps. S'ils s'entre-tuent, c'est pour le castor ou pour le simple devoir de se présenter en héros devant leur dieu.

Assises en tailleur sur des couvertures, des femmes âgées travaillaient devant l'entrée des grandes huttes. Des brasiers crépitaient sous des marmites d'où montaient des fumées blanches. Plus loin, d'autres Indiennes vaquaient, portant du linge, du bois, des enfants drapés ou en berceau dans leur dos. Daniel écarquilla les yeux. La Tulipe l'avait prévenu, deux cents personnes pouvaient parfois habiter la même demeure.

La troupe reçut l'ordre de stationner à distance, tandis qu'une délégation villageoise s'annonçait. Monsieur de Bienville tendit ses mains, que les Indiens, deux jeunes hommes au torse nu, vêtus d'un pagne et accompagnés par un aîné couvert d'un épais châle de laine, serrèrent longuement. On avait apporté des présents ; de la poudre et des lames, des miroirs, et ces chaudières plus précieuses que des canons. Dès lors, les Français, qui bivouaqueraient dans la clairière, pouvaient pénétrer dans le village.

— Toi, tu me suis.

La Tulipe entraîna Daniel vers l'une des habitations, le fit entrer dans un tunnel oblong dont il était difficile de distinguer l'agencement. Lorsqu'il se fut accoutumé à la pénombre, le jeune milicien distingua un couloir central bordé, à intervalles réguliers, de cases limitées par des pans d'étoffe. Ces espaces étaient surmontés d'une sorte de long grenier où s'entassaient vêtements, couvertures et vanneries. Sous le plafond fait de branchages, de chaume et de feuillages solidement entremêlés, des canots étaient attachés, retournés.

Des tout petits sachant à peine marcher passèrent en riant entre les jambes du visiteur. Daniel frotta ses yeux piqués par d'âcres volutes noires. Il y avait là une société organisée, une cohérence qu'il n'avait jamais soupçonnée, lui pour qui le monde indien naissait de cavernes ou, au mieux, de taudis entoilés.

Des feux, encore, dont la fumée s'échappait par les interstices du plafond, rougeoyaient ici et là en limite de l'allée commune. Autour d'eux, des gens, pour la plupart des femmes et des vieux, dormaient, cousaient ou cuisinaient. Des halos de lumière pénétraient par le fond du boyau ainsi formé, des silhouettes passaient, furtives.

Daniel découvrit, surpris, l'alignement parfaitement ordonné des cases. Plusieurs dizaines de personnes pouvaient en effet vivre là, partageant les produits de la terre et les besognes à accomplir. Un monde, clos sur lui-même, meublé de silence.

— Il y a des malades, prévint La Tulipe.

Des filles tissaient dans une case, en compagnie de quelques jeunes garçons qui se levèrent à l'arrivée des visiteurs.

— Celui-là est à moi, annonça La Tulipe. Un Français, si tu veux. Il a une quinzaine d'années, son esprit est un peu simple. On l'a prénommé Louis, comme le roi. Sa mère est morte en le mettant au monde, ce qui n'a pas changé grand-chose pour lui. La tribu l'a élevé. Tu peux le saluer, je lui apprends la langue quand je passe par ici.

— A Dieu plaise, dit Daniel.

— A Dieu plaise, monsieur, dit Louis avec un sourire béat.

C'était, sous une tuque, un curieux mélange de peau bistre et de regard clair. Ses pommettes saillantes contrastaient avec un nez droit, presque fin, ses cheveux, tirés et noués sous la nuque, bouclaient légèrement. La Tulipe lui serra l'épaule, expliqua :

— Louis veut être coureur des bois, l'Ouest l'attire. Il pense que la fortune est plus loin même que le lac des Ontarios. Seulement, pour y aller, il faut passer par les mâts de torture de ses frères ennemis. Je ne le lui conseille pas pour le moment.

Les jeunes filles observaient Daniel, chuchotaient, rieuses. La Tulipe les interrogea dans leur langue. Elles lui montrèrent une case, à dix pas de la leur.

Une fillette était allongée sur une natte, veillée par des femmes agitant doucement des éventails. Son visage portait les stigmates de la maladie : boursouflé, grêlé de cloques jaunâtres. Frissonnante, l'enfant délirait doucement.

— Petite vérole, diagnostiqua le vieil homme au premier regard. Elle ne survivra pas.

Les Européens avaient apporté avec eux en Amérique quelques fléaux ignorés jusque-là par les Sauvages. Les fièvres qui décimaient les villages n'étaient pas moins redoutables que les combats entre peuples.

Daniel ne se souvenait pas d'avoir vu face pareillement hideuse. Il recula. Cet endroit ne lui plaisait pas. La Tulipe l'observait à la dérobée. Daniel se demanda pourquoi son chef lui accordait le douteux privilège de séjourner parmi les Iroquois. Il sentit une mauvaise bile remonter de son estomac, regretta de ne pas avoir suivi la troupe dans ses cantonnements, en lisière de village.

Il éprouva du dégoût. Pour la première fois de sa vie, il se trouvait au cœur d'un monde longtemps tenu à distance, révélé par l'ignominie de la guerre, et dans lequel on le priait de se comporter en garçon civilisé. Les tisseuses l'observaient de loin. Daniel s'était persuadé que les femmes et les filles des tribus nourrissaient la même haine que les guerriers à l'endroit des Français. Celles-ci n'en manifestaient aucune. Au contraire, elles souriaient, laissaient échapper de brefs rires, la main devant la bouche. Des donzelles, semblables à beaucoup d'autres.

— Il va te falloir honorer leur cuisine, le prévint La Tulipe. Bouillie de blé d'Inde et poisson ou viande, ça s'appelle « sagamité ». J'ai connu des brouets de chez nous moins agréables au goût. Quitte ta mine de torturé et va te remplir la bedaine. Regarde, les femmes t'apportent ce qu'il faut.

Les hommes avaient rapporté de leur chasse un chevreuil, des lapins et des outardes, qu'ils déposèrent au centre du village. On festoierait à l'intérieur des maisons, et sous le ciel pur où brilleraient les constellations.

Daniel rejoignit les filles, s'assit à côté d'elles. La Tulipe s'installa près de son fils. Une senteur mêlée de grain, de linge humide et de musc baignait l'habitation. Tout près des Français, la mourante gémissait doucement. Daniel se perdit dans la contemplation du feu. Tout était simple, et d'une infinie tristesse. Il eut faim, soudain. La vie, en lui, réclamait son dû.

— La soupe arrive, annonça le sergent, ça ne nous fera pas tort.

Epuisé par une journée de marche et de portage, Daniel se laissa tomber sur sa couverture. Il avait goûté la « sagamité », trouvé ça fade. La Tulipe avait décidé qu'ils dormiraient tous deux dans l'habitation. Le sergent était chez lui dans cet endroit, égal des hommes dont les joues ne portaient pas de peintures. Daniel ferma les yeux. Il était entré dans un monde redouté, puis haï. Séjourner chez des Sauvages, fussent-ils convertis et reconnaissant monsieur de Frontenac comme père, était à la limite de ce qu'il pouvait endurer.

La Tulipe s'était chargé de lui expliquer ce qu'il avait jusque-là ignoré, ou écouté d'une oreille distraite lorsque ses parents en parlaient. Les factions à l'intérieur même des tribus, leur balance permanente entre les deux partis en guerre, la nécessité pour les Français d'attaquer sous peine de se voir un jour submergés, la loyauté, enfin, des clans catholiques. Daniel était désormais au cœur d'un chaos dont il peinait à comprendre la complexité.

Il soupira. La nuit serait bonne à prendre. Au moment de s'assoupir, il sentit un frôlement dans son dos. Il s'assit brusquement. Ce devait être une bête, un ours peut-être bien, l'espèce ne manquait pas dans les forêts du Canada.

Une fille au visage lunaire le scrutait, dans la faible lueur des braises. Elle était à demi nue, souriait. Il eut envie de fuir, se ravisa. Le silence régnait autour de la case. Il vit le dos de La Tulipe. Couché sur le côté, le coureur des bois ronronnait, endormi. Daniel s'appuya sur un coude tandis que la fille, une des tisseuses, lui caressait le torse. Elle chuchota son nom :

— Oneida.

Les jeunes garçons de Lachine faisaient volontiers les braves. A les entendre, il leur serait facile de jeter leur dévolu sur telle ou telle villageoise. Ils savaient cependant que ces choses ne se décidaient pas en quelques minutes, qu'il convenait d'abord d'avoir atteint un certain âge, puis d'obtenir l'aval des familles. Rien de tel chez les Indiens, même convertis. Des histoires couraient là-dessus, ces Sauvages capables de servir la messe ne respectaient guère les conventions chrétiennes.

Il se souvint des soupirs de ses parents, dans l'obscurité de la pièce commune ; un langage demeuré longtemps mystérieux, explicité par des aînés moqueurs. Les amours paysannes étaient comme la nature qui les baignait, ouvertes, leurs bruits faisaient partie du quotidien, comme ceux du fleuve, du ciel ou des animaux. Les silences et la discrétion, c'était pour les nobles et les bourgeois, au secret de leurs alcôves.

L'Iroquoise avait des lèvres épaisses, humides, qu'elle posa sur le visage de Daniel. Elle lui prit la main, l'appuya, agenouillée, sur son sein. A presque seize ans, Daniel Beauchêne était à peine pubère. Un matin, au camp militaire de Montréal, il s'était réveillé le ventre englué, surpris de n'avoir strictement rien senti. Alors c'était ça, l'âge adulte, si différent de ce que lui en disaient, moqueurs, ses aînés ?

Il fit cette fois le lien entre la présence charnelle de la fille et le désir qu'il en éprouva. Elle se coula contre lui, sous la couverture, fit glisser ses cuisses le long des siennes. Elle soupirait fort, un feulement ; ses cheveux dégageaient une senteur tenace de musc et de graisse animale.

Il vit le blanc de ses yeux mi-clos. La petite mourante montrait ça, elle aussi, à quelques pas de là ; c'était une nuit bien étrange. Daniel laissa ses mains parcourir les flancs de l'Indienne. Elle avait la chair très ferme, rampait sur lui. Lorsque, s'étant ouverte, elle l'eut happé, il cessa un temps de respirer, attendit, pensant qu'elle devait être experte pour en être arrivée là si vite. Puis, sans qu'il eût rien décidé, il fut parcouru presque aussitôt par un bref et intense frisson qui le laissa sidéré.

— Te voilà promis, petit couillon.

Les narines encore pleines des odeurs d'Oneida, Daniel considéra La Tulipe d'un air incrédule. Le trappeur lui avait offert un déniaisage vite conclu, une première émotion d'homme précédant un sommeil d'enfant.

La fille s'était éclipsée avant l'aube. A peine éveillé, Daniel avait craint de voir la tribu entière penchée sur lui comme sur une bête extraordinaire. Mais rien ne s'était passé. Sauf pour la petite voisine, qui était morte au milieu de la nuit et reposait sous une couverture.

— « Promis » ?

— Mordious, c'est de ça qu'il s'agit. Il paraît que

vous vous étiez échangé des regards. Le clan t'a adopté, maintenant.

— Des regards ? Peut-être, elle n'était pas seule à tisser, ces Sauvagesses riaient de moi. Je sais seulement son nom.

— Oneida. Ça veut dire « Impatiemment attendue ». Elle est comme toi, je crois bien. Sans parents. Le père a été occis par les Onneiouts, quant à la mère, elle est trépassée d'une fièvre de poitrine. A la voir, c'est une bonne squaw.

— Impatiemment attendue, murmura Daniel.

— Eh bé oui, couillon.

La belle était lourde de hanches et plutôt courte sur jambes. Daniel se souvint d'avoir pétri ses seins. Dans la pénombre, il avait croisé son regard d'encre, touché sa peau rénitente. Il gardait de ce contact une sensation de douceur moite, une chaleur qui l'habitait encore.

La Tulipe lui frappa l'épaule.

— Tu as maintenant une maison ici. Ce n'est pas donné à tout le monde, sais-tu. On t'y accueillera comme si tu y étais né. Je te vois inquiet.

Il s'amusait.

Daniel considéra le décor du village d'un œil morne. On y dormait encore, un peu partout. Quelques silhouettes hantaient les espaces de terre meuble séparant les huttes ; des femmes en route pour la rivière, portant des outres à emplir d'eau. Il éprouva un trouble inconnu jusque-là. Ce n'était pas tant la brève étreinte subie que le sentiment d'être enfermé dans un piège. Le désir de vengeance qui le poussait sur des chemins aventureux, le trait de feu en lui laissaient place à de l'impatience. La Tulipe s'approcha de lui, exhala son remugle du matin, assez puissant pour coucher un bœuf.

— Ça te fait quelque chose d'être là à c't'heure, hé, drôle ? Tu te dis qu'ils ne sont pas tous à vouloir te lier au poteau. Qu'il y en a des bons. C'est comme ça, oui, Dieu seul sait pourquoi en vérité. Il en meurt beaucoup, de fièvre, de pustules. Tu as vu ça. D'autres crachent le sang et ne peuvent plus marcher. Ils crèvent comme des chiens, on les enterre assis, tournés vers le bout de ciel où le soleil se lève. Ils sont nos frères ici, leurs frères nous tueront peut-être un peu plus loin. Tu ne pourras jamais les égorger jusqu'au dernier. Il te faut vivre et te garder des haines qui rendent imprudent.

Daniel se demanda où était la fille. Le discours de son maître ne le touchait pas. La Tulipe semblait lire dans ses pensées, ce qui le contrariait.

— Tu ne la verras pas, elle a dû partir dans quelque champ. Mais sache que, désormais, elle te sera fidèle, parce qu'elle t'a choisi. Hé ! Tu retournerais bien sous la couverte[1], pas vrai, couillon ?

Il s'esclaffa. Les Français se regroupaient à l'arrière des habitations. On reprendrait la route sans tarder.

1. Couverture.

5

La maison Falernes, dotée d'un étage et de combles, aux murs épais, était sise rue Notre-Dame, dans la ville basse, à quelques dizaines de pas de la place Royale. Mitoyenne de demeures lui ressemblant mais en plus petit, elle était faite de moellons entre des poteaux en terre, et s'ouvrait sur la rue par une rangée de trois fenêtres reflétant l'aisance de ses propriétaires.

François Beauchêne était entré dans l'une des plus remarquables familles de Québec. Arrivé de Normandie alors qu'il était enfant, Jean-Christian de Falernes avait hérité de son père le grand privilège de pouvoir armer des navires pour le commerce avec la France. A ce titre et par la grâce de leur nom, les Falernes possédaient leur banc à la cathédrale, derrière celui du gouverneur. Donateurs généreux en toute occasion, ayant aidé à la construction des séminaires, des églises et des hospices, ils étaient aussi respectés que puissants.

Parvenu à la cinquantaine, monsieur de Falernes était membre de plusieurs assemblées, qu'elles fussent civiles ou du gouvernement, la plus prestigieuse étant le Conseil souverain, d'où naissaient les lois et règlements de la colonie.

Là, il côtoyait, outre le gouverneur et l'évêque, la fine fleur de l'aristocratie de Nouvelle-France. Il était du rang des Chauffours, des Neuville, des Lotbinière, tous seigneurs possédant terres, fermes et moulins. Monsieur de Frontenac et monsieur de Callières ne manquaient pas non plus de prendre son avis dès lors qu'il s'agissait de commerce, de marine, voire d'industrie. Ainsi l'armateur régnait-il, à sa manière sans ostentation, sur les affaires de la ville et, au-delà, du Canada.

« Servir mon roi pour la cause la plus noble qui soit », aimait-il à dire.

Il parlait d'égal à égal avec le trésorier de la marine, homme redouté dont les prérogatives élargies faisaient en vérité le maître des finances de la ville. Une pénurie menaçait-elle, du fait de la guerre, des sécheresses, des insectes ou de quelque autre calamité ? Falernes en calculait le coût, tentait d'en prévoir la parade. Versailles devrait envoyer un supplément de semences, d'outils, d'ouvriers.

« La colonie a reçu trente-deux mille livres il y a quinze ans, et soixante mille cette année. L'augmentation régulière de la dotation royale ne doit pas masquer les insuffisances de ce budget. Versailles, Dieu tout-puissant, c'est bien loin d'ici. »

A ces instants de doute, le Canada lui paraissait d'une fragilité de cristal, défendu par le courage de ses hommes bien plus que par les canonniers du royaume.

« Ceux-là sont occupés ailleurs, en Europe. Nous devrons compter sur nous-mêmes, jusqu'à la fin des temps peut-être bien. »

Ces prédictions assombrissaient son humeur. A ses yeux, la province était un joyau encore mal dégrossi, un don du ciel à des pionniers animés d'une foi de chaque instant. Que disait-on en France ? Pour y avoir séjourné à plusieurs reprises, il connaissait l'ignorance de bien des conseillers du roi, leur vanité, et cette frivolité avec laquelle ils considéraient les affaires d'outre-mer. Soupirant, il comptait sur la sagesse du monarque, sur son orgueil de guerrier conquérant.

« Il n'y aura pas de quartier en Amérique. Nous sommes bien placés pour le savoir. Ici, les volutes de la politique s'étouffent sous la nuée indienne, et celle-ci est poussée fort par le vent anglais. »

Québec, décembre 1689

Tout, à l'intérieur de cette maison, démentait l'austérité de la façade de pierre percée d'étroites fenêtres. A quelques pas à peine de la place Royale, la demeure de la rue Notre-Dame était un de ces palais dont les femmes de Lachine parlaient à voix basse, comme si c'était celui du roi lui-même.

Les cordes de bois flambaient sans répit dans les âtres, tout au long des saisons froides. Au rez-de-chaussée comme à l'étage des chambres, leur reflet animait des parquets et des carrelages assemblés à la perfection. A eux seuls, les murs garnis de gravures, d'estampes, de miniatures et de portraits racontaient les mille histoires d'une famille dont l'ascendance servait, à ce qui se disait, la royauté française depuis la lointaine époque des croisades.

On avait attribué à l'enfant recueilli une chambre mansardée, tiédie par les conduits des étages inférieurs. Là, François voisinait avec la vieille domestique, en vérité cuisinière et responsable des pièces nobles, ainsi qu'avec une cadette de celle-ci, cantonnée quant à elle à des besognes ancillaires moins prestigieuses, tels le ravaudage et les lessives, le soin des lits ou la vidange des pots.

Ce fut à l'office, en compagnie de ces deux femmes venues comme lui de la campagne, qu'il apprit à se tenir à table, à s'essuyer la bouche avec une serviette et à serrer une fourchette entre ses doigts.

« Ça coûte son poids en or, lui dit un jour la vieille en lui proposant de croquer dans une minuscule nourriture noire, qu'il recracha aussitôt, provoquant l'hilarité de ses compagnes.

— Un clou de girofle, mâtin ! Ne sais-tu pas, petit ladre, que tu es ici comme à Versailles !? »

Versailles… Pour les habitants de Lachine, le mot était à la fois magique et prétexte à plaisanteries. Ainsi nommait-on les fermes nouvellement bâties, qui sentaient encore l'érable fraîchement coupé. François s'était longtemps demandé à quoi pouvaient bien ressembler ces merveilles d'architecture sorties de terre à l'époque de ses grands-parents. La demeure des Falernes, vue de l'intérieur, lui donna un début de réponse.

Chaque jour fut ainsi pour le jeune habitant des bords de sault l'occasion d'une découverte, d'un mystère ajouté à cent autres ; des objets dont il ignorait l'usage, des mots dont il ne savait le sens, des façons d'être et de se tenir étrangères à la sommaire éducation reçue entre fleuve et champs. Il y eut pour lui, du Petit Séminaire où il apprenait le latin à la maison de ses protecteurs, un itinéraire magique sur le chemin de la connaissance.

Comme était grande, comparée à ces facilités qu'offrait la ville, la misère des pauvres gens de Lachine. Et leur dignité, pareillement. Ils acceptaient tout, le risque et la nudité, les colères du ciel qui ruinaient leurs récoltes et celles des guerriers qui tuaient leurs enfants. Et toujours, quoi qu'il advînt, respectueux de ceux qui décidaient pour eux. Les univers des uns et des autres n'avaient en vérité de commun que la foi en un Dieu de justice capable de répartir ses bontés avec équité. Dès lors qu'on l'aurait rejoint au paradis.

La porte de la chambre était entrouverte. François avait déjà aperçu, en montant l'escalier des combles pour gagner sa couche, le grand lit du maître, juché sur des pieds torsadés. Des colonnes de bois pareillement ouvragées soutenaient un drap bleu dont les bords retombaient en franges gracieuses, de chaque côté. Le parquet de la pièce, en partie caché par un tapis, luisait comme celui du salon. La servante, Félicité, y besognait dur, ses ahans lorsque, à genoux, elle y passait la cire en témoignaient.

François s'approcha de l'entrebâillement, risqua un œil, puis la tête. Le lit faisait face à une cheminée de pierre grise où brûlait du chêne. Des portraits étaient cloués aux murs, au-dessus de lourds meubles aux tiroirs armés de poignées dorées. A son arrivée sous le toit des Falernes, l'enfant était demeuré béat devant le luxe du mobilier, la chaleur émanant des tapis de laine, la richesse du décorum. N'osant faire un pas de plus. Jamais il n'était entré dans pareille demeure. Jamais il n'aurait soupçonné qu'un tel raffinement pût exister.

Ainsi la chambre de Jean-Christian de Falernes et de son épouse Jeanne apparut-elle aux yeux de l'enfant comme un monde parmi des mondes, une somme de ce qui était art de vivre dans la capitale de la Nouvelle-France. L'un des meubles y était même surmonté d'un miroir. La fenêtre était quant à elle dotée de ces petits carreaux de vitre importés de France, un luxe suprême aux yeux du petit paysan habitué à recevoir la lumière du jour à travers du papier ciré.

François poursuivait l'exploration du lieu lorsqu'il perçut un long gémissement terminé par un bruit sourd, puis un soupir. Il se hasarda à l'intérieur, conscient qu'il faisait là quelque chose d'interdit. La chambre était vide. Il eut l'impression que les visages peints le suivaient de leur regard plutôt hostile, ce qui, au lieu de le faire battre en retraite, l'encouragea à poursuivre.

Près du lit, une porte ouverte donnait sur une autre pièce, plus petite, dotée d'un fenestron. François se risqua jusque-là. Ce qu'il vit à l'intérieur le figea subitement.

Le maître était assis, jambes nues, sur une chaise étrange d'où il se leva à demi afin d'en inspecter ce que François pensa être le paillage. Au moment où il s'asseyait à nouveau, chemise troussée jusqu'à la taille, le maître des lieux vit l'intrus, sa mine stupéfaite, ses bras ballants.

Un rire d'ogre accueillit le visiteur.

— Eh bien, mon petit monsieur, vous n'avez donc jamais vu quelqu'un crotter dans un cabinet ? On nous impose les latrines à l'extérieur, celles-ci sont bien au chaud et moi avec. Aller du corps dans la neige par ces températures, je m'y refuse. J'ai donc voté contre au Conseil souverain.

François ne parvenait pas à détourner les yeux de l'endroit où se confondaient la chair et la matière. Un jour, son père lui avait raconté qu'à Versailles le roi Louis procédait ainsi, en petit comité, et qu'un porteur de coton lui nettoyait même le cul. Comment croire une chose pareille ?

— Ouvre donc ce judas, lui ordonna Falernes. Et apporte-moi les dépêches qui sont sur le secrétaire, près de la cheminée.

De quoi parlait-on ?

— Un… secrétaire ? balbutia l'enfant. Mais il n'y a personne dans la chambre…

— Bédame, le niais ! C'est un meuble, ouvert, avec des papiers dessus, et même une plume et de l'encre. Est-il sot, le petit bougre ! Ah, je me souviendrai de cette histoire de secrétaire ! Sur quoi rédigez-vous donc, à la campagne ? C'est vrai, vous n'écrivez ni ne lisez.

La confusion de François le mit en joie. Il rit, ce qui déclencha aussitôt de sa part une salve de vents dans le pot.

— Voilà qui me fait du bien, constata-t-il tandis que François s'éclipsait, c'est mieux qu'une purge. Sais-tu bien ce qui se dit sur ces feuilles ?

François lui tendit les documents. Le fenestron lui parut bien étroit, là où une fenêtre ouverte en grand eût amendé le remugle. Les habitants de Lachine, commensaux du Saint-Laurent et de la forêt, ignoraient ces enfermements malodorants.

— Non, monsieur, avoua-t-il. Enfin, pas tout à fait, car je sais déjà les lettres, et les nombres aussi. Je peux les écrire à c't'heure, mais pour les phrases, c'est encore tôt.

— Excellent. Nos prêtres font donc bien leur besogne d'enseigner. Ils y ont du mérite, l'habitant du Canada n'est pas vraiment porté sur l'étude. Eh bien, je vais te dire ce qui est écrit là. Notre bon roi nous recommande d'aller chercher les peaux à l'ouest du Canada et nous prie de les charger sur mes navires. C'est une bonne nouvelle. Ce qu'il semble ignorer, en revanche, c'est qu'il n'est pas commode d'aller vers les lacs du haut-pays ces temps-ci. Il y a des obstacles sur le chemin. Tu en sais quelque chose, je crois.

Il considéra son hôte, pensif. L'orphelin s'était coulé sans heurts dans sa maisonnée. Silencieux d'abord, puis osant peu à peu parler, tête basse, d'une voix frêle et monocorde. François criait, la nuit, pendant son sommeil, puis se calmait. Le trouble qui agitait son esprit ne s'apaiserait pas de sitôt.

— Ainsi, tu veux pour de bon apprendre la lecture et l'écriture, lui dit Falernes en se levant à nouveau. Monsieur de Frontenac a vu juste en te confiant à nous, ici, il te sera loisible de le faire.

Il laissa retomber les pans de sa chemise, se retourna. Ainsi vêtu, ses jambes grêles et glabres exhibées, il avait moins d'allure qu'en jabot, rhingrave, souliers vernis et perruque pyramidale. Son visage affichait cependant une belle énergie, sa bouche gourmande, aux lèvres épaisses, l'appétit d'un jeune homme. François se demanda avec angoisse s'il allait devoir lui servir de porte-coton. Falernes lui tendit le pot.

— On y met de l'eau et de la ripe[1] avant de le jeter dans la rigole, au milieu de la rue.

François avait vu la servante procéder. Elle ouvrait une fenêtre et criait « Gare à l'eau ! ». Les artères de Québec étaient des cloaques que l'on prévoyait de paver bientôt. En attendant, la pluie y faisait office de balai, à grand-peine.

Monsieur de Falernes appartenait certes à la haute société de Québec, cela ne l'empêchait pas de prendre quelques libertés avec les règles en usage.

L'armateur hocha la tête.

— On me dit que tu progresses vite.

— Je m'y essaie, monsieur.

— A la bonne heure. J'espère que tu seras meilleur sujet que mon fils. Dispose, maintenant.

François ne se le fit pas dire deux fois. Aîné d'un duo de rejetons, Philippe de Falernes fréquentait le Petit Séminaire de très mauvaise grâce. Il semblait attendre que la fortune de l'armateur lui fût donnée en héritage. Au latin des religieux il préférait de beaucoup la compagnie des capitaines et de leurs officiers. A quinze ans, il était déjà marin, porté vers le large, désireux de voyager.

François porta son précieux colis jusque dans le jardin où Jeanne de Falernes plantait ses fleurs, ses légumes et ses pommiers. Il eut soudain honte de devoir se trouver en pleine rue avec un tel ostensoir dans la main. Il n'était plus à Montréal, dans le quartier du quai, où le peuple avait parfois l'air d'être sorti lui-même de la fange, mais à Québec, une capitale comparée par certains à Versailles, ni plus ni moins.

1. Sciure de bois.

Il fit, du talon, un trou dans la terre meuble, près des plants de pois dont on faisait des soupes délicieuses. Puis, s'étant assuré qu'il n'était vu de quiconque, il vida le pot et nivela prestement le sol.

Haut-pays canadien, décembre 1689

C'était aux frontières très imprécises des pays algonquin et iroquois. On allait vers le lac des Ontarios, le cœur de l'adversaire battait là-bas, au sud. Il y avait déjà eu, à l'époque du premier séjour de Frontenac, des incursions françaises vers la rivière Mohawk. Ses successeurs avaient préféré s'enfermer dans des forts pour y attendre les attaques.

Le sergent La Tulipe avançait en tête de la petite troupe qui longeait un affluent du grand fleuve. Heureux. Enfin la guerre prenait un tour convenable. En pénétrant résolument en territoire ennemi, les Français observaient à la lettre les directives de Frontenac. Soldats et civils mêlés, en compagnie d'Indiens amis, on n'hésiterait pas à porter le feu jusque dans les bourgades iroquoises, et le fer dans le ventre de leurs habitants.

Il avait été un temps question de marcher jusqu'au fort de Michillimakinak, où dormait un trésor de peaux dont le commerce colonial avait tant besoin. C'était très loin, sur le bras de terre séparant les lacs Huron et Michigan. Une troupe s'était déjà engagée depuis plusieurs semaines sur les chemins hasardeux qui y menaient. Il avait été finalement décidé, la saison étant trop avancée, qu'on ne la renforcerait pas.

La Tulipe s'en était fait une raison.

« Si Dieu les a menés au fort, ils s'y enterreront jusqu'au printemps. Cela n'empêche nullement de traquer l'Iroquois au passage, et de faire quelques prises. »

Tandis que les hommes vêtus de longues pelisses, coiffés de bonnets, de castor ou de feutre, progressaient l'un derrière l'autre dans les profondeurs de la forêt, Daniel réalisa qu'il était désormais pour de bon sur les sentiers de la guerre ; devant lui cheminaient les éclaireurs, des coureurs des bois qui connaissaient chaque pied carré du pays. Il éprouva de la fierté à ce compagnonnage. Armé de son seul fusil et d'un poignard, il les envia de posséder en sus des pistolets. A ses yeux, ces hommes étaient des géants. Ils avaient sans doute survécu à des attaques, et peut-être bien mangé de la chair humaine, à la manière des Sauvages. Certains, au village, le prétendaient.

Les cinquante hommes de la brigade avaient quitté le village catholique depuis quinze jours, à la recherche d'un ennemi jusque-là invisible. Au fil de ces journées, Daniel prit conscience de l'immensité de son pays. La forêt était une gangue dont il n'apercevait pas la fin. Pas de colons dans ces parages-là, sous l'uniformité du paysage suintait une permanente hostilité.

Les tout premiers flocons commencèrent à tomber ; comme hésitant à se poser au sol, ils voltigeaient dans le vent froid descendu du nord. Ce fut le temps des poudreries, l'étrange climat précédant la survenue de l'hiver ; l'eau chantait encore sur les rapides, les feuillus dépouillés alignaient leurs carcasses, ménageant entre eux des espaces d'une lumière grise. Nommer cet étouffoir Nouvelle-France était hardi ; à part les chevreuils, les ours et les rares oiseaux qui traversaient l'azur, pas grand monde qui vécût dans de telles vastitudes.

On avait sagement déjeuné de galettes de blé d'Inde et de cochonnaille séchée, à bonne distance de la rivière. Le portage en cours contournant des rapides ramènerait les hommes sur la rive, en amont. Daniel avait appris à apprécier ces retours vers les berges. Ils signifiaient la mise à l'eau des canots, la remontée à contre-courant jusqu'à des lacs silencieux où tout semblait figé dans l'automne finissant.

C'était une autre vision du monde, libérée des fatigues, des moments où la paix de la nature triomphait des entreprises humaines. Les Indiens psalmodiaient tout en pagayant. Daniel observa leur geste mille fois recommencé. Ces hommes-là étaient superbes, leurs muscles saillaient, leurs visages demeuraient impassibles dans l'effort.

Il était encore impossible pour l'aîné des Beauchêne de les considérer comme des alliés, encore moins comme des frères. La Tulipe savait faire cela, avec sincérité.

« Ils sont les enfants du gouverneur, et nous aussi en fin de compte. »

C'est au moment où l'on redescendait vers le fil bleu bordé d'arbres qu'un éclaireur donna l'alerte. Des canots venaient d'accoster au bout du chemin.

— Héron en proue, dit-il.

— Emblème des Onnontagués, annonça le sergent. Ceux-là sont sans doute au chef Teganissorens, ils vont être surpris de nous trouver face à eux.

Teganissorens. Daniel avait déjà entendu ce nom, incarnant à lui seul toute la rouerie iroquoise. Un jour allié, adversaire le lendemain, le sachem jouait au chat et à la souris avec les Français. Il n'était pas le seul à agir ainsi, le prix de la fourrure valait bien que l'on négociât âprement, chantages, menaces et massacres compris.

Les hommes se dispersèrent rapidement, en demicercle. La méthode, sommaire mais efficace, consistait à laisser les arrivants se mettre en route et à les attaquer de toutes parts. Daniel se rapprocha instinctivement du sergent, emboîta son pas. Il s'était persuadé que le vieux coureur des bois serait en fin de compte sa meilleure protection. Il vit les soldats s'égailler sous le couvert des érables et se tapir.

Les Indiens ne se doutaient de rien. Daniel entendit leurs voix ; il y avait parmi eux des femmes. Il serra la crosse de son fusil, redoutant soudain d'avoir mal chargé l'arme. De toute façon, il était trop tard.

La Tulipe épaula. Tout alla très vite. Des silhouettes apparurent, à dix pas. Il fut le premier à tirer, imité par Daniel. Un homme tomba. Puis, ayant lâché l'arme et saisi son couteau, l'éclaireur se rua sur un second arrivant. L'Indien portait un sac sur les épaules. En une fraction de seconde, il fut empoigné par la chevelure, tiré en arrière, après quoi, l'arc-boutant du genou, La Tulipe l'égorgea.

Des claquements secs retentirent, des petits panaches de fumée blanche montèrent entre les arbres, aussitôt dissipés. Daniel entendit les cris des femmes. Des Indiens avaient réussi à échapper au piège. Il se mit à courir, réalisa tout à coup qu'il n'avait pas rechargé son fusil, entendit le cri de La Tulipe : « Les squaws ! Pognez-les ! » Elles étaient des monnaies d'échange, au même titre que les guerriers. Daniel scruta la forêt, s'arrêta. La fusillade avait cessé aussi vite qu'elle avait commencé. La Tulipe donna des ordres. On se regroupa pour repartir aussitôt à la recherche des cadavres.

Monsieur de Frontenac serait satisfait. Quatre Iroquois gisaient au sol, sous le regard affolé des femmes. Il y avait aussi un butin, des peaux, du grain, des herbes médicinales. De quoi affamer ceux qui attendraient en vain la livraison de ce trésor d'automne.

Tandis que La Tulipe faisait le bilan des prises avec les officiers, Daniel contempla les corps alignés en travers du chemin. Lorsqu'il reconnut, dépassant les autres d'une tête, celui du géant entrevu dans la nuit enflammée de Lachine, son cœur se mit à battre follement. C'était bien celui-là, avec les mêmes peintures sur les joues et ce nez, busqué, fort comme un promontoire. Il se pencha, scruta la face sans expression du mort, hurla :

— Où sont-elles ? Où sont nos sœurs ?

L'homme était bel et bien mort. Daniel n'aurait pas la réponse à cette question-là ; l'évidence lui fit serrer les dents.

— Dix livres, c'est bon à prendre, dit le sergent. Viens donc avec moi.

Il traîna le cadavre à l'écart du groupe, l'allongea sur le dos, saisit son couteau, dont il vérifia le tranchant.

— Regarde.

Ayant empaumé le catogan, il posa la lame du couteau au milieu du front, puis, d'un mouvement circulaire et sans avoir à s'y reprendre, il découpa la peau.

— Le plus difficile, c'est de joindre le point de départ, dit-il.

Lorsqu'il entreprit de décoller le scalp de l'os, Daniel se sentit pâlir. A Lachine, les enfants exorcisaient leur peur en se vantant de pouvoir un jour couper une chevelure. Jouant à la guerre, ils mimaient le geste, brandissaient le trophée imaginaire. Vainqueurs !

Il s'appuya contre un arbre.

— Eh bé, couillon, tu vois comment on s'y prend ?

La Tulipe se releva, tendit son poignard à Daniel.

— Finis la besogne.

Il le gratifia d'une bourrade à l'épaule qui le fit chanceler.

— On a été les premiers à tirer, résuma-t-il, c'est mieux comme ça. Cet escogriffe peint est peut-être bien à toi.

Daniel n'avait rien vu, sans doute parce qu'il avait fermé les yeux au moment d'appuyer sur la détente. Il s'agenouilla. Il restait à détacher la peau de l'occiput. Il piqua, sentit que ça résistait. L'os était recouvert d'une membrane blanche veinée de bleu. Il pensa qu'il allait vomir, une bile amère envahit sa bouche, qu'il déglutit avec peine. Son gémissement se mua en un cri sourd, un ahan de bûcheron. Lorsque, enfin, il en eut terminé avec sa chirurgie, il se releva, livide, la chevelure en main, et courut soulager son estomac derrière un érable.

L'éclaireur le toisa, un sourire au coin des lèvres. Le petit couillon n'avait pas faibli.

— Il reste quelque chose à faire, dit-il.

Il gratta avec soin la calotte perlée de rouge. Les Indiens assimilaient ce sang-là à celui des menstrues et lui donnaient des pouvoirs quasi divins.

— C'est bien comme ça, apprécia-t-il en faisant tourner le trophée dans la lumière, ça fera cinq livres pour chaque.

Daniel s'appuya contre un arbre. Le calme revenait en lui, avec l'envie de revivre le plus tôt possible des sensations si fugaces qu'il en gardait à peine la trace.

J'ai tué, pensa-t-il.

Il en éprouva une rage mâtinée de joie.

Peut-être ses nuits tourmentées par les cauchemars en seraient-elles apaisées.

Il n'y avait aucun blessé parmi les Français ; La Tulipe et ses amis avaient mené la troupe vers un succès facile. Cela ne se passait pas toujours ainsi. Par une sorte d'équilibre, les embuscades étaient aussi courantes de part et d'autre et souvent meurtrières. La stratégie de Frontenac payait cependant et, parmi les tribus, nombreux étaient les chefs qui redouteraient bientôt cet art français de la guerre, inspiré du leur.

Ils bivouaquèrent au bord de la rivière. Le gouverneur avait donné l'ordre d'épargner femmes et enfants quoi qu'il arrivât. Il fallait donc convoyer les trois prisonnières jusqu'à Montréal, où elles seraient remises aux autorités du fort.

— Un jour, l'une de ces filles sera peut-être bien le prix à payer pour que tu retrouves Marguerite Beauchêne, dit La Tulipe.

Daniel écouta le chant de l'eau ; la forêt tout entière semblait en résonner. En d'autres temps, les Indiennes auraient donné asile aux faces pâles de passage. Maintenant, c'était temps de tuerie. Deux des quatre Iroquois morts portaient les peintures de guerre. Leurs sœurs devenaient un gibier, comme le castor.

Daniel ne pouvait détacher son regard des captives. Et celles-ci le leur des chevelures séchant sur des morceaux de bois plantés dans le sol. La lueur du feu de camp donnait aux cheveux des reflets fauves, près des civils et des soldats occupés à terminer leur repas.

La Tulipe demanda aux filles si elles connaissaient l'endroit où les femmes de Lachine avaient été emmenées. Le grand Iroquois mort avait été de cette expédition-là, elles savaient donc, forcément.

— Elles prétendent que les Blanches sont auprès de la Nation du Chat. C'est entre la rivière Ohio et le lac des Eriés. Ces gens vivent très loin d'ici, au sud. C'est peut-être vrai ; je pense, moi, qu'elles sont plutôt au lac des Iroquois. Sont, ou étaient, plutôt, il se pourrait fort qu'elles ne soient plus de ce monde.

Daniel se laissa aller en arrière. Allongé à même la terre, il observa le ciel blanc d'étoiles. La Tulipe en savait long là-dessus. « Je t'apprendrai », avait-il promis. Et Daniel, qui n'avait plus de père, attendrait de lui la leçon, aussi éclatante que celle de ce jour de victoire.

Les squaws n'étaient pas farouches. Capturées, elles s'offraient par avance à leurs geôliers. Il n'y eut personne, ce soir-là, pour aller se servir sur la bête. On existait ensemble autour d'un brasier, ceux dont la mission se prolongerait des semaines durant et les trois autres, entravées, blotties l'une contre l'autre, passives et qui marcheraient à leurs côtés. Il y avait là un mystère, un moment suspendu dans le temps.

Daniel ferma les yeux. Des anciens, aguerris, ronflaient déjà fort près de lui. Il posa sa nuque dans le creux de ses mains. Il ne ressentait ni haine ni envie, seulement du vide dans sa tête et la vague curiosité de ce que serait le matin suivant.

6

Québec, hiver 1689-1690

Femme d'armateur, par là au fait avant tout le monde de ce que produisait la mode vestimentaire parisienne, madame de Falernes était de haute taille. Son maintien altier, son regard faussement détaché des choses ordinaires étaient d'une aristocrate. Son visage à l'ovale régulier, aux yeux d'un vert profond, semblait rajeuni par une chevelure bouclée dégageant ses oreilles, « pour mieux entendre les coquineries », au dire de son époux.

Comme presque toutes les mères de la colonie, elle avait perdu des enfants à la naissance ou en bas âge. Ces deuils donnaient à son visage l'austérité un peu triste de celles qui ont un jour vu se faner la vie qu'elles avaient hébergée. Dieu décidait pour elles. Son royaume était accueillant pour ces âmes innocentes appelées à Le rejoindre.

Elle régnait sur sa maison sans avoir l'air d'y toucher, d'une voix posée où la fermeté le disputait à une grâce innée. Falernes était à l'évidence fort épris d'elle ; il l'enlaçait dans les angles obscurs des couloirs, chuchotant, baisait son cou dévoilé par de hardis décolletés. Pour François, la vision de cette femme vêtue de moire, de broderie et de dentelle, enrubannée, fut une grande découverte ; les privautés de l'armateur, un motif de confusion rougissant ses joues.

On était là dans un univers insoupçonné, où se parlait une langue quasi inconnue. Vue des hauteurs de Québec, la campagne canadienne, avec ses habitants en chemises, pantes ou jupes de grosse toile, demi-nus l'été et transformés en tas de fourrure l'hiver, devenait soudain terre de sauvages mal dégrossis, à peine différents des peuplades sauvages qui les tourmentaient.

« Nous allons vous costumer comme il convient, monsieur Beauchêne », avait-elle annoncé.

Elle souriait en le nommant ainsi. Son premier souci avait été de débarrasser François de ses hardes d'orphelin. Les prêtres du Petit Séminaire ne prisaient guère les fantaisies vestimentaires.

« Vous ressemblez à un sac de grain, sans le grain dedans. Voici une chemise en lin, une veste et une culotte de laine qui devraient vous aller. Vous mettrez des souliers cirés, c'est ainsi que l'on se vêt ici. »

Parfois, elle le tutoyait et l'appelait François, avec douceur. L'enfant ressentit cela comme une marque de compassion, un chagrin de mère devant le malheur des autres. Il se demanda cependant comment l'on pouvait se laisser lutiner ainsi dans les pénombres de la demeure et s'en aller dialoguer avec Dieu, à la messe et aux vêpres, avec autant d'humble naturel. N'y avait-il pas là un péché qu'il convenait d'expier dans le secret du confessionnal ?

Il n'avait souvenir d'aucun élan de tendresse entre ses parents. Ceux-là étaient des silencieux, besognant la terre du printemps à l'automne, figés ensuite dans l'hiver, telles des statues, sous le crucifix de la pièce de vie. Des habitants sans doute plus libres que leurs semblables de France, mais comme eux laissés dans l'ignorance, sous le regard vigilant du clergé.

Un jour, François vit Jeanne de Falernes serrant contre elle ses deux enfants. Il n'y avait aucune raison particulière pour cela, ni deuil ni joie ; c'était un simple geste maternel, une routine en forme de bercement. De l'amour.

François se rappela sa mère, les instants semblables dont il était alors le personnage central et auxquels Daniel n'avait pas accès. Il se rendit compte qu'il avait été le préféré de Gabrielle Beauchêne. Il avait eu droit, lui, à des câlineries, certes peu fréquentes mais dont il gardait la trace chaude sur la peau. Les larmes lui vinrent aux yeux. Il se détourna, se laissa tomber ce soir-là sur son lit et, s'étant couvert la tête d'un oreiller, pleura longuement.

Plein des découvertes faites à Montréal, il prit le plus souvent possible ses quartiers parmi les métiers de la ville basse. A peine les jésuites l'avaient-ils libéré, il se hâtait vers la côte qu'il dévalait en courant. Là, au bas de la falaise, bruissait la ville des marchands et des négociants, des petites gens occupés à leurs besognes de fourmis.

Ce peuple-là valait qu'on l'observât. Tout près de lui, immobiles, comme montant la garde, les mâts des navires balisaient le fleuve, petites et grandes voiles étaient amenées à l'approche du débarcadère ; sur les ponts, les pilotes en terminaient avec leur guidance, tout était signe du génie humain, connivences, organisation.

Mère, regardez où je suis, à c't'heure.

Des odeurs de calfat, de grain, d'étoffe humide sourdaient des échoppes et des ateliers, mêlées à celle du pain chaud des boulangeries. Un souffle puissant s'échappait des forges où scintillaient les escarbilles du métal tourmenté. Là, dans la pénombre, des colosses ruisselants de sueur façonnaient, au rythme de leurs marteaux, la matière rougie par le feu.

L'habitation du diable...

Mardis et vendredis, jours bénis. Le marché abrité derrière les défenses de la ville lui offrait ses étals, ses couleurs, ses règlements, qu'il sut très vite par cœur. Marchands et paysans ne pouvaient vendre au porte-à-porte qu'après avoir proposé là volailles, gibiers, légumes et autres biens de la nature. Il y avait donc des lois pour tout, et des prévôts pour les faire respecter.

La tête emplie de bruits, de voix, de mouvement, il retournait à la rue Notre-Dame à la nuit tombante, contemplait le rivage où l'on s'activait encore. Des feux s'allumaient dans la ville et jusque sur les navires ; la brume, lorsqu'elle montait du fleuve, donnait au spectacle des contours irréels, tout était apaisé, comme dans les poésies de Ronsard et du Bellay qu'il apprenait au Petit Séminaire. Humant la brise, libre au cœur de la cité, il se sentait alors heureux, infiniment.

— Te plais-tu ici ? lui demanda Marie.

A quatorze ans, la fille des Falernes était une longue tige gracile, en perpétuel mouvement. Ses corsages serrés qu'égayaient des falbalas de soie ou de lingerie laissaient deviner des formes naissantes. La mode, en soulignant avec majesté les hanches, avantageait les siennes, qu'elle avait à peine dessinées.

— Oui, sans doute.

Il ne mentait pas. Pourtant, il se souvenait de leur première rencontre, elle en robe de velours rouge bordée de rubans, lui en chemise de récupération et culottes trop courtes, qui laissaient paraître ses genoux. Un petit habitant chez les Falernes, pour y loger et y vivre, quand les drôles de son espèce y passaient, fugitifs, le temps de livrer quelque outil ou denrée.

Elle avait étouffé un rire puis, confuse, avait souri.

« Tu es François.

— Ben, oui.

— Es-tu blond ! Un champ de blé ! Je te souhaite la bienvenue dans notre maison. »

Il l'avait trouvée plutôt jolie, quoique ponctuée d'un peu de bourbouille au visage. Plus tard, il chercherait un nom pour résumer son aspect physique, penserait à une liane.

Elle ne s'était pas apitoyée sur son sort, cependant il avait perçu dans son regard de la compassion, sincère et un peu triste. On recueillait un survivant du pire massacre perpétré au Canada, quand les échos de la tragédie résonnaient encore à plus de quarante lieues de Lachine. Nul, dans toute la colonie, n'était à l'abri d'un tel châtiment, même les habitants de Québec. Marie s'était signée.

« Dieu nous préserve de ces horreurs. »

Elle était pieuse, à l'image des autres membres de sa famille. Jamais elle ne manquait une messe. Conduit à y participer chez les jésuites comme à la cathédrale, curieux d'observer la bonne société de Québec, François la remarqua confite en prière, murmurante, attentive à ne manquer aucun des rituels de la cérémonie. Rien ne semblait pouvoir troubler son dialogue avec son Créateur.

Elle ne se privait cependant pas, hors des murmures de l'église et des devoirs d'une parfaite catholique, de porter des jugements sur ses semblables. Elle le faisait avec une verve dont s'amusait son père et s'offusquait parfois madame de Falernes :

« Maric, on ne parle pas ainsi des gens... »

La donzelle ne méprisait pas les boiteux, les impotents, les bossus ou les bigleux. Chez les Falernes, on vivait dans le souvenir des Jeanne Mance et des Marguerite Bourgeoys ; ces femmes admirables avaient illuminé les premiers temps de la colonie de leur courage et de leur foi. Bâtisseuses, enseignant avec le même zèle aux Canadiennes et aux Sauvagesses, elles avaient été les mères fondatrices de la Nouvelle-France. Comme elles, Marie plaignait les miséreux ct lcur consacrait, déjà, de son temps et de son énergie, réservant ses piques aux ragoteurs, aux vaniteux, aux courtisans, qu'elle détestait.

« Ils vous saluent à cul ouvert et placotent[1] sur vous dès que vous tournez le dos. Il paraît que c'est encore pire chez le roi. Cela ne m'étonne pas, madame de Maintenon y éteint les bougies bien avant le soir, à ce qu'on dit, ainsi les gens ont-ils tout le temps de cachotter dans l'obscurité...

— Marie ! C'en est trop. Monsieur mon époux, vous devriez signifier à votre fille qu'elle passe un peu les bornes ! »

Marie regardait son père, une moue coquine au coin des lèvres. Il y avait entre ces deux êtres une connivence, un langage des regards dont s'émerveilla François. La fille avait conquis le cœur du père, tout lui était d'avance pardonné.

Observant les façons d'être de ces gens, leurs rituels, François réalisa alors à quel point sa propre mère l'avait protégé du monde extérieur. La sombre humeur de Daniel, son goût pour la liberté et le risque avaient conduit Gabrielle Beauchêne à préserver autant que possible son puîné.

Rude était l'existence des colons de Lachine. Et dangereuse. Daniel était fait pour cette humanité-là. François s'était à l'inverse laissé enfermer sans résistance dans le cocon de la maison. La complicité de fait avec sa mère lui apparut, elle devait ressembler à celle qui liait l'armateur à sa fille. Il pensa : Comme j'aurais aimé le lui dire, si elle vivait encore !

Marie n'était en principe guère plus concernée par les affaires de son père que la propre femme de l'armateur. Les épouses comme la progéniture

1. Colportent des ragots.

femelle n'avaient pas droit à ce chapitre-là de la vie à Québec. Inquisitrice et obstinée, la donzelle avait pourtant réussi à pénétrer l'intimité du bureau paternel, au point que l'armateur avait un temps redouté qu'elle lui réclamât un jour d'embarquer. Une femme sur un navire marchand, il ne manquerait plus que ça, et puis, un rejeton sur la mer un jour prochain, cela suffisait bien. Marie rêvait alors à sa manière devant les cartes marines et les plans de navires. Elle en savait autant que son frère Philippe sur les voiles, les mâts, les cargaisons, et ne dédaignait pas de se mêler aux conversations techniques des adultes.

« Mon second, disait d'elle le maître.

— Le second, c'est moi, grognait Philippe de Falernes.

— Je préfère qu'elle joue de la viole et de la guitare plutôt que de rêver d'océan et de navires », tranchait leur mère.

François trouva que le fils Falernes ressemblait à Daniel, non pas tant par sa silhouette de moine espagnol que par l'éclat vif, presque dur, de son regard. Une taie à l'œil droit, vestige d'une ancienne infection, y ajoutait de l'étrangeté. François y lut une détermination d'explorateur, des rêves inassouvis, un vrai désir d'agir. La situation privilégiée de l'armateur autorisait que tout cela se concrétisât un jour.

« Le plus tôt sera le mieux. »

Philippe de Falernes avait accueilli l'orphelin sans manifester d'émotion particulière. On lui offrait un compagnon de jeu, une sorte de cousin venu de la campagne et pour lequel il convenait d'éprouver de la pitié. Alors, il avait fait ce qu'il fallait, proposant à

François de l'initier aux secrets de la navigation, les seuls méritant considération à ses yeux. Très vite, il s'était rendu compte que son hôte préférait l'apprentissage de ce qu'il avait lui-même assez de mal à suivre. Lire et écrire, connaître l'histoire de la Grèce, de Rome et de la France, même.

« D'où te vient donc ce goût ? » lui demandait-il, avec dans la voix le vague mépris des nantis pour ceux qui n'avaient pas eu la chance de bien naître.

Le penchant du petit paysan pour l'étude le troublait. Ces gens-là se confinaient dans leur ignorance, la plupart ne parlaient même pas le français. Il y avait là un mystère dont François n'avait pas la clé.

« Je ne sais pas, monsieur. C'est ainsi.

— Alors, je te laisse de bon cœur ma place chez les jésuites. Tu y trouveras de quoi satisfaire ton appétit pour les livres, l'encre et le papier vierge. »

Ils installèrent entre eux une barrière qui leur interdisait le tutoiement. Un jour, Philippe proposa cependant à François de l'appeler par son prénom.

« Et abolis donc ce "monsieur" qui fleure son fermier crotté... »

François se demanda si c'était là un compliment. Les habitants du Canada étaient gens de bonne race, même s'ils se décoiffaient et s'inclinaient devant les possesseurs de seigneuries. Philippe tutoierait François et recevrait du « vous », il n'y avait rien à redire à cela.

De la même manière qu'il avait su éviter les coups de pied au cul du tonnelier de Montréal, l'orphelin de Lachine fit en sorte d'éviter la rencontre avec les fils de famille de passage rue Notre-Dame. Ceux-là n'avaient pas tous pour lui l'attitude neutre de Philippe de Falernes. D'une suffisance à la mesure de leur ignorance, portant leurs noms comme des ostensoirs, ils jetaient sur la fille de la maison des regards de futurs propriétaires et se pavanaient devant elle. N'était-elle pas entrée depuis assez longtemps dans l'âge de convoler ?

« Vous avez gagé un jeune valet, Philippe ? »

La question de l'un de ces fats mortifia François.

« Ah, oui, bien sûr. Lachine. Triste affaire. Les marches de la colonie sont lieux bien dangereux. »

Bien que Québec fût considérée par ses gouvernants comme en danger permanent, certains de ces jeunes gens appréhendaient la guerre en cours comme une fiction lointaine. La ville avait pourtant été prise par les Anglais trois quarts de siècle auparavant. Un traité signé en Europe l'avait opportunément rendue à ses propriétaires légitimes. Depuis, les coups portés aux Sauvages confortaient sa jeunesse dans la certitude d'être sous la protection d'une instance supérieure, le roi, peut-être bien, qui tenait de Dieu son pouvoir.

Le difficile déchiffrage de quelques vers d'Ovide calma quelque peu la colère de François. Les nobliaux n'avaient pourtant pas tort. C'était bien parmi les paysans et les engagés venus de France que les gens de Québec trouvaient leur domesticité. La société française devait être ainsi faite, avec sa hiérarchie, ses puissants, ses affidés et les autres, ce grand marais où se pressait le peuple.

Nord de la Nouvelle-Angleterre,
février 1690

Dans l'esprit des Français, le massacre de Lachine ne pouvait demeurer impuni. Jamais le Canada, pourtant soumis depuis des lustres aux attaques, n'avait connu une telle blessure. Il convenait de la venger et, tout autant, de montrer aux adversaires qu'infériorité numérique ne signifiait pas faiblesse, encore moins abandon.

Frontenac avait compté sur l'hiver pour ménager aux Anglais un effet de surprise dont ils se souviendraient longtemps. Les soldats du protestant Guillaume III n'étaient pas coutumiers du combat par temps de froidure. Ils préféraient depuis toujours laisser à leurs alliés indiens le plaisir d'aller se battre dans la neige.

« Et même par toutes les saisons », ironisait Frontenac.

Pour les Canadiens, les mois de gel étaient devenus une sorte de terrain favorable. Ils y trouvaient une connivence avec les tribus. Dans ces conditions extrêmes, il n'y avait plus ni officiers ni hommes de troupe, ni coureurs des bois ni Sauvages, mais des hommes, simplement, affrontés ensemble aux rudes climats du Canada.

La Tulipe semblait retrouver une seconde jeunesse sur les lacs gelés, le long des chemins enfouis sous la chape blanche, partout où le ciel bas, d'où sourdait un grésil affolé par le vent, protégeait les marcheurs.

Quand d'autres gémissaient sous les assauts de la bise, il se chantait des refrains de sa Gascogne originelle.

« Chalosse ! »

Daniel l'avait entendu murmurer ce mot au moment de courir sus à l'Iroquois.

« Ça me chauffe le cœur, petit couillon, je te conseille de te trouver pareil cri de guerre. »

Daniel avait pensé à « Canada ». Pas très imaginatif. « Lachine » lui ayant semblé plus pertinent, il l'adopta.

Au soir du 8 février de l'an 1690, le temps devint carrément polaire. Les officiers commandant les deux cents hommes de la mission avaient d'abord songé à attaquer Albany. Se ravisant, ils avaient jeté leur dévolu sur une bourgade sise aux limites des terres mohawks. Schenectady. A quinze journées de marche de Montréal, le village comptait une petite centaine de maisons.

« Ça doit ressembler au tien, Daniel », avait supposé La Tulipe.

La nuit était d'une noirceur absolue. Daniel déboutonna le col de sa pelisse en loup, délaça ses raquettes. On était passés par Chambly puis par le lac Champlain. Des Iroquois catholiques et des Saults s'étaient joints aux Français. A l'approche de la cible, on avait attendu que vînt l'obscurité dans les profondeurs de la forêt.

— Ça te fait quoi d'être là ? demanda La Tulipe.

Les officiers avaient ordonné que l'on se restaurât avant l'assaut. Daniel mordit dans un épais morceau de viande séchée, but à sa gourde d'eau glacée. S'abstenant de répondre. Il haussa les épaules, désireux de donner le change. En vérité, son esprit était occupé par un mélange de sentiments, le désir de tuer, la peur, l'impatience. La Tulipe tapota la crosse de son fusil.

— Tu n'auras pas le temps de le recharger. C'est au couteau qu'il te faudra travailler ensuite. Dis-toi cependant que tu ne pourras pas occire tout le monde. Mange en attendant, ça te tiédira les boyaux.

Il se cura les dents avec la pointe de son couteau, fouilla loin dans sa bouche ; cela crissait comme du sable entre deux pièces de métal. Au bout d'une intense trituration, il exhiba sa prise, une fibre de couleur indéfinissable, puant à trois mètres, un morceau de barbaque qu'il fit tourner au bout de la lame avant de l'en débarrasser contre un tronc d'arbre.

Daniel se dit que son ami devait avoir des molaires larges comme des écus, derniers vestiges d'une denture semée sur les chemins forestiers. La Tulipe éclata de son rire aigu, alluma sa pipe. Un jour, Daniel lui demanderait d'ouvrir grand le museau pour s'en aller voir ce qui gîtait dans ce gouffre aux relents méphitiques.

Il eut du mal à avaler sa bouchée. Une boule dure lui obstruait la gorge. Dans la lueur du modeste feu allumé pour le repas, il vit la mine goguenarde du vieux coureur des bois. La Tulipe le scrutait sans en avoir l'air. Il y avait, comme cela, de ces épreuves à franchir, une initiation à parfaire. Les gens qui s'étaient réunis pour ce voyage n'étaient pas des promeneurs.

Par instants, Daniel ne se sentit plus certain de pouvoir accomplir sa mission ; comme si une poigne de fer le plaquait contre le sol durci, l'empêchant de bouger. Puis l'image de l'Anglais avec sa boucle à l'oreille lui revint en mémoire. Peut-être l'homme dormait-il à Schenectady. On l'aurait envoyé de nouveau en mission, il aurait fait étape dans le bourg... Daniel s'imaginait le débusquant, pointant son fusil sur sa poitrine, croisant son regard. Il lui dirait ce simple mot, Lachine, puis il appuierait sur la détente...

— Hé, couillon, tu es là ?

Daniel s'ébroua, le cœur battant. Devinant la troupe d'Indiens, de soldats et de miliciens rassemblée près de lui dans l'obscurité, il dut admettre qu'il avait eu peur, en fut un peu rasséréné.

Il s'était pourtant cru capable, tant son désir de vengeance était grand, de mener la guerre à lui seul. Ses compagnons, initiés comme lui aux roueries de la nature canadienne, s'étaient moqués de cette prétention. Ils trouvaient Beauchêne distant, arrogant, même. Daniel ne prisait ni les cartes ni les dés. Taiseux, il laissait dire et personne ne savait vraiment ce qu'il pensait. Un sauvage.

De leur côté, les recrues arrivées de France à l'automne ne se mélangeaient guère avec le reste de la population. Celles-là venaient de Lorraine et parlaient une langue germanique difficile à comprendre pour des Normands, des Auvergnats ou des Gascons.

— Hilh de pute ! grogna le sergent. Si tu te tiens bien dans cette affaire, je te montrerai un pays joliment apprêté par l'hiver.

— Où est-ce ?

— Au nord, loin, près de lacs gelés, la fourrure y fait de la couleur sur la rive comme au cou d'une dame de Paris.

Il jouait de son expérience avec une bonhomie gourmande.

— Si les Iroquois nous laissent tranquilles en mars, nous irons. Tu es peut-être fait pour la vie des chasseurs, Beauchêne. On verra.

Il se tut, rêveur. Il avait longtemps craint la mission de trop, désiré s'arrêter quelque part dans les immensités du Canada pour s'y marier une fois pour toutes avec la nature. Personne ne l'en eût empêché. Les sortilèges de la guerre en avaient décidé autrement.

Daniel se pencha vers lui.

— A quoi pensez-vous, monsieur mon maître ?

— Boh, couillon, à des choses... Tiens, comme ça, aux bernaches[1] qui sont au chaud dans le Sud, aux gens qui s'activent à réparer les navires à Montréal et à Québec, aux cheminées d'un doux pays nommé Chalosse...

— C'est loin ?

— Oui. C'est en France, un morceau de Béarn qui domine la grande lande de Gascogne. La vie au bord d'un désert. En bas, un marais, très vaste, pas un arbre, et des gens qui errent des jours durant sous le soleil qui les accable.

Il s'ébroua, cracha dans la neige. Daniel s'étonna que ce vieux cuir tanné pût éprouver de la nostalgie. Sans doute était-ce un sentiment qui venait avec l'âge. Lui ne ressentait qu'une rageuse impatience à

---

1. Oiseaux de la famille des oies.

peine tempérée par de la crainte. Mais ce serait bientôt comme à Lachine, un surgissement guerrier assez brutal pour sidérer l'adversaire. Les choses iraient ainsi, oui.

Il fut soulagé d'entendre l'ordre de se mettre en marche. Il restait une demi-lieue à parcourir pour atteindre Schenectady. La progression se fit dans le seul chuintement des raquettes raclant la neige pétrifiée par le gel.

L'aîné des Beauchêne songea aux derniers moments de ses parents, à l'orage qui noyait les rives du fleuve. La maison était encore écrasée par la chaleur du jour, on y dormait du lourd sommeil des paysans lorsqu'ils en ont terminé avec leur besogne de moissonneurs. Etienne Beauchêne avait coutume de laisser ses pieds dépasser du drap, en été. A côté de lui, sa femme dormait à demi assise, avec sur la tête un drôle de bonnet prolongé par des oreillettes ; ça lui donnait parfois des allures de chien courant qui faisaient rire les enfants.

Daniel serra les dents. La bise lui griffait le visage, c'en était presque douloureux, de quoi oublier, presque, la raison pour laquelle il se trouvait là, en guerre, tout près d'un village où dormaient, paisibles, des paysans parlant une autre langue que la sienne. Il s'arc-bouta. Par instants, les hommes étaient obligés de se tenir par le bas des pelisses et des capots pour ne pas se perdre.

— On y est, souffla La Tulipe. Et n'oublie pas, petit couillon, on épargne les Mohawks, si on en trouve. Ordre du roi.

La troupe se déploya à quelques pas des premières habitations. Le village anglais était plus compact que Lachine, les fermes en étaient disposées de façon concentrique. Lorsque messieurs de Sainte-Hélène et Manthet, qui commandaient la troupe, donnèrent l'ordre d'attaquer, il y eut un moment de silence puis, très vite, le souffle mêlé des assaillants se confondit avec le crissement de leurs souliers dans la neige. Et la vague déferla.

— Chalosse, dit le sergent.

— Lachine, murmura Daniel, et que les démons assemblés me gardent...

Il affermit son fusil entre ses doigts dégantés. Les Saults s'étaient élancés les premiers. Il les suivit, perdit le contact avec son mentor. La meute française se disloqua en petits groupes. Déjà, les premières maisons étaient en vue.

On enfonça les portes, les fenêtres. Des cris retentirent. Daniel se rua dans une habitation où les Indiens avaient sorti les colons de leurs lits. Une forme blanche courait vers lui. Il fit feu, d'instinct, vit le fantôme vaciller. Il entendit des râles, des appels étouffés, avança de quelques pas, planta sa baïonnette dans un corps.

Une femme. Sidéré, il distingua, dans la lueur des premiers incendies, un visage, des cheveux roux, très longs, des yeux immenses qui le fixaient, étonnés. Il recula, retira sa lame d'un geste bref. La femme tomba à genoux, les mains sur son ventre. Des Indiens sortaient d'une chambre, couteau en main. Dans la semi-obscurité, ils trébuchèrent sur l'Anglaise, la firent chuter.

Daniel marcha vers la chambre. Deux enfants y gisaient, ensanglantés, sur un lit. Par la fenêtre à petits carreaux, Daniel vit les flammes qui montaient des maisons. C'était comme à Lachine, des silhouettes vêtues de blanc, courant en tous sens les pieds nus, et d'autres, sombres, à leurs trousses. L'acier des lames luisait, le bruit sec, presque régulier, des détonations sonnait l'heure du massacre.

Il s'approcha de la fenêtre. Ses parents devaient être là, quelque part dans ce chaos. Et sa sœur aussi, que l'on emmenait, hurlante, à demi nue. D'autres prisonniers défilèrent. Frontenac avait ordonné qu'on épargnât les Mohawks présents dans le village. C'était de la politique, un message transmis aux tribus adverses dans l'espoir de les rallier. Daniel fut parcouru par un long frisson. Il eut froid soudain, dans cette demeure encore tiédie par les braises de l'âtre, pensa qu'il n'avait pas assez tué, sortit.

Il éprouva l'envie d'occire le village tout entier. La mort de ces colons ne le rassasiait pas. Il n'en ressentit ni honte ni dégoût, rejoignit l'orgie sanglante qui se prolongeait sur la neige et dans les habitations.

Des blessés gisaient çà et là, entre les maisons.

— Souffrez donc, et que le diable vous emporte !

Il observa quelques agonies, en abrégea d'autres, au poignard. Ainsi les gens de Lachine avaient-ils dû trépasser, les yeux pleins d'épouvante, les lèvres ouvertes sur des prières et des supplications. Pour débarrasser l'univers de cette lie anglaise, il faudrait trucider jusqu'au matin.

Daniel songea tout à coup à l'homme entrevu dans la nuit de Lachine. Il devait bien être quelque part, là, tout près. Daniel se hâta, d'une maison à l'autre, il lui fallait tout voir, visiter chambres et combles avant de les livrer aux flammes. Il s'épuisa vite, finit par se laisser tomber, le cul dans la neige, la tête pleine de bruit. « On ne peut jamais tuer tout le monde », lui avait dit La Tulipe.

— Eh bé, couillon, tu vas demeurer là jusqu'au dégel ?

Le sergent l'aida à se relever. Il avait en charge un groupe de prisonniers.

— Aide-moi, petit, lie-leur les mains si tu peux et tiens-les sous bonne garde, j'ai à faire ailleurs.

Une famille, rassemblée, six personnes en trois générations. Des vieillards, enlacés, grelottants, des drôles bramant de terreur et les fermiers, longs et maigres, comme résignés, scrutant la pénombre pour tenter de deviner d'où viendraient les coups qui les tueraient. Les petits se mirent à courir. Daniel les empoigna, les jeta aux pieds de leurs parents.

— Vous les avez encore, ceux-là, restez avec eux ! leur cria-t-il.

Il fut soulagé de ne plus se mêler au massacre. C'était comme à Lachine, la mort donnée au hasard des rencontres, les chanceux qui réussissaient à fuir, la lumière jaune, dansante, des incendies montant de toutes parts ; la seule différence tenait au décor blanchi par la neige, rougi de sang partout où l'on tuait.

Le moment vint où tout fut consommé. Les hurlements devinrent pleurs, la tourmente de l'attaque, ordre apaisé dans un village transformé en cimetière sous le ciel d'encre. Une soixantaine de corps gisaient, éparpillés. Les captifs furent regroupés. On leur donna des couvertures ; ils furent autorisés à se chausser.

Il ne fallait pas traîner en territoire ennemi. Nul ne savait quelle serait la réaction des Mohawks, auxquels on allait rendre leurs guerriers. La démarche de Frontenac auprès de ses ennemis les plus déterminés était subtile, dangereuse aussi. Lorsqu'il apparut que tout avait été fait pour transformer Schenectady en champ de ruines, ordre fut donné de marcher aussitôt vers le nord.

9 février 1690

Daniel se pencha vers la forme menue étalée à même la neige. La fille devait avoir vingt ans, peut-être un peu plus. Elle avait été blessée au cou par un égorgeur qui n'avait pas achevé la besogne. Daniel croisa son regard plein de terreur étonnée. La vie se retirait d'elle à mesure qu'elle se vidait de son sang, sa peau prenait la couleur de la neige.

— Capdediou, elle aurait mieux fait de mourir chez elle, commenta sobrement La Tulipe.

L'aube se levait, grisâtre, éthérée de brume. Après un bref repos en lisière d'un bois, la troupe se préparait à reprendre la route. Au réveil, deux cadavres avaient été trouvés au milieu des Anglais entravés ; un vieillard et un tout-petit, que sa mère tenait contre son ventre comme pour le réchauffer encore.

Daniel ne parvenait pas à détacher son regard de cette lente agonie. Ainsi allait la guerre aux confins de la Nouvelle-France et de la Nouvelle-Angleterre. Il n'y aurait pas de merci, dès lors qu'aucune loi ne la régissait. Daniel ne put s'empêcher de penser à nouveau à sa sœur, dont l'existence avait peut-être coulé ainsi, régulière, tel un ru écarlate s'asséchant peu à peu avant de disparaître dans la terre.

— Il faut aller, lui dit La Tulipe. Laisse-la, maintenant, les prisonniers nous ralentissent assez à c't'heure, on n'a pas le temps de dire des messes.

Il vit le trouble de Daniel, cracha.

— Eh bien, que veux-tu ? On ne va pas lui raconter comment sont morts les gens de Lachine ? Dépêche-toi, je te dis, elle va passer avant qu'on soit partis.

Les captifs étaient suffisamment préoccupés d'eux-mêmes pour ne pas perdre de leurs forces auprès de la mourante. Et celle-ci n'avait pas de famille parmi eux. Elle s'en irait seule, sur son drap gelé.

Daniel revêtit la pelisse sous laquelle il avait vaguement sommeillé. Puis il ajusta ses raquettes, se coiffa de castor, mit son fusil sur l'épaule. Des Saults le précédaient, déjà en route. Ils s'étaient servis dans les maisons, emportaient vêtements et ustensiles. A ceux-là, Frontenac et ses gentilshommes n'auraient pas besoin d'offrir des marmites, des assiettes et des soupières.

En entrant dans la forêt, Daniel se retourna. A cette distance, la chemise de la fille n'était plus visible. La tombe du nourrisson, creusée à même la neige par la mère, non plus. Tout n'était que blanc, uniforme, absolu silence.

Le Mohawk était accroupi derrière un rocher. Vu de la rive du lac Champlain, le décor de mer gelée ponctué d'îles, barré par l'horizon rectiligne de la forêt, n'invitait pas vraiment à l'évasion, ce qui épargnait à l'escorte une surveillance constante des captifs.

« Garde l'œil sur lui, avait ordonné La Tulipe à Daniel, ce n'est pas une raison pour aller voir ce qu'il aura chié. »

Daniel s'approcha de l'homme. C'était un jeune, un guerrier quoiqu'il ne portât pas de peintures au visage. La tête dans les mains, il s'exonérait bruyamment d'une colique. Lorsque, en ayant terminé avec son effort, il leva les yeux, il vit le mousquet braqué sur lui, avec dans son prolongement la toque du milicien. Il chercha à se relever, reçut la pointe de botte de Daniel à la tempe, bascula en arrière. Les coudes dans la neige, il fixa son gardien, sans émotion particulière.

Cela faisait des jours que la colonne progressait vers le nord. Des habitudes s'y étaient prises, les feux pour les repas, les rondes de nuit, les brèves funérailles d'Anglais morts de froid. La présence, si proche, des Mohawks troublait Daniel car ceux-là, même monnayables, étaient de vrais ennemis que jésuites et récollets n'avaient jamais pu amener au Dieu des chrétiens. Réfractaires dans la main anglaise.

Daniel tenait son prisonnier en joue et ne parvenait pas à faire feu. L'autre, en face, le cita du menton. Il avait été suffisamment humilié comme cela, et pouvait mourir. Les Sauvages ne faisaient guère de manières au moment de s'en aller. Des psaumes, lancinants, des chants murmurés, la crainte d'avoir déplu aux dieux sans nombre qu'ils allaient rejoindre, et cette insensibilité apparente à la douleur qui fascinait tant les Européens, tel était leur bagage.

Daniel affermit son doigt sur la détente. En tuant le Mohawk, il ajouterait un lot à sa réserve de vengeance ; un jour, il ferait le compte de tout cela. En serait-il satisfait ?

L'Indien ferma les yeux et se mit à psalmodier. Il ne crierait ni n'implorerait. Daniel revit les faces convulsées des colons de Schenectady, leurs hurlements de terreur résonnèrent à ses oreilles. Agenouillés, ils mendiaient quelques secondes de vie.

Pareils à ceux de Lachine.

Il abaissa le canon de son fusil, fit signe au Mohawk qu'il pouvait se lever. Leurs regards se croisèrent, neutres. Pas plus qu'il ne l'avait prié de l'épargner, l'Indien ne saurait gré à Daniel d'en avoir décidé ainsi.

Ils parvinrent à Montréal deux semaines plus tard. Le pari de Frontenac avait réussi, montrer à l'adversaire que même inférieurs en nombre les Français étaient capables de fondre sur lui à tout instant. Ainsi la terreur se répandrait-elle jusqu'aux rivages du Massachusetts, et pour un bon moment.

L'hiver avait allégé la colonne des prisonniers d'une dizaine de sujets, des vieillards et des jeunes enfants que la malchance avait placés un peu trop près du Canada. Pour Daniel, commis avec quelques autres à la surveillance de la pitoyable troupe anglaise, la randonnée fut l'occasion d'apprendre comment l'instinct de vengeance des uns peut parfois buter sur l'absolu dénuement des autres, et s'en trouver soudain tempéré.

Le survivant de Lachine avait éteint en partie sa soif de sang. Il se souvint du comportement des Indiens, de leur décision de cesser de tuer alors qu'il restait encore du gibier dans le village et que les Français achevaient la besogne. La Tulipe savait tout d'eux.

« C'est ainsi, mon garçon. A un moment donné, ils décident que ça suffit. C'est comme une règle, chez nous on appellerait ça une grâce de soldats. Ils pourraient occire tout le monde et ne le font pas. C'est l'honneur à la mode iroquoise, respectable. Ils se sont retirés de cette manière à Lachine. »

Mais, avant ça, une orgie de sang, de cris et de brames d'agonie, plus rien d'humain, des fauves lâchés dans une arène romaine et leurs victimes ensommeillées courant les pieds nus dans la neige. S'il y avait une bannière à porter dans ces batailles-là, ce serait la chemise de nuit d'un enfant rougie à l'endroit du cœur.

Daniel chassa de son esprit ce qu'il avait pris pour de la compassion. Il avait tué, lui aussi ; mais proprement, à son avis, s'abstenant de démembrer les cadavres, d'arracher les fœtus aux ventres des mères, de couper les têtes et de planter ses dents dans la chair vaincue. « Demeurer chrétien malgré l'infamie », prévenaient jésuites et sulpiciens.

Tueur par devoir et spectateur des barbaries ; Daniel leur avait obéi. Il en fut satisfait.

Les Français ramenaient chez eux de quoi négocier ferme avec leurs adversaires. En chemin, ils libérèrent les Mohawks capturés à Schenectady et les rendirent à leurs tribus. Monsieur de Sainte-Hélène, commandant de l'armée, avait tout prévu. On offrit des colliers, des miroirs, quelques marmites mais pas de poudre ni de balles pour les fusils. Point trop n'en fallait pour des gens que l'on risquait de retrouver un jour barrant les entrées de la Nouvelle-Angleterre, armes à la main.

Il y eut quelques agapes. On fuma des calumets, on palabra. A ce jeu subtil, le chef français se montra brillant. Face aux chefs mohawks, il asséna ses arguments comme il eût enfilé les perles d'un présent.

— Voyez la situation dans laquelle vous laissent les Anglais. Où sont leurs soldats ? Il n'y avait pas de garnison à Schenectady, pas de patrouilles pour protéger les colons. Ils vous laissent vous battre à leur place, et c'est vos guerriers que nous capturons.

Les Mohawks opinèrent, impassibles. Pouvaient-ils être convaincus ? Sainte-Hélène le pensait.

— Les Anglais prétendent que vous êtes leurs sujets dès lors que vous vivez en Nouvelle-Angleterre. Ils veulent négocier pour vous et ne vous laissent aucune liberté de le faire. Frontenac est le père des tribus du Canada. Il refuse de vous considérer comme des sujets du roi George et pas plus du roi Louis, alors jamais il n'acceptera de discuter avec les Anglais les questions qui vous concernent. Sa protection sera la garantie de votre liberté.

Les chefs se consultèrent du regard. Le discours du gentilhomme était juste, à un détail près ; une fois rentrés chez eux, les Français abandonneraient le terrain aux vestes rouges du roi d'Angleterre. Que se passerait-il si les tribus affichaient leur alliance avec Frontenac ? A cette interrogation, le gentilhomme n'apportait pas de réponse précise. Les Anglais savaient aussi offrir des marmites et des colliers, ils payaient le castor mieux que les Français. Et les Mohawks étaient leurs plus anciens alliés.

Il ne restait plus au Français que la menace. Sainte-Hélène leva le doigt au ciel.

— Regardez avec crainte, c'est là qu'est la grande chaudière, où toute la terre va prendre ce qui sera nécessaire pour soutenir la guerre jusqu'à la fin. Ne vous y trompez pas, cette chaudière n'est pas encore cuite. Elle le sera bientôt si vous décidez de vous mettre en paix avec nous. Pour lors, Onontio[1] invitera tous ses enfants au festin, et ils y trouveront de quoi se rassasier. Les larmes des Iroquois seront reçues comme par le passé, ainsi leur perte sera-t-elle évitée.

— Ceux-là nous referont la guerre, dit La Tulipe à Daniel. La colonie n'a pas assez d'hommes pour en mettre ici à labourer la terre. Tu vois, petit, les Anglais se débarrassent de tout ce qui les emmerde en le déportant en Amérique. Notre roi, lui, aime tant ses sujets qu'il les conserve dans son giron et les décourage de s'embarquer. Il faudra être fort pour résister longtemps à un contre quatre ou cinq, en Amérique.

Daniel écouta, regarda. La politique l'ennuyait, les questions de territoire, de marmites, les promesses non tenues, les trahisons, tout cela était pour les chefs, pour les têtes pensantes de Québec. Son désir se précisait : quitter un jour le service du roi et se lancer, seul ou avec d'autres, sur les chemins forestiers ; sentir sur ses joues la lame coupante des aubes

1. Nom donné par les Iroquois au gouverneur du Canada.

de janvier, suer à la rame au milieu de lacs plombés par juillet, savoir le gibier tout près, deviner sa présence, attendre l'instant propice pour le forcer. Un rêve.

Frontenac ne manquerait pas de féliciter les héros de Schenectady. Soldats et diplomates en même temps. Tandis qu'il regardait le cadavre d'un vieil Anglais basculer dans un trou de neige, Daniel se dit qu'il se trouvait cette fois du bon côté de la cognée.

Au Canada de messieurs de Frontenac, de Callières et autres seigneurs français, guerre et maladie faisaient bon ménage. Les existences y étaient volontiers brèves. Survivre, continuer à voir le ciel, les rivières, les maisons des castors et les sépultures anglaises, voilà qui n'était pas donné à tout le monde. Il fallait savoir profiter de ces instants-là.

7

François Beauchêne en eut assez tôt la conviction. Le fils Falernes et lui ne seraient pas amis, pas davantage adversaires. Leurs mondes étaient trop différents, qu'ils n'avaient ni l'un ni l'autre envie d'explorer. A la rigueur s'affronteraient-ils, au long des soirées d'hiver, à la grenouille, à la dame blanche ou au trou-madame, ces jeux dont on raffolait chez les Falernes.

François en conçut un dépit vite mué en rage rentrée. Les relations dans la société coloniale du Canada allaient de cette façon. Chacun devait y trouver sa place, même les mendiants que l'intendant, les estimant trop nombreux dans les rues, avait fait loger à l'Hôpital général aux frais de l'évêché. Une chose était certaine, au vu de ses dispositions, l'orphelin de Lachine ne serait pas fermier, ni jardinier chez ses hôtes.

Que serait-il en vérité, lui qui apprenait plus vite que les autres ? A part le maître, qui devinait chez son protégé une réelle capacité à s'élever, personne, rue Notre-Dame, ne semblait avoir d'idée sur la question. Philippe de Falernes y était quant à lui totalement indifférent. Passé le temps de la frustration, François décida de s'en trouver bien.

Ainsi son hôtesse considérait-elle sa famille d'un air satisfait, quoique l'attirance de Philippe pour le grand large l'inquiétât. Elle savait bien cependant qu'un fils d'armateur né dans le siècle des guerres d'un roi conquérant, et impatient de s'y mêler, n'échapperait pas à son destin voyageur. La sauvegarde de la colonie justifiait que chacun y participât dès le plus jeune âge. On n'était pas en France mais en Amérique, face à un ennemi supérieur en nombre. Philippe ne vivait que pour le départ, l'action, l'empoignade.

Sa mère peinait à s'y résoudre.

« Il y a bien des choses à faire au Canada, plaidait-elle, soucieuse.

— Le commerce maritime entre autres, mère, nous ne pouvons exister sans lui, et nous en sommes les maîtres, que je sache. »

Il avait avec sa sœur des relations convenues, considérait les femmes comme les auxiliaires des hommes, leur conscience en prière et en devoirs domestiques. Sans le contester, Marie ne manquait cependant jamais de lui rappeler la grande misère d'une partie de la population.

« On meurt de froid dans les rues de Québec, des pauvres bougres en haillons demandent l'aumône aux portes de la cathédrale, des femmes, même.

— C'est temps de guerre et la colonie n'est guère dotée, lorsque nous aurons triomphé de l'Anglais nous mettrons de l'argent au soulagement de ces gens. »

Elle le traitait d'indifférent, de taciturne, ce qu'il semblait être tout à la fois. Elle tenait que le vieux fond chrétien de la colonie, son goût pour la charité, la prière et la compassion, devait survivre aux dures conditions du temps présent. Rompait, agacée :

« Philippe de Falernes, tu es sans cœur. »

Puis sa gaîté naturelle reprenait le dessus. Les chicaneries entre monsieur de Frontenac, l'évêque et l'intendant alimentaient les conversations. Elle y mettait son grain de sel, prenait parti, avec son père, pour le vieux soldat enfin revenu d'Europe.

— Etes-vous de France ou du Canada ? lui demanda un jour François.

Elle le considéra, stupéfaite. Pouvait-on poser une telle question ? Les bannières qui flottaient dans le ciel de Québec et de Montréal étaient celles de la mère patrie. Elle réfléchit quelques secondes.

— Je suis du Seigneur, auprès des plus petits, avec le cœur français, dit-elle. Doutes-tu de cela ? Quelle étrange question.

Alors il y eut dans la maison de la rue Notre-Dame, en cette année terrible, François Beauchêne, comme une surprise ; un être en vérité peu ordinaire, dont les capacités à apprendre défiaient l'entendement. Parfois, Jeanne de Falernes songeait avec un peu de mélancolie aux étrangetés de la naissance, qui faisaient d'un fils de bourgeois le désespoir de ses maîtres et de celui d'un humble paysan un sujet d'élite.

Le cadet des Beauchêne s'était coulé dans la famille Falernes comme un lézard dans un creux de rocher. Observant, questionnant davantage qu'il ne parlait. Les bonnes manières lui vinrent sans peine ; il n'en tira aucun orgueil. Quand d'autres, étourdis par le monde qu'ils découvraient, eussent montré de la vanité, le garçon demeura à sa place, discret et modeste, attentif à honorer ses hôtes par toutes sortes de prévenances, de petits gestes.

« Le bougre a de l'intuition, du jugement et la tête bien posée sur les épaules, avait dit un jour le maître à sa femme. Je pensais avoir recueilli un possible palefrenier et me voici tuteur d'un escholier. La vie est étrange, décidément... »

Le premier doyen du chapitre de Québec pouvait lui aussi se montrer fier de son élève. François Beauchêne répondait aux espoirs que, très tôt, l'ecclésiastique avait placés en lui.

— Nous pourrons un jour le faire entrer dans nos rangs. Il possède déjà le latin, prise la philosophie et ne dédaigne pas les sciences. En à peine quatre ou cinq mois ! Cela tient du prodige.

L'oreille collée à la porte du salon, François ne perdait rien de la conversation. L'armateur recevait le supérieur du Séminaire de Québec et récipiendaire de ses dons à l'église ; des sommes importantes grâce auxquelles les bâtiments religieux avaient été agrandis.

Le cœur battant, François espéra la réponse de son tuteur. Elle se fit attendre, vint, enfin :

— La colonie ne regorge pas de jeunes sujets aussi brillants que celui-là. Nous verrons quelle carrière lui offrir lorsqu'il aura un peu avancé en âge.

La prêtrise, certes, mais, comment dire, aménagée, peut-être ?

— Qu'entendez-vous par là ?

— Eh bien, monseigneur, vous possédez vous-même la langue iroquoise, et plutôt bien. Si cet enfant est doué pour son apprentissage, nous pourrons en faire un missionnaire en territoire sauvage. Je dois dire cependant que la perspective de le voir un jour occuper un emploi en ville me séduit également. Monsieur de Frontenac me demande régulièrement des nouvelles de mon protégé. Je lui dis que ce fils de culs-terreux semble avoir reçu la grâce. Enfin, patientons. Il est des talents qui, parfois, se gâtent pour d'obscures raisons. Le maître si expérimenté que vous êtes le sait mieux que quiconque, n'est-ce pas ?

François recula, effaré. La discipline des jésuites lui convenait, tout comme la rigueur de leur enseignement. Il s'y pliait avec raison. De là à recevoir les ordres simples, puis à revêtir la soutane, il y avait un gouffre qu'il valait mieux longer, le plus longtemps possible, sans chercher à en apercevoir le fond.

Quelques semaines avaient suffi pour qu'on le distinguât des autres élèves. Il en tirait de la fierté. Il lui fallait cependant mettre en place une stratégie capable de lui éviter un destin auquel il n'aspirait pas. Les sciences l'attiraient, encore qu'enseignées par des religieux elles ne débordassent guère le cadre de l'observation de la nature et des étoiles. La création de Dieu prévalait sur celle des hommes, on soupçonnait même celle-ci de porter en elle des miasmes dangereux.

Il fallait trouver autre chose. Ralentir les progrès en latin, pousser la connaissance de l'histoire et parfaire l'écriture du français, tout cela afin de laisser penser qu'un emploi de secrétaire initié aux pensées des gouvernants et capable d'accompagner leurs projets conviendrait à tout le monde.

Comment devenait-on secrétaire ?

La question était de taille. Chez l'armateur passaient, pour des visites et des séances de travail, toutes sortes de scribes, de comptables, avec lesquels le maître des lieux s'entretenait longuement. Les proches du gouverneur étaient également les hôtes réguliers de Falernes. François n'avait pas tardé à comprendre le rôle important de son tuteur dans les affaires de la colonie. Diable ! L'homme possédait le bien le plus précieux qui fût, des navires ; un lien ténu et fragile avec la France, dont les cales contenaient la survie du Canada, sa modeste et aléatoire fortune.

Je ne serai pas prêtre, décida l'orphelin.

Pas plus qu'il ne serait soldat ou même officier. Daniel était fait pour cela, parce que sa nature aventureuse le poussait vers les grands espaces. François, quant à lui, n'avait aucune envie de marcher en colonne vers d'invisibles ennemis. On pouvait faire la guerre différemment. Quant à risquer de se faire lier au poteau de torture sous prétexte qu'il maîtriserait un jour les langues des Sauvages, l'exemple des missionnaires mis au supplice un peu partout dans le vaste Canada lui apparut d'emblée dissuasif.

L'hiver suivit son cours vers ses interminables semaines de pénombre, de gel et de vents mauvais. François vit la ville se recroqueviller sur elle-même, à l'image des fermes au creux desquelles les habitants se soustrayaient aux rigueurs du climat. Un décor nouveau aux yeux de l'enfant se mit en place sous les bourrasques de neige fondue, puis à travers les premiers flocons.

Le fleuve n'était guère différent de ce qu'il était à Lachine ; gelé et blanchi par endroits, de la même couleur plombée que le ciel. François découvrit en revanche la ville transformée en cloaque fangeux avant d'être couverte d'un épais suaire, immaculé. Tout y sembla soudain propre, les puanteurs elles-mêmes, comme vaincues par la neige, se dissipèrent dans le vent du nord.

Le jeune homme avait appris, de la bouche des derniers voyageurs parvenus à Québec par le fleuve avec un chargement de peaux, qu'une colonne française s'était engagée, dès octobre, loin en territoire iroquois. Il était toujours question d'aller récupérer des fourrures et des cuirs entreposés depuis plusieurs années au fort de Michillimakinak.

Puis l'écho de la victoire de Schenectady était parvenu à Québec. Les Français avaient détruit une place anglaise importante, peut-être même s'étaient-ils lancés vers Albany et New York. François avait cherché à en savoir davantage, mais, en pleine saison de gel, personne n'était capable de rapporter la vérité. On ne pouvait que supposer.

Michillimakinak, Albany. Il y avait gros à parier que Daniel Beauchêne faisait partie de l'une ou l'autre des armées engagées. A cette pensée, François éprouva un peu de nostalgie. Courir les bois sus au castor ou au Mohawk devait tout de même avoir son charme.

Mais non, décidément, il ne se sentait pas fait pour cet emploi. La vie à Québec était passionnante, la maison des Falernes, un havre de douceur et de paix. N'avait-on pas assez souffert comme cela, chez les Beauchêne ?

En même temps qu'il imaginait son frère courant sus à l'Anglais dans des flots de sang, Marie lui fit voir d'autres souffrances. C'était à l'Hôtel-Dieu, où elle allait, avec d'autres jeunes filles de la bonne société, consoler les malades et assister les agonisants. Bien qu'elle fût à peine donzelle, ses parents autorisaient ce commerce avec la misère. Elle s'en expliqua ainsi :

« Cela vient des premiers temps de la colonie, quand les Sauvages, Algonquins et Hurons, ont commencé à périr de la petite vérole. Ils venaient ici en si grand nombre, pour y trépasser, qu'ils avaient fini par nommer le lieu « maison de la mort ». Les religieuses qui leur donnaient des soins furent toutes atteintes à leur tour, ce qui obligea les femmes de Québec à prendre leur place. C'était grande géhenne, ma foi, il fallut même utiliser les peaux de castor pour revêtir les cadavres, tu imagines ? La tradition de charité survit et, grâce à Dieu, on meurt moins aujourd'hui de petite vérole que de consomption ou de grande colique. »

On trépassait toutefois, et plutôt jeune. Derrière les hautes façades du bâtiment, au milieu de senteurs semblables à celles des cloaques urbains, crachaient les catarrheux et râlaient les enfants asphyxiés par le croup. François encaissa l'épreuve comme une initiation, lui qui avait échappé aux épidémies et aux Iroquois. Il lui fallait donner le change, montrer que la nature paysanne était forte, elle aussi.

Est-elle jolie, cette fille ? se demandait-il tandis que Marie se penchait sur les agonisants.

Le regard que les jeunes oisifs de Québec portaient sur elle le lui laissa supposer. Il en conçut une jalousie qu'il s'efforça de masquer. A Lachine, il avait été l'objet de quelques moqueries de la part des petites villageoises. Ne sachant comment leur répondre, il s'était replié sur lui-même, cultivant sa solitude et son ennui. Vivre à Québec ne le libérait pas de ce sentiment d'infériorité.

Marie se rendait aussi chez les ursulines, au couvent où s'abritaient les femmes battues et les filles mères. Il y avait là, également, de jeunes Sauvagesses dont les parents confiaient l'éducation aux sœurs. François déclina l'invitation. Il en avait suffisamment vu à l'hôpital ; il irait plus tard, quand les belles saisons permettraient aux pensionnaires de se promener dans des jardins fleurant l'aubépine plutôt que la mort aux senteurs veules des salles communes.

Il lui sut gré de ne jamais lui imposer leur différence d'origine. Contrairement à Philippe de Falernes, qui semblait s'en moquer, elle devinait les tourments agitant parfois l'orphelin.

« Lis ceci, pour partager ton humeur avec de belles âmes. »

Elle lui tendait des recueils de poésie, de fables, des oraisons de Bossuet sur lesquelles, fatigué de devoir déchiffrer, il s'endormait.

« Que penses-tu de cet esprit-là, François Beauchêne ? »

Elle s'amusait de son désarroi, sans méchanceté. Il devrait rattraper son retard, se hisser à sa hauteur, rude perspective. Il éludait :

« J'aime bien vous entendre à la guitare. »

Elle louait ses progrès, presque maternelle. Il attendit Dieu sait quoi d'elle, et puis, par leur seule présence, les galants qui passaient par la rue Notre-Dame le renvoyèrent à sa naissance chez les habitants de l'île de Montréal.

Il décida de les écouter pérorer, parler de choses insignifiantes. Marie se laissait cerner de compliments, à ce petit jeu elle était habile, cueillant l'œillade au passage, faussement complice, rompant quand il le fallait. Il se consola en pensant qu'il avait, lui, le loisir de la côtoyer au jour le jour, d'observer ses doigts sur les cordes de la guitare, dans le salon, d'apprendre d'elle, enfin.

Le plein hiver à Québec fut pour le rescapé de Lachine un bonheur de plus. La température y fut encore plus basse qu'en amont du fleuve, ce devait être à cause des montagnes d'où le vent, surgissant du Labrador, déferlait sur le fleuve sans la moindre pitié. Dans ces temps de grand froid, quand la bise faisait geler larmes et salives tout juste sécrétées, il n'était d'autre solution que se cloîtrer chez soi, devant l'âtre, pour y attendre que la neige ait fini de s'amonceler devant les maisons.

François goûta intensément ces jours où la tiédeur domestique invitait à l'apprentissage de la lecture et de l'écriture, sans qu'il fût besoin pour cela de marcher jusqu'au Petit Séminaire. De plus en plus intrigué, Falernes avait encouragé son hôte à consulter les ouvrages de sa bibliothèque. François n'avait jamais rien vu de pareil, des alignements de livres plus nombreux encore que chez les jésuites, des étagères portant aussi des cartes enroulées dont le dépliement faisait un bruit ténu comme un murmure.

« Celle-ci est de monsieur de Champlain, c'est la première qui ait été dessinée de la ville de Québec. Tu vois, une simple habitation cernée de palissades. Là, c'est un combat contre des Iroquois, déjà, rapporté aussi par ce grand homme à qui nous devons d'être ici. En ce temps-là existait une nation huronne. Hélas, la guerre et les maladies en eurent raison, mais il reste quelques bons guerriers de cette race, qui nous accompagnent fidèlement. »

François buvait les paroles de l'armateur, questionnait, harcelant même parfois le puits de science qui lui faisait l'amitié de lui répondre. Laissé seul dans la vaste pièce où régnait un globe terrestre posé sur un guéridon, il caressait les parchemins, les pages ouvertes sur des itinéraires marins et terrestres. Le monde était enclos dans des murs couverts d'histoire. Par instants, l'enfant éprouvait le sentiment de le posséder tout entier, de l'Europe à l'Amérique et jusqu'aux confins mystérieux de l'Asie. De cette compagnie intime, il retira un sentiment de plénitude qui jamais plus ne le quitta.

Il n'y avait pas de poêle dans la cathédrale de Québec. Les jours de grand froid, on faisait brûler du bois dans des chaudières, avant l'office, au risque de mettre le feu à l'édifice. François se souvenait de la petite chapelle de Lachine, où l'on se réchauffait en se serrant les uns contre les autres. Ici, rien de tel. Il fallait, pour éviter d'attraper la mort, se couvrir chaudement.

Les femmes portaient des coiffes épaisses, les hommes, des bonnets de laine qu'ils ôtaient à contrecœur au moment des bénédictions. Quant à l'officiant, il devait sa survie au port d'un camail qui lui couvrait les épaules et doublait sa soutane jusqu'en dessous de la taille.

Philippe de Falernes ne prisait guère les séjours sous la voûte en bois de l'église. Il avait fini par échapper, soulagé, au service de la messe que lui avait longtemps imposé sa mère. Marie, quant à elle, semblait indifférente aux rigueurs climatiques qui figeaient l'assemblée grelottante dans des attitudes de statues. Au milieu d'une foule pétrifiée et plutôt impatiente de retrouver ses âtres, sa piété était suffisamment profonde pour entretenir en elle les bonnes chaleurs de l'extase. A l'observer, confite dans une humilité de pénitente, François songeait à la foi simple de ses parents, à leur espoir en des jours meilleurs. En cela, ils ressemblaient aux nantis de la capitale.

« Et nous offrons le pain bénit comme en France », disait Jeanne de Falernes.

C'était là le devoir de charité, l'offrande aux présents à l'office ; comme recueillir les pauvres hères sans domicile fixe que l'on faisait passer de maison en maison pour leur donner un peu de réconfort. Malgré le brassage de sa population, Québec demeurait fidèle à ses engagements premiers.

Au fil des jours, François se persuada que sa mère eût aimé le voir sortir ainsi de sa condition. Déjà, de l'été à l'hiver de cette année maudite, il était devenu autre chose que le fils d'habitants d'un village isolé au bout d'une île. Au latin de la messe il avait ajouté celui de Plaute et de Catulle. Les chiffres n'avaient plus de secret pour lui. Il se savait capable d'en savoir toujours plus et cette certitude le rendait impatient.

« Nous sommes la misère de la colonie, répétait autrefois son père, tous égaux là-dedans. »

Il y avait de la géhenne en ville aussi, différente cependant, prise en charge bon an mal an par la hiérarchie sociale, quand les habitants livrés à eux-mêmes, loin en amont du Saint-Laurent, ne pouvaient compter que sur la providence divine pour améliorer leur ordinaire.

Les gens de Québec compatissaient aux misères des colons de Montréal et de Lachine, mais bien à l'abri sur leur falaise, protégés par des batteries de canons, ils peinaient à imaginer la dureté de leur existence, sa fragilité. Désormais loin de la guerre, occupés à leur quotidien de négociants, d'artisans, de cultivateurs, ils perdaient au fil des ans un peu de leur mémoire ancestrale. A les observer, ignorant les aléas de ceux de Montréal ou comme indifférents, François en éprouvait souvent un sentiment mêlé de confort et de colère.

Il s'efforça d'oublier ça en allant patiner avec Marie. Sur la glace, les petits habitants de la campagne montréalaise valaient bien ceux de la capitale. Montés sur des bâtis de bois fixés à leurs pieds par des cordelettes, les deux adolescents patinèrent entre les pièges de la mer gelée.

Des traîneaux lancés à vive allure filaient vers la rive sud, des marcheurs attelés à de lourdes charges rejoignaient, ahanants, la côte sud. Par dizaines, les enfants de Québec louvoyaient, se lançant des défis, chutant dans des gerbes de cris et de rires.

Marie de Falernes montrait à ces exercices la douce fermeté de son caractère. Rien ne lui faisait peur, ni les crevasses aux bords aigus, ni les courtes pentes qu'elle descendait le plus souvent sur les fesses. Au jeu de la main tendue pour relever l'autre, elle se montra l'égale de François ; et lui, souhaitant qu'elle eût sans cesse besoin de son aide, goûtait intensément le plaisir de tenir ses doigts fins entre les siens.

Brefs contacts. Il recevait son sourire et sa joie enfantine comme une offrande. Elle le complimentait.

« Tu es habile, bien plus que moi et que Philippe. »

Chaque fois, cependant, une vague de tristesse succédait au charme de l'instant. Il demeurait le pensionnaire qui donnait du « vous » à la fille du maître, le compagnon de jeu désigné pour le plaisir de la donzelle. A maintes reprises, l'arrivée de quelque fils de noble dans le cercle le poussa à s'en retirer. Marie se laisserait amuser par les pitreries de ces oisifs, elle serait sous le charme de leur conversation sans intérêt ; elle qui se cultivait par la lecture et la musique. Il y avait là un profond mystère que seule la coquetterie pouvait expliquer.

Il prit le parti de ne pas affronter cette situation, et de rompre. On glisserait aussi bien sans lui sur la glace du Saint-Laurent.

Mars 1690

Couvert d'une longue pelisse en loup, l'armateur observait le fleuve par une fenêtre du premier étage. Devant lui, le fleuve amorçait la longue courbe rétrécie à laquelle les Indiens avaient donné le nom de Québec. « Là où c'est bouché ». C'était une sorte de détroit, un goulet bordé au sud par une rive pentue, moins abrupte cependant que la colline hébergeant la capitale.

L'hiver avait tout arrêté, le cours du géant comme le ciel au-dessus de lui. Les oiseaux eux-mêmes, statufiés, la tête rentrée dans le cou, s'étaient rassemblés au pied des habitations, où ils pouvaient se protéger de la brise hérissant leur plumage. Spectacle de mort, d'une sublime beauté, fin des temps pour un peuple encore terré dans ses tanières.

Falernes finit par se rendre compte de la présence de François. Par une sorte de mimétisme, l'enfant se tenait comme lui, jambes écartées, mains croisées dans le dos.

— Tiens, ce spectacle t'intéresse, constata l'armateur. Champlain voulut appeler l'endroit Ludovica, en hommage au roi Louis XIII. Finalement, on lui a laissé son nom algonquin. Tu ne sais pas encore cela ? Alors, que t'enseignent donc tes nouveaux maîtres jésuites, à part la décision de Dieu sur toutes choses ?

François ne pouvait tout apprendre en même temps. Falernes pointa le doigt vers l'aval.

— L'ennemi viendra toujours de là, dit-il, il est étrange de voir ce coude pris dans les glaces d'où pourra surgir, dès les premières douceurs, la flotte capable de nous détruire.

François se tourna vers lui, déclara, un brin sentencieux :

— Le fleuve est icitte comme le sang dans notre corps. Il ne faut pas qu'il devienne une humeur noire.

Il reçut une petite tape sur l'épaule.

— Hé ! Monsieur Beauchêne a de jolies comparaisons. L'humeur noire du Saint-Laurent, voilà qui intéresserait nos médecins. Et comment faire, d'après toi, pour éviter ça ?

François pointa à son tour le doigt vers le sud.

— Monsieur le gouverneur doit fumer le calumet avec les Sauvages qui sont là-bas. Alors, tous les autres, ceux qui sont aux Grands Lacs et qui nous tuent à Montréal, seront obligés d'être en paix eux aussi.

— Le petit bougre ! Et ça raisonne, en plus !

Falernes considéra son protégé avec une curiosité teintée d'admiration. L'indifférence de son fils pour la politique le décevait ; ce n'était pourtant pas faute de l'y pousser, mais Philippe ne rêvait que de mer et de voiles. A la première sollicitation, il larguerait les amarres. Falernes se fit pensif. Le moment était peut-être venu de le laisser s'embarquer.

— Tu n'as pas envie de naviguer, François, quand tu vois cette rivière qui conduit à l'océan ?

— Je préfère servir mon roi sur terre, monsieur.

— Servir ton roi... Tu penses déjà à cela ?

— Oui, monsieur. Mon frère le fait à sa façon, avec les gens d'armes.

Falernes en fut presque décontenancé. Le garçon avait du caractère, sans doute la tragédie de Lachine l'avait-elle fait mûrir plus vite que d'autres.

François songea que servir Dieu à la messe était bien suffisant. Il perçut le trouble de son tuteur, baissa la tête. Les enfants de son âge n'étaient pas censés émettre des opinions sur les affaires des grandes personnes. D'ailleurs, beaucoup d'entre eux étaient laissés sans éducation par leurs parents. Clercs et religieux déploraient l'indifférence de bien des citadins pour l'enseignement à donner à leur progéniture. Quant à la marmaille, ainsi débarrassée de la pesanteur scolaire, elle prenait assez tôt l'habitude de traîner dans les rues, livrée à elle-même et plutôt contente de cela.

François eut soudain le sentiment qu'il avait dû être insolent mais, après tout, l'armateur lui avait demandé un avis, sur le ton de la moquerie.

— Bien, dit Falernes, j'apprécie ton désir de savoir. Je t'y encouragerai toujours. Tantôt, je te présenterai à une personne qui sert aussi son roi. Un visiteur et un ami. Tu mettras un peu d'ordre dans tes cheveux, à part cela je te trouve plutôt présentable.

François peinait à maîtriser son émotion. Il avait face à lui, dans le salon des Falernes, l'homme tant redouté par les Anglais et leurs alliés iroquois, le roc colérique et généreux capable de se brouiller pour toujours avec l'évêque et avec l'intendant, le guerrier, enfin, qui portait le fer jusqu'aux Grands Lacs et brûlait d'aller en personne casser quelques têtes indiennes.

Monsieur de Frontenac posa son verre de vin sur la table ronde autour de laquelle les Falernes jouaient parfois aux cartes avec leurs amis, le soir. L'armateur savait réjouir ses hôtes. Rue Notre-Dame, on ne coupait pas d'eau les nectars parvenus de Bordeaux ou de Saintonge. C'eût été en trahir la noblesse et le goût.

Le gouverneur considéra avec bonhomie le mal-coiffé cramoisi qui s'inclinait devant lui. Les éloges sur l'un des meilleurs sujets du Petit Séminaire ne tarissaient pas. Falernes s'en amusa :

— Ce drôle s'est mis dans la tête de retrouver l'emplacement exact du village de Stadacona...

— Tenez donc !

Le lieu avait été signalé par Jacques Cartier. Champlain lui-même l'évoquait dans ses récits comme une sorte de paradis, une petite France plantée de chênes, d'ormes, de noyers, d'ifs, de cèdres et de dix autres espèces. On y trouvait de la vigne et les fruits de l'aubépine, gros comme des prunes. Le chanvre y poussait sans même que l'on eût besoin de labourer la terre.

— Monsieur Beauchêne pense que cela se trouvait auprès de la côte d'Abraham[1]. Il prétend même que les habitants étaient des Hurons...

— Et pourquoi pas ! s'exclama le gouverneur. Travaillez là-dessus, mon jeune ami, et faites-moi savoir le résultat de vos recherches.

1. Du nom d'un fermier installé en amont de Québec.

François dut répondre à quelques questions sur ce qu'on lui faisait étudier.

— C'est la pièce *Athalie*, de monsieur Racine.

— Eh bien ?

— Je me divertis davantage de monsieur Molière, et de la rhétorique aussi. Je voudrais bien apprendre la philosophie, mais on me dit que je suis trop jeune pour ça.

— C'est bien normal, ma foi. Mais vous reconnaîtrez, mon jeune ami, qu'au Canada nous sommes plus proches de la tragédie que de la bouffonnerie. Hélas. Je le déplore, mais c'est ainsi. Nous pouvons tous devenir demain les héros d'un drame antique.

— Sauf si…

François mit la main devant sa bouche. Ses mots allaient plus vite que sa pensée. Il rougit de nouveau, baissa la tête.

— Oui ? fit le gouverneur, intrigué. Eh bien, parlez.

— Sauf si vous vous en allez prendre New York, monsieur. Le drame sera pour les Anglais, et la bouffonnerie en même temps.

— Mais je ne demande que ça ! s'écria Frontenac, les yeux écarquillés. Vous lisez dans mes pensées !

Il scruta, amusé, le petit paysan serré dans une chemise de lin et un gilet noir, chaussé de cuir bouclé. Il était des métamorphoses stupéfiantes.

François avait étudié les cartes. Il y avait la Nouvelle-France, immense, et les possessions du roi George acculées à l'Atlantique. Pas besoin de savoir lire pour comprendre que la sécurité du Canada passait autant par la contention du territoire ennemi que par le peuplement à marches forcées de la colonie française. A un contre quatre, il serait impossible de tenir indéfiniment.

Frontenac parla des missions en cours et de celles que l'on pouvait raisonnablement prévoir. Parmi celles-ci, une offensive vers le sud.

— New York, dit-il, songeur et s'adressant à Falernes. Il y a un risque de voir l'unité des colonies anglaises se faire alors contre nous. Pour l'instant, nous savons qu'elle n'existe pas, chacune reste sur son quant-à-soi et compte ses sous. Le Nord, c'est encore loin pour un habitant de la Virginie...

François eut le sentiment de participer à l'histoire. Il entendait des choses habituellement chuchotées dans le secret des palais. Falernes plaida pour des actions frontalières, des coups de main répétés vers Albany susceptibles de mettre en sécurité, et pour un bon moment, le Saint-Laurent et les contrées riveraines.

— Certes, certes, vous prêchez un converti, acquiesça le gouverneur.

— Tenez, voici ma fille, elle a je crois des choses à vous confier, ajouta Falernes.

Marie fit une révérence devant le gouverneur, qui la complimenta pour sa grâce. François ne la trouva pas plus impressionnée que ça.

— Il y a encore trop de quêteux en ville, malgré la construction de l'hospice, annonça-t-elle. Ces pauvres gens se meurent aux premiers froids et on les jette en terre. Il faut donc bâtir un autre hôpital.

Frontenac hocha la tête. La plaidoirie de la donzelle n'était pas impertinente. Il leva les bras au ciel, sous le regard amusé de son hôte.

— Alors me voici dûment missionné ! s'écria-t-il. Il me faut prendre New York et doter la ville d'une auberge de plus... Mon cher Falernes, vous avez chez vous un Conseil souverain encore plus volontaire que le nôtre. Permettez-moi de vous en féliciter.

— J'ai encore à dire, déclara Marie.

— Je vous en prie !

— Ma mère et moi pensons qu'il est grand temps de défendre aux époux de battre leur femme, même avec mesure. Dieu merci, cela ne se pratique pas dans cette maison. Mais ailleurs, oui, et trop souvent.

Frontenac leva la main. On ne transgressait pas les ordres royaux. Châtier était une prérogative du chef de famille. Le Conseil était là pour réprimer les abus.

— Laissez-nous seuls, maintenant, vous deux, ordonna Falernes.

François s'inclina devant Frontenac. Son cœur bondissait dans sa poitrine. Servir un tel homme lui parut soudain être la chose la plus importante au monde. Pour cela, il lui fallait beaucoup étudier, montrer qu'il en savait davantage et comprenait mieux que les autres. Il sortit, précédé par Marie, la félicita aussitôt pour sa brève performance.

— Vous dites les choses tout droit.

— Cette ville est une honte au regard du Christ, dit-elle, l'air buté. Si Marguerite Bourgeoys revenait parmi nous, elle clouerait bien des gens au pilori, et des plus puissants, tu peux m'en croire.

Elle s'éloigna, la tête rentrée dans les épaules, signe chez elle d'une vraie colère.

François ferma les yeux. Le destin aurait pu l'emporter dans la bourrasque de Lachine, au lieu de quoi il lui offrait un chemin vers les grands bâtiments de pierre où se prenaient les décisions. Il pensa qu'il aurait bientôt quatorze ans ; cela avait suffi à Philippe de Falernes pour vouloir s'embarquer et vivre sa vie de marin. Cela suffirait à François Beauchêne pour prétendre rejoindre un jour la caste des gouvernants. Même s'il partageait encore l'ordinaire des domestiques, à la cuisine.

8

Mars 1690

— Ils nous attendront bien un peu avant de reprendre les guerres. Tu vas venir avec moi, on va améliorer l'ordinaire...

On ne discutait pas les ordres du sergent La Tulipe. L'hiver tenait le pays tout entier dans sa poigne, les guerriers de tout poil étaient rentrés chez eux. Il y avait, au Canada, de ces sortes de trêves imposées par la rigueur des éléments. Au fond d'eux-mêmes, les adversaires accueillaient la glaciation comme une petite délivrance. Qu'ils fussent iroquois, algonquins, anglais ou français, tous éprouvaient une réelle paix intérieure à se chauffer les orteils devant des âtres où brûlaient le charme, le chêne et l'épinette.

Cette année-là, les Français avaient décidé de rompre la routine exigée par le climat. Ils avaient attaqué au moment le plus rude de la saison, d'une manière que l'ennemi ne pouvait, ou ne voulait, envisager.

L'affaire de Schenectady avait marqué les esprits en Nouvelle-Angleterre, assez pour que le retour de

Frontenac au Canada fût considéré comme un coup d'arrêt aux entreprises du roi George. « Des renards engendrés par des loups », telle fut l'image que les Anglais répandirent dès lors de leurs adversaires.

« Un coup pour un coup, un œil pour un œil, avait prédit La Tulipe. Croire qu'ils demeureront sans réagir serait bien trompeur. Ils manigancerent sûrement quelque revanche à la belle saison. En attendant, nous irons trapper quelques bêtes à poil... »

Il conduisit Daniel à quelques jours de marche de Montréal, plein nord. Au-delà d'une chaîne de collines couvertes par la forêt s'étendait, au pied d'un sault, un lac de forme oblongue, peuplé d'îles que la glace semblait avoir figées. A observer son cadet pesant sur ses raquettes, tirant sur la traîne avec des ahans de galérien, sans se plaindre, semblant même en redemander, le sergent pensa qu'à la loterie de la vie au grand air il avait vraiment tiré un bon numéro.

Daniel Beauchêne était de la race des grands coureurs, des Brûlé, des Groseilliers, des Nicolet[1] ; apte à saisir l'instant, à le comprendre pour s'y adapter sans délai. Déjouant les traquenards de la route, capable de pressentir les malices du climat, le jeune paysan s'ouvrait un espace longtemps enclos, tel un rêve, dans les étroites limites de son village.

La Tulipe avait des nostalgies.

— Quand j'ai commencé à chasser, c'était le bout du monde, ici. Il y vivait des Montagnais qui nous

1. Etienne Brûlé (1592-1633), Médard Chouart des Groseilliers (1618-1696), Jean Nicolet (1598-1642), pionniers, coureurs des bois fameux et agents de renseignements.

étaient favorables et aussi des restes de tribus hostiles. Pas grand monde n'y mettait les pieds.

Il cita d'autres noms célèbres d'une époque pionnière, quand les chasseurs étaient en même temps soldats et espions au service du roi de France. Depuis, les missionnaires avaient rallié la majorité des Sauvages, la région était devenue sûre et l'on pouvait y chercher la fourrure sans risquer sa peau comme à l'ouest et au sud.

Daniel s'y était essayé, enfant, mais son village n'était pas réputé pour cela et les rongeurs s'étaient montrés plus malins que lui. Les réserves étaient plus loin, dans la profondeur des forêts. Daniel avait souvent pensé à cela depuis les événements de Lachine. Parfois, lors des exercices militaires dans les environs de Montréal, l'idée qu'il pouvait décider d'aller seul à la traque l'avait effleuré, vite chassée par les nécessités de la discipline. Maintenant, il pouvait donner libre cours à ce qu'il ressentait en lui comme une passion, une médecine capable de calmer ses envies d'occire de l'Anglais.

— Alors, fais-toi du bien, lui dit La Tulipe, le castoreum, c'est bon pour les coliques et la mélancolie ; il y a à Paris un chapelier qui prétend que le poil de cet animal guérit même les maux de tête. Et puisque les prêtres nous autorisent à le manger pendant le Carême, pourquoi se priver !

Le sergent leva le doigt.

— Il faut faire attention, mon garçon, seuls vingt-cinq heureux voyageurs ont le droit de traquer et d'acheter le castor aux Indiens, chaque année. Les autres, ma foi...

Ceux-là étaient des clandestins que la loi pourchassait. Dix ans auparavant, Québec avait mis de l'ordre dans un commerce sans règles précises. Quant au mode de vie assez libre de ces aventuriers, il choquait la morale. On avait donc proscrit leur activité et mis au pilori quelques réfractaires, ce qui n'empêchait pas le nombre des hors-la-loi de croître d'année en année.

C'était cette existence-là dont rêvait Daniel Beauchêne. Le fusil, le couteau et le fil de pêche, avec l'hiver pour protecteur et la forêt pour royaume. Des courses de dix ou douze lieues par jour lorsqu'il le faudrait, avec pour repas un peu de pain, du lard et, parfois, l'outarde ou le lapin.

Perdu dans les entrailles de ce monde rêvé, muré dans la matrice profonde qui inquiétait tant les citadins et les habitants, il trouverait son air à respirer, loin des guerres et de ceux qui les conduisaient.

La rive était bordée de huttes et de barrages entre lesquels une colonie de rongeurs s'activait à ses travaux de construction. Les deux hommes y firent un grand carnage, débusquant la bête puis la forçant à courir sur la glace pour la bastonner.

Ce fut un jeu cruel et jubilatoire, une initiation. Daniel éprouva une réelle jouissance dans les solitudes gelées du lac et de la forêt. Ces grands espaces inhabités lui parlaient, le désir de voyage forcit en lui. Cultiver un champ à Lachine n'offrait guère d'autre perspective qu'un attachement quasi animal à la terre. Certes, il y avait le danger permanent, la peur avouée du coup de main et son acceptation par avance. Là, c'était bien autre chose ; l'aventure, à chaque pas, vers l'inconnu ; aller voir au-delà de la prochaine colline, plus loin que la clairière, au bout du chemin.

— Tes yeux brillent, lui dit un soir La Tulipe, au bivouac.

On calculait ce que rapporterait la collecte du jour. Le roi de France ne plaisantait pas avec le prix des peaux. Il avait investi une part de son argent dans ce commerce, offert des navires pour le transport et édicté des règles financières strictes. Pour le castor gras et demi-gras, d'été, on touchait cinq livres tournois par livre de peau. L'animal d'hiver, réputé sec, rapportait une livre de moins.

— Cent livres à peu de chose près, estima le maître de chasse.

Daniel regarda les dépouilles étalées sur la neige. La somme d'argent ne lui disait rien. Comment peut-on faire de si loin des lois sur le cuir et la fourrure dans un pays dévasté par la guerre ? se demanda-t-il.

Il refusait de comprendre cette étrangeté.

On était là en marge du commerce officiel. Ce qui fascinait le jeune homme, c'était bel et bien la course qu'il commencerait un jour à travers les bois, seul ou avec d'autres. Ce jour-là, on aurait tué assez d'Anglais ; la guerre serait terminée, on serait rassasiés et il faudrait penser à autre chose.

Il fit un froid de pôle. Des cabanes, refuges assaillis par la neige, balisaient ici et là l'itinéraire des chasseurs. Daniel se trouva bien dans cet univers d'où toute vie paraissait avoir été bannie. C'était une impression trompeuse. Le pelage brun des castors animait le décor, le rouge de leur sang colorait la surface du lac. La chasse mettait de la couleur où la nature avait tout peint en blanc.

Daniel se sentit seul au monde, propriétaire d'un néant sans autre frontière que l'horizon sans cesse recommencé de la forêt. Ce monde-là était fait pour des demi-sauvages, des êtres incapables de se plier longtemps aux contraintes. Prêtres et gouvernants ne s'y trompaient d'ailleurs pas, qui voyaient dans les coureurs des bois une race intermédiaire d'éternels migrants, une engeance certes utile au commerce mais dont, par instinct, ils se méfiaient.

— Tu en tires gloire, hé, couillon ? Ces gens qui n'ont pu empêcher le massacre de tes parents, ces gouvernants bien au chaud à Québec, tu les tiendras à distance. Peut-être as-tu raison, mais souviens-toi qu'ils obéissent à un roi puissant et celui-là, crois-moi, ne plaisante pas avec la règle. Son père nous laissait une liberté plus grande, mais à cette époque-là il n'y avait dans ce pays ni ville ni loi, sauf celle de Dieu. Maintenant, c'est autre chose.

Ils dînaient d'un cuissot de chevreuil devant un âtre ; du luxe, dans un pareil endroit. Daniel avait fusillé la bête à vingt pas. Une décharge de mousquet en pleine tête. Le bougre n'était pas seulement bon marcheur, et endurant à la souffrance. Il visait juste, sans trembler. Un sujet d'élite.

Le sergent n'avait guère mis de temps pour percer à jour son cadet. L'esprit de Daniel Beauchêne bouillait de tourments divers, l'envie d'une existence libre et le besoin de vengeance, la haine des hommes et l'amour de la nature. Il y avait pourtant encore de la place au Canada pour des êtres comme lui, même si les décrets royaux visaient à ordonner la colonie.

— Je vais te dire, petit…

Il mâchouilla une bouchée de viande rouge avec son bruit familier de ruminant, avala. Parfois, cela avait du mal à passer, le désert jaunâtre qui lui tenait lieu de gencives fonctionnait à l'économie.

Daniel attendit. La Tulipe parlait rarement pour ne rien dire.

— … ce que tu devras faire pour vivre un jour comme tu l'entends. Je vais te le dire, oui.

Son rot fit un bruit d'arbre fracassé.

— Tu te fondras dans la race indienne, parce que tu trouveras en elle ce que tu cherches. Ces gens t'ouvriront la porte de ton rêve. Si cette guerre finit un jour, si la paix revient au Canada, tu pourras alors courir vers les castors jusqu'à en tomber mort de fatigue si ça te chante. Et puis, si tu veux savoir un jour ce qu'il est advenu de ta pauvre sœur, il te faudra aller de peine et de misère, d'une tribu à l'autre, dans la guerre ou dans la paix. Avec de la patience, beaucoup de patience.

Daniel mordait dans la viande avec des grognements d'affamé, mâchait bruyamment, comme s'il écrasait l'ennemi, de sa jeune denture. Le sergent sourit.

— Je t'ai regardé après qu'on a tué les Anglais de Schenectady. Ta colère est contre eux bien plus qu'envers ceux qui t'ont rendu orphelin. C'est un sentiment que je connais, je l'ai eu dans le cœur, longtemps. Maintenant, moi, je n'ai plus de haine envers quiconque.

Pour lui, Français et Anglais n'étaient que deux tribus parmi quelques dizaines d'autres dans l'immense Amérique. Il aimait citer les tirades d'un vieux chef huron, Kondiaronk, dont l'alliance avec Québec avait quelquefois chancelé, sans jamais se rompre. L'homme vivait loin de là, vers le fort Michillimakinak. Sa position géographique lui imposait de savoir négocier tant avec les Français qu'avec ses voisins iroquois.

— « Dire du mal de ses frères et mentir sont des choses dont vous vous abstiendriez moins que de boire et de manger, je n'ai jamais entendu parler quatre Français ensemble sans dire du mal de quelqu'un. Ainsi, mon frère, crois tout ce que tu voudras, aie tant de foi qu'il te plaira, tu n'iras jamais dans le bon pays des âmes si tu ne te fais huron. L'innocence de notre vie, l'amour que nous avons pour nos frères, la tranquillité d'âme dont nous jouissons par le mépris de l'intérêt sont trois choses que le Grand Esprit exige de tous les hommes en général. Nous les pratiquons naturellement dans nos villages pendant que les Européens se déchirent, se volent, se diffament, se tuent dans leurs villes, eux qui voulant aller au pays des âmes ne songent jamais à leur Créateur que lorsqu'ils en parlent avec les Hurons. »

— Il n'y a plus de Hurons capables de se battre, dit Daniel.

— Exact, garçon, ils ont presque disparu de la surface de la terre. Ainsi vont la destinée des nations et la vie des gens.

Daniel avait soigneusement enduit le treillis de ses raquettes de graisse d'ours. Puis, avec la patience d'une brodeuse, il avait recousu un mocassin déchiré par une arête de glace. Fatigué, les cuisses et le dos courbatus, il bourra une pipe, l'alluma, puis il s'étendit le dos à l'âtre, appuyé sur un coude, rêvassant.

Dehors, la neige s'était mise à tomber à gros flocons. Il serait compliqué d'aller chasser le lendemain. Déjà, il conviendrait de creuser la montagne blanche accumulée devant la porte au cours de la nuit. Il arrivait que cela montât au-delà de six pieds. Mais ensuite, si le ciel voulait bien se remettre au bleu, le petit bruit des raquettes sur la couverture blanche étendue à l'infini serait la récompense, comme le seraient aussi le soleil gelé, le silence, l'immensité du décor avec les jolies taches fauves des castors pour ponctuation.

Daniel contempla la pile de peaux entreposées dans un coin de la pièce, un petit trésor. Etre ainsi perdu au-delà de toute civilisation, noyé dans la nuit boréale, lui convenait, comme le faisait vibrer le souvenir des seins de l'Indienne dans ses paumes.

Des hurlements de loups se firent entendre, assourdis par l'averse de neige. Ces bêtes ne rôdaient pas autour de Lachine et c'était heureux, car les habitants en avaient une peur profonde.

La Tulipe s'étendit à son tour, soupira, les yeux fermés.

— Les Indiens prétendent qu'ils possèdent une grâce accordée par leurs dieux, alors ils ne les craignent pas. Même, ils les respectent et lorsqu'ils en tuent, c'est pour les peler et nous acheter de quoi manger. Pas plus, pas moins. Sais-tu pourquoi je t'aime bien, couillon ?

Daniel fit non de la tête.

— Parce que tu retiens tout ce que je te dis, et que tu imagines le reste. L'expérience des vieux, ça ne sert à rien ou presque, la plupart du temps. La guerre, la politique, les femmes, c'est pourtant toujours la même chose, depuis la nuit des temps. On devrait écouter ceux qui en savent là-dessus, et on ne le fait pas. Beaucoup de donzelons se font tuer pour avoir cru qu'ils allaient inventer leur propre façon de se battre. C'est une coche mal taillée[1], que tu ne commettras pas.

La bouche grande ouverte, les joues creusées, le vieux militaire ronflait avec une régularité de scieur de long. L'alcool de baies devait y être pour quelque chose ; le sergent en possédait une gourde pleine, qu'il tétait avec des grimaces de douleur, tant le contact de la gnôle avec ses chairs lui était souffrance. « De la bonne médecine, prétendait-il, ça mord au début et ça calme ensuite. »

Daniel approcha un brandon de son visage, examina l'intérieur du monument ; on en faisait des paris, dans la compagnie. Ce qu'il aperçut au fond de la gargane de La Tulipe lui arracha un soupir de dégoût. Un magma jaunâtre y tenait lieu de dentition, mêlé à la viande de gencives tuméfiées, épaisses comme des doigts. De cavités gâtées par la pourriture s'écoulait doucement un jus brun.

1. Une erreur.

Ainsi l'aura fétide du coureur des bois n'était-elle pas seulement composée de salive et de tabac. Il y avait d'autres ingrédients, indéfinissables, dans ce remugle. Daniel éloigna son nez du cratère puant. Il en avait suffisamment reniflé.

Mai 1690

La forêt ruisselait d'une pluie en averses, le ciel s'ouvrait sur des plages bleues qu'effaçaient, portées par le vent vif, des nuées venues du noroît. Un soleil sans force éclairait par intermittence les trouées des prairies. Traversant l'une d'elles, Daniel songea à ces terres encore inhabitées. Un jour ou l'autre, il s'y élèverait peut-être des maisons dont il redoutait qu'elles soient anglaises.

Lorsqu'il aperçut, sortant des profondeurs de la selve, des hommes portant à l'épaule un chevreuil lié par les pattes à un long morceau de bois, il sentit son cœur s'affoler. Les Indiens étaient une demi-douzaine, des jeunes accompagnés par des adolescents.

D'instinct, il empoigna son fusil. Les Iroquois ne possédaient pour armes que des arcs et des couteaux. Ils lâchèrent leur proie, se mirent en garde à leur tour.

Face à une telle troupe, Daniel n'avait aucune chance. La Tulipe saurait quoi faire et quoi dire en pareille circonstance. Mais le vieux bougre était loin. Il avait simplement indiqué à son cadet qu'une visite au village catholique serait plutôt bien vue, dès lors qu'il en faisait désormais partie.

« Eh oui, couillon, ces gens apprécient que l'on se souvienne d'eux. Ils t'ont bien reçu, toi qui avais envie de les passer au fil de la lame ! Ils t'ont montré leur façon de vivre, ils ont partagé le pemmican et la sagamité avec toi. »

Le sergent s'amusait. Il y avait aussi cette fille, qui s'était donnée au visiteur. « Oneida, l'impatiemment attendue, tu lui as plu. Sinon, elle ne serait pas venue te voir. Un garçon bien élevé comme toi, je la comprends, pauvrette. »

Daniel leva la main en signe de paix, écarta son autre bras afin de prouver son désir de ne pas engager les hostilités. Il devait être à deux ou trois heures de marche du village. Il y avait donc peu de chances pour qu'il ait rencontré des Onnontagués, ou une autre peuplade hostile. Il porta la main à son cou, montra la croix que le sergent lui avait recommandé d'exhiber en signe de reconnaissance.

— Christ, dit-il, Jésus.

Puis il s'en remit au maître des cieux pour ce qui s'ensuivrait.

Il vit que les garçons n'arboraient pas de peintures au visage. Celui qui semblait être le chef de la bande lui fit signe de le suivre, et c'est muni d'une escorte silencieuse que le Français fut conduit chez sa parenté iroquoise.

Il reconnut la clairière, les bois en écrin tout autour, le champ de blé d'Inde. La volaille caquetait de la même voix aiguë, le cochon en liberté fouillait du museau la même boue noirâtre. A l'approche des habitations, il eut envie de rebrousser chemin. Après tout, il était en territoire ami et pouvait prétexter une raison urgente de s'en retourner à Montréal. Qu'en penserait La Tulipe ? Guère de bien. Les Sauvages savaient reconnaître la couardise des étrangers, ils en faisaient des gorges chaudes, en tiraient une vanité d'êtres supérieurs. Eux ignoraient la lâcheté.

La première personne qu'il vit en entrant dans le village fut un prêtre coiffé d'une calotte noire, un jésuite sans doute, en soutane sans rabat quand d'autres, vivant au sein des tribus, portaient culotte, veste et capot. Ainsi vêtu, l'homme ressemblait à ceux qui venaient dire la messe à Lachine. Il adressa quelques mots aux jeunes gens, qui s'égaillèrent, toisa l'arrivant.

— Je suis le père Xavier, dit-il.

Il eut un bref rictus, scruta derechef Daniel. Massif et bedonnant, le sourcil épais, noir comme son regard, il en imposait.

— Je pense savoir qui vous êtes. Un des survivants d'août dernier. On m'a dit que vous étiez à l'assaut de la bourgade anglaise, cet hiver. Il faut de l'imprudence pour faire seul la route de Montréal à icitte, en ce moment.

Daniel lui dit qu'en effet il avait pas mal voyagé depuis le massacre de Lachine. Le religieux grimaça de nouveau, hocha plusieurs fois la tête, l'air de faire un constat.

— La fille est grosse, dit-il, abrupt, il semble que ce soit de vous.

L'espace d'un instant, Daniel regretta de ne pas être resté dans les immensités du Nord, là où il n'y avait ni Français ni Indiens, seulement des castors que l'on pelait au couteau devant des flambées d'érable. Le jésuite eut une moue de scepticisme. Il lui était difficile de considérer comme un père possible l'échalas emprunté qui lui faisait face.

— Les gens de Québec n'aiment pas que l'on se répande ainsi dans les tribus pour disparaître aussitôt arrivé. Ils suivent en cela la volonté du roi. Vous êtes en état de péché. Encore heureux que vous n'ayez pas comme d'autres une épouse blanche quelque part icitte ou en France. Les gens de ce village vous ont adopté, vous allez devoir honorer leur décision.

Daniel hasarda une réplique :

— Le sergent La Tulipe...

Le prêtre leva la main.

— Le sergent La Tulipe a rendu de grands services à la colonie. Mais il est d'un autre temps.

Du temps, il en avait fallu avant que jésuites et récollets aient mis un peu d'ordre dans les esprits. Leur pouvoir était réel au Canada ; missionnaires courageux, ils étaient le lien essentiel entre les autorités de la colonie et les tribus qui vivaient à ses marges. Héritiers des gens de foi et de compassion qui avaient mis les premiers le pied en Nouvelle-France, il appliquaient à leurs ouailles sauvées du paganisme les vertueux préceptes d'un christianisme conquérant.

Daniel se souvint des terrifiants récits de ses parents, à la veillée. On se signait à l'évocation des supplices endurés pendant des semaines par les prêtres missionnés auprès des Iroquois. Bastonnés, amputés à la hache, dépecés vivants avant d'être occis et en partie dévorés, les malheureux avaient eu assez de temps pour attendre un geste de leur Créateur. Ces hommes-là possédaient une âme plus forte que le commun des mortels. Le père Xavier semblait être pour de bon de leur trempe.

Le jeune homme acquiesça. Il avait accepté l'intrusion de la fille sous sa couverture, après tout, elle était aussi fautive que lui dans l'histoire, mais il était un peu tard pour remonter le cours des événements.

Il se retint de dire que la colonie manquait de femmes et que, partant, il convenait d'aller en chercher sous les habitations indiennes. Ce que beaucoup faisaient. Comme s'il devinait ses pensées, le père Xavier le tança :

— Ces filles sont des créatures de Dieu, mais différentes des animaux. A ce titre, ces bonnes catholiques méritent d'être traitées comme leurs sœurs de France. Quel âge avez-vous, au juste ?

S'il répondait seize ans, Daniel pourrait recevoir une gifle. Le jésuite accepta ses « dix-huit ans passés », ce qui faisait du milicien un adulte suffisamment mûr pour se marier.

— C'est assez vieux tout pareil pour être mis en geôle ou au pilori. Suivez-moi.

Le sergent La Tulipe était une franche canaille. Il avait profité de l'absence du curé pour organiser l'initiation amoureuse de son cadet. Les militaires, qui pratiquaient à l'occasion le mélange des races, n'étaient pas trop observants de la loi. Il n'en allait pas de même pour les ecclésiastiques missionnés afin d'assainir les mœurs par trop dépravées de la colonie.

Le père Xavier conduisit son ouaille devant le chef du village, un vieillard sans âge au visage fripé, aux yeux mangés par les orbites. L'homme pétunait[1]

1. Fumait.

devant l'entrée d'une habitation en compagnie d'anciens guerriers rescapés des fièvres et des pustules, dépassés comme lui par les ans.

Lors de son court séjour, Daniel n'avait pas eu le loisir de détailler les villageois. L'assemblée des sages avait de quoi faire sourire ; tous portaient le catogan, certains dodelinaient de la tête, d'autres peinaient à tenir leur calumet sans trembler. Blottis sous des couvertures, vestiges d'époques révolues, ils échangeaient entre eux un de ces silences de vieux, capables de sonner les heures d'une journée entière. Le père Xavier leur parla longuement, dans leur langue.

Le chef ne disait mot, jetant de temps à autre vers Daniel un regard sans expression. Bien qu'en terrain ami, l'aîné des Beauchêne n'en menait pas large. La fin du long monologue du prêtre le soulagea. Le chef prononça quelques paroles, leva la main puis se remit à fumer. Le père Xavier prit Daniel par le bras.

— Il vous recommande d'aller voir la squaw. Moi aussi.

La jeune femme s'en revenait vers son habitation, portant une charge de linge sur son dos. Son ventre était rond sous sa jupe ocre. Elle sourit à Daniel d'une façon naturelle, baissa la tête.

— Pourquoi êtes-vous revenu ici, Beauchêne ? demanda le père Xavier.

Il trouvait cela étonnant, de la part d'un garçon dont les parents avaient succombé sous les poignards et les casse-tête iroquois. Daniel n'en savait rien. C'étaient peut-être les mots du sergent dans la cabane de trappeur, sa façon d'envisager les choses.

Une boule, dans sa gorge, l'empêcha d'avaler sa salive.

Son désir de vengeance survivait pourtant, intact. Cent fois il avait revécu sa première bataille, la leçon de découpage de chevelure donnée par son mentor. Puis, à Schenectady, des Sauvages alliés avaient donné l'assaut à ses côtés. A ce contact quasi charnel, il n'avait pourtant éprouvé ni peur ni ressentiment. La guerre ? C'était à la fois simple et compliqué. Barbare et peut-être bien fraternel.

— Vous pensez que je n'aurais pas dû ? demanda-t-il, du défi dans la voix.

Un haussement d'épaules. Il regarda le jésuite s'éloigner. Le père Xavier n'avait pas davantage répondu à sa question.

La fille s'agenouilla près de son panier de linge. Des gens traversaient l'habitation enfumée, allaient d'un logis à l'autre, indifférents à la présence du milicien. Daniel rejoignit sa promise, s'assit près d'elle. Bientôt, ils furent rejoints par le fils de La Tulipe.

— Apprendre français, quémanda le garçon en se frappant la poitrine, fier de lui, et poursuivant : Moi, Français, roi Louis, France, armagnac et Chalosse.

— Chalosse, murmura Daniel en écho.

Il ferma les yeux. La question du prêtre lui revint à l'esprit. Que venait-il faire là, moins d'une année après le massacre de Lachine ? Il songea à sa sœur. Un jour, peut-être, une femme semblable à celles qui tressaient des paniers dans le logis voisin lui indiquerait une piste, ou alors l'espoir viendrait d'un prisonnier qui aurait aperçu, quelque part à l'ouest, le visage au teint de lait d'une captive prénommée Marguerite.

Il entendit les paroles du prêtre, « la fille est grosse », décida de ne pas en comprendre davantage. Le calme de l'habitation devait être trompeur. Il imagina des Iroquois tapis dans les sous-bois tout proches, prêts à se ruer vers le village sans grande défense. Après tout, pourquoi pas ? La guerre était un perpétuel mouvement de va-et-vient.

Il s'allongea avec la sensation de voyager hors du temps. Autour de lui, tout était chuchotis, bruits ténus. Oneida le regardait sans émotion particulière. Que pensait-elle ? Enfin, elle lui sourit.

Il désira dormir, longtemps.

9

Québec, 16 août 1690

Il faisait grand beau sur le fleuve. Une brume de chaleur nimbait les reliefs, montait à l'assaut de la citadelle, masquant en partie la redoute qui la gardait à l'est.

Cela eût pu être une de ces journées invitant à faire la sieste à l'ombre, finissant même par laisser croire qu'il n'était pas possible de se faire la guerre, qu'une sorte de trêve s'imposait pour le repos des corps en sueur.

Les gens qui se pressaient à l'entrée ouest de la ville oublieraient le sinistre anniversaire. Ils attendaient, joyeux, la colonne de retour de Michillimakinak et dont des émissaires avaient annoncé le passage par Montréal dix jours auparavant. Les Français rapportaient enfin les peaux et les fourrures longtemps séquestrées entre Huron et Michigan. Une manne, pour de bon, des pièces par centaines, la promesse de voir un peu d'argent rentrer dans les caisses de la colonie.

La population quasi entière de Québec s'était déplacée pour assister à un spectacle rare. Soulagée.

Les suites de la tuerie de Lachine avaient été d'une grande dureté. Douze mois plus tard, les moissons n'avaient été faites qu'en partie avec pour conséquence une disette accablant l'île de Montréal. L'automne avait été noyé sous les orages, empêchant les gens de travailler aux champs. Pour parfaire le malheur des Canadiens, les Iroquois, forts de leur succès, avaient porté le fer jusque sous les frêles remparts de la ville, massacrant soldats et colons, terrorisant les quelques centaines d'habitants de l'île.

Mais il y avait, comme un paradoxe pour temps incertains, l'embellie. L'écho des victoires françaises jusqu'en terre anglaise ne s'était pas dissipé. Oh, ce n'étaient pas des triomphes comme ceux du roi Louis en Europe, mais des coups de main hardis, des assauts brefs et sanglants, une stratégie dont il se disait que les Indiens les plus endurcis commençaient à la craindre. Aussi, lorsque les premières barques apparurent en amont de Québec, une clameur monta-t-elle de la foule et celle-ci se rua vers les arrivants comme si elle fêtait l'entrée d'un César dans Rome.

François Beauchêne chercha d'instinct son frère. Des soldats avaient débarqué en amont. Lorsqu'il fut certain que Daniel ne se trouvait pas parmi eux, il courut vers le fleuve. Ce qu'il y vit fit bondir son cœur.

Accompagnés par des voiliers, des dizaines de canots descendaient le cours du Saint-Laurent, déjà les premiers touchaient terre. Des hommes en jaillirent, qui sautèrent sur le sol meuble de la rive et amarrèrent les barques. Bientôt, cela fit comme un long épi de coques collées les unes aux autres. A leur bord, une compagnie bigarrée de Français et d'Indiens, des uniformes, des vestes de peau, des torses nus, cela faisait longtemps que Québec n'avait assisté à pareil spectacle.

Des ballots ficelés s'amoncelaient dans les esquifs. Les citadins laissèrent une fois de plus éclater leur joie. C'était comme si, ayant levé le siège, une armée ennemie libérait soudain une ville, la guérissait de sa misère et de ses peurs.

François parcourut l'alignement. Les gens reconnaissaient des proches, des amis, qu'ils embrassaient, à qui ils offraient du vin et de la bière d'épinette. François eut peur, soudain. Il y avait sans doute eu des combats, des blessés et des morts. Il se mit à crier le nom de son aîné.

Il se sentit soudain empoigné par le col, soulevé de terre, secoué.

— Par Dieu, te voilà bien gréyé[1], à c't'heure ! Tu n'es donc pas au Séminaire, à prier ?

Il retomba sur ses pieds, se tourna vers un spectre blond qu'il eut du mal à reconnaître.

— Eh bien, c'est moi, ton frère. J'ai donc changé à ce point ?

Daniel avait maigri, ses pommettes saillaient, donnant à son visage des reliefs de roche dure. Son regard brillait d'une lueur sauvage, presque méchante. Un autre homme.

— Il y a des peaux pour ton armateur, moineau. Elles sont centaines, milliers peut-être bien, de quoi ceindre les crânes de quelques Parisiens en hiver. Il ne reste plus qu'à les charger sur les navires et à les regarder mettre à la voile vers la France.

1. Vêtu.

Il s'était joint à la troupe à mi-chemin du fort et de l'île de Montréal. La route des Français vers Michillimakinak n'avait pas été plus facile que leur retour à Montréal. Ils avaient croisé quelques bandes indiennes, perdu des hommes sous les flèches iroquoises et aussi par les fièvres et les grandes coliques.

Quatre mois de portage, de navigation, de marches en forêt, pour une cause infiniment précieuse.

Daniel toisa son cadet. François avait changé, lui aussi. Il avait pris de la taille, ses épaules s'étaient élargies. Le velours de son habit, les rubans ceignant ses jarrets, son chapeau, même, étaient d'un jeune citadin. Il ne lui manquait que la perruque, mais, pour cela, il était encore un peu jeune.

Ils se regardèrent, incapables de sourire. Daniel saisit son cadet par les épaules, l'étreignit. François eut un sanglot vite réprimé.

— Tu me diras ce que tu as fait, dit-il de sa voix encore aiguë d'adolescent.

— Je te dirai, oui.

Pas tout, cependant. Il y avait eu mariage, célébré par le père Xavier. Une cérémonie toute simple, sous le regard compatissant d'une Vierge en bois peint. Ainsi le roi de France serait-il satisfait de savoir que ses colons canadiens observaient ses recommandations. L'époux se devant d'habiter chez la maîtresse de maison, Daniel s'était cloîtré quelque temps sous les couvertures de son nouveau logis. De là, il avait eu le temps d'observer les manières de ses hôtes.

C'était un étrange village, peuplé de vieux, de mères et de quelques guerriers en rupture de batailles. Comme dans maints autres endroits, la petite vérole y avait fait des ravages au point d'avoir été plus efficace que les attaques des ennemis frères. Peut-être n'était-il même plus nécessaire de s'armer, dès lors que la nature, dans sa patience, viendrait à elle seule à bout de la nation indienne.

Daniel était demeuré prostré à côté de son épouse, aussi prévenante que silencieuse. Le Nord lui manquait. Par instants, l'envie lui était venue de tuer tout le monde et d'aller se perdre dans l'hiver.

Des rêves terrifiants raccourcissaient ses nuits, des hurlements lui déchiraient les oreilles, vrillaient sa cervelle. On se battait encore à l'intérieur de son crâne, des Indiens de six pieds de haut, des Blancs portant des anneaux à l'oreille, et tout ce monde en furie se disputait le cadavre d'une prisonnière.

Puis, comme un flot d'océan se retire, laissant paraître le sable uniforme, le calme était revenu en lui. Hébété, il avait regardé la besogne incessante des femmes sans paraître la voir. Le dénuement de la bourgade n'était qu'apparence. On y mangeait à sa faim, les jeunes, qu'il refusait d'accompagner à la chasse, rapportaient des bernaches, des chevreuils, des poissons de rivière. Quant aux vieux, leurs journées se passaient à fumer tout en réparant les raquettes, les pièges, les traîneaux. Il était, lui, Daniel Beauchêne, fils de colon et milicien du roi, dans un monde pacifié au milieu des guerres, une chose difficile à croire et à admettre.

Un jour, il apprit que l'expédition de Michillimakinak avait été aperçue au bivouac, tout près du village. Il décida de s'y joindre. Oneida l'avait accompagné loin dans la forêt ; elle voulait le suivre. Il l'avait repoussée, s'être mariés était bien suffisant, cela faisait plaisir aux édiles et aux jésuites ; elle attendrait son retour, si retour il y avait.

— Je te dirai ça, peut-être, moineau.

Jean-Christian de Falernes contemplait les embarcations débordant de fourrures et de peaux. Il avait autour de lui sa famille, ses amis comme lui comblés par ce miracle.

— C'est mon frère, lui annonça avec fierté François en lui présentant Daniel, il s'est battu en Nouvelle-Angleterre, aux côtés de monsieur de Bienville.

— L'affaire de Schenectady ?

— Oui, dit Daniel.

Falernes apprécia. Les Anglais avaient reçu la monnaie de leur pièce, quant aux gens qui avaient bravé l'hiver pour attaquer la Nouvelle-Angleterre, ils méritaient la reconnaissance de la colonie et, bien au-delà, celle du royaume tout entier. L'armateur regrettait, tout de même :

— Dommage que vous n'ayez pu pousser jusqu'à Albany. La prise de cette ville eût changé le sort de la guerre. Ce sera donc pour une autre fois. Grâce à Dieu, nous sommes sortis ce jour d'un fort mauvais pas, ces peaux sont une bénédiction pour nous tous.

Il eut un geste large en direction du fleuve. Il se voulait optimiste. Les soldats allaient protéger les colons de Montréal. Frontenac voyait juste, des hommes déterminés, pas trop nombreux, étaient capables de mettre en échec les Anglais et leurs alliés sur leur propre terrain, avec leurs propres méthodes de guerre.

Il serra la main de Daniel avec effusion.

— Votre cadet peut être fier de vous. Et vous de lui. François est un brillant sujet, un escholier qui progresse vite. Nous nous félicitons de l'avoir sous notre toit.

Daniel éprouva soudain de l'amertume. Il avait devant lui une famille dans laquelle son frère semblait s'être glissé le plus naturellement du monde. Il avait imaginé l'enfant en proie à de noirs tourments et découvrait un tout jeune homme joyeux, peut-être insouciant. Ne faisait-il donc pas les mêmes cauchemars que lui ? Tout être ayant vécu la tuerie de Lachine devait éprouver ces mélancolies qui le tenaient parfois, lui, plusieurs jours durant.

Il grogna. François Beauchêne était devenu pour de bon un petit citadin, la finesse de ses traits, le soin qu'il mettait à ordonner ses boucles blondes étaient assortis à sa mise. A côté de lui, c'était le fils Falernes, pataud, qui avait l'air de sortir de la ferme.

— Resterez-vous quelque temps à Québec ? demanda fort civilement l'armateur.

Daniel répondit qu'il reprendrait sans tarder la route de Montréal. Le transport de la pelleterie avait été une simple escapade et il y avait encore de l'Iroquois à estourbir à l'ouest de l'île de Montréal.

Falernes insista pour qu'il vînt partager le déjeuner rue Notre-Dame. Les héros de Michillimakinak allaient s'égailler en ville, visiter les tavernes ; les porteurs et les pagayeurs hurons attendraient que tout ce beau monde eût profité des délices de la capitale pour le ramener au bercail.

— Ce sera un honneur pour moi, monsieur, assura l'armateur avant de s'éloigner. Mais, bien sûr, vous ferez à votre guise.

Daniel croisa le regard de son frère. Il y lut qu'on ne refusait pas une invitation chez l'un des hommes les plus puissants de la colonie, accepta, de mauvaise grâce.

La demeure de l'armateur sentait la cire, le drap propre, le modeste luxe colonial ; ce mélange apaisant allait avec le silence baignant les lieux, avec les tapis recouvrant les planchers de bois sombre, avec les peintures accrochées de part et d'autre de la cheminée. Par les fenêtres à petits carreaux, Daniel aperçut, au loin, les mâts de quelques navires. Québec était un havre abrité des guerres.

Les femmes vaquaient aux préparatifs du déjeuner. La maîtresse donnait ses ordres, sa fille allait, chantonnant, de l'armoire au buffet et de celui-ci à la grande table. Quant au fils, habitué à être servi, il se cantonnait au creux d'un fauteuil, le regard dans le vague, attendant l'invitation à s'asseoir devant son assiette.

Daniel Beauchêne se dit qu'il ne serait jamais de cette société-là. L'ordre intemporel de la forêt lui manquait déjà, c'était comme un appel venu d'horizons où l'on ne se serrait pas ainsi dans des jabots, des manches brodées, des corsages et des souliers à boucles.

— Marie, tu diras le bénédicité.

Il observa la famille attablée, la jeune fille récitant la prose, et fut seul à ne pas baisser la tête. Ces gens-là ne savaient pas grand-chose des cruautés étalées sur les clairières et les rives d'amont. A Lachine aussi, on rendait autrefois grâce à Dieu pour la nourriture à venir. La fureur iroquoise n'avait pas eu raison de cette soumission, la piété des Canadiens de tous rangs était pour de bon indécrottable.

François Beauchêne tenait son rôle chez ses hôtes. On l'avait placé chez eux afin qu'il reçût une éducation et cela lui convenait. Attentif et discret, buvant les paroles du maître, il répétait avec conscience les gestes des Falernes, s'essuyait la bouche avec une serviette et maniait bien sa fourchette.

Daniel mit un point d'honneur à empoigner l'ustensile pour le piquer dans la viande tel un poignard. Ces manières-là n'étaient pas les siennes.

Jeanne de Falernes passa une partie du déjeuner à pester contre les créatures qui hantaient les cabarets de la basse-ville. Les prêtres avaient beau émettre des protestations contre leur présence à la messe, elles s'obstinaient. Il y avait là un scandale dont la colonie pouvait bien se passer.

— Monsieur de Frontenac laisse faire, c'est bien regrettable. Certes, il ne s'entend guère avec l'évêque mais tout de même, ces femmes à moitié nues à l'église, quel horrible spectacle ! Ils pourraient faire alliance, pour une fois, et cantonner ces filles autour des auberges...

La fâcherie entre le gouverneur et le prélat était née lors du premier séjour de Frontenac au Canada. Les largesses du royal envoyé envers les Sauvages alliés, notamment l'alcool qu'il leur offrait avec générosité, excitaient la hargne du saint homme. En vérité, ils partageaient équitablement un assez mauvais caractère, autoritaire et têtu, l'un penché sur les pauvres gens de la colonie, l'autre menant sa guerre au mépris de quelques règles chrétiennes. Ainsi les deux personnages vieillissaient-ils dans d'anciennes et tenaces rancœurs, rivés l'un comme l'autre à leurs certitudes.

Assis en bout de table, l'armateur s'abstint de contredire son épouse. Tout juste argua-t-il qu'elles avaient droit comme tout un chacun au secours de la religion ; de toute façon, c'était là un fait mineur, comparé à l'arrivée des peaux dans le port de Québec.

— Nous sommes gouvernés, enfin, ma chère, ajouta-t-il.

Puis, faussement sérieux :

— Nul doute que monsieur de Frontenac mettra bientôt de l'ordre dans les mœurs de cette ville.

Le nez dans son assiette, ressemblant par cette attitude au fils de la maison, François écoutait poliment la complainte de l'hôtesse. Daniel pensa qu'en vérité il avait bien jugé son cadet, depuis toujours. Gabrielle Beauchêne avait tant craint pour son fragile rejeton qu'elle en avait fait une sorte de poupée sans grand caractère, un mollasson plus intéressé par les tâches ménagères que par la vie au grand air de la ferme.

— Et vous, Daniel Beauchêne, s'inquiéta Falernes, resterez-vous dans la milice, ou bien reprendrez-vous le soc pour faire germer le blé d'Inde dont nous avons tant besoin ?

Daniel serra les dents.

— Nous n'avons pas tous des socs, chez nous, il faut encore peser sur des pièces de bois pour faire les sillons, corrigea-t-il, rogue. Moi, je désire d'abord tuer le plus d'Anglais possible, et couper des chevelures iroquoises. Je veux leur faire subir les souffrances qu'ont connues mes parents. Pour le reste, je ne sais pas. Je pense qu'il y a à faire à la traque du castor. Un jour, peut-être.

Il y eut un silence. Les dames considérèrent avec un peu d'effroi l'invité évoquant des pratiques somme toute banales en Amérique, depuis la nuit des temps. Falernes hocha la tête. Marie se signa. Elle entendait des choses sur la cruauté des Iroquois non convertis. Ces gens étaient capables de parcourir jusqu'à cinquante lieues pour le simple plaisir de rapporter quelques sanglants trophées dans leurs bourgades.

— Nos Hurons de Québec ne sont pas de ces démons, Dieu merci, dit-elle. Ils ont aidé nos anciens du temps de monsieur Champlain, lorsque la famine et les Anglais leur causaient tant de tourments. Quand je pense que les Canadiens furent obligés de manger des racines...

Elle soignait dans les hospices les laissés-pour-compte de la Huronie. Ceux-là mouraient en embrassant la Croix, ils se réclamaient de Jésus avant de s'en aller. Marie de Falernes ne faisait pas de différence entre ces Sauvages-là et les habitants de la colonie. Tous étaient égaux au regard de la justice divine. Parfois, l'envie lui venait de suivre les prêtres jusqu'aux marches du pays ennemi, ce dont ses parents la dissuadaient avec véhémence.

— Les Iroquois du haut-pays ? Le gouverneur a cent fois raison. Il suffira de les enivrer assez pour s'en débarrasser, commenta, sommaire, le fils Falernes.

— Tais-toi, Philippe, lui ordonna Marie, le mauvais vin qu'on leur donne les rend encore plus sanguinaires. La politique prend souvent des tours cruels. Je préfère la besogne des jésuites et des récollets à celle des marchands de poison.

Lorsque Falernes évoqua le patient travail des religieux dans les tribus, ce fut au tour de Daniel de baisser la tête. Lui fallait-il révéler qu'à seize ans il avait déjà pris femme chez les Indiens catholiques ? Falernes évoqua les prêtres retenus de manière ambiguë par des clans. Ces braves gens acceptaient leur séjour forcé chez des gens dont on ne savait très bien s'ils étaient ou non alliés. Beaucoup l'avaient payé de leur vie. En vérité, ils étaient les agents du royaume aux frontières de la Nouvelle-France. Un engagement dangereux.

— Vous avez voyagé dans ces régions incertaines, Daniel Beauchêne, comme autrefois Etienne Brûlé et quelques autres. Les Anglais voudraient bien que nous leur livrions nos religieux en mission. En avez-vous croisé ?

Daniel songea au père Xavier. Lui aussi portait la bonne parole au cœur du pays ennemi. Il fit non de la tête.

— C'est l'affaire de nos officiers, des messieurs qui nous commandent. Eux en savent davantage sur ces choses-là.

Il se sentit mal à l'aise chez ces nobles éloignés des endroits où l'on s'étripait. Leur monde n'était pas le sien. A Québec, on faisait de la politique, à Montréal, la guerre. Falernes comprit que le jeune homme silencieux et renfrogné, invité à sa table, n'en dirait pas beaucoup plus là-dessus. En hôte parfait, il eut un geste de la main, désinvolte, et décida que l'on parlerait du prix des peaux.

— Tu vas retourner à Montréal ? s'inquiéta François tandis qu'ils allaient vers les embarcadères. C'est toujours très périlleux de voyager là-haut.

Daniel le toisa, un rictus au visage.

— Et alors ? Tu crois que je retrouverai notre sœur Marguerite en demeurant ici ? Et puis j'ai de la misère à vivre en ville, moi. La forêt m'appelle et, plus loin encore, les grandes eaux du pays niagara, les lacs auprès desquels nous avons des forts. Je sais des choses sur ces endroits. Je suis allé faire des marches militaires au-delà de l'île de Montréal, j'ai passé les saults, au sud et à l'ouest, où l'on peut chasser le castor. Des places dangereuses, oui, tu peux me croire.

Il se campa face au fleuve.

— Je veux voyager, remplir des canots de cuirs et entendre les pièces d'argent tinter dans ma main. Mais avant ça, il faut que je débarrasse la terre de ces maudits Anglais. Tant qu'ils seront derrière les couteaux iroquois, nous n'aurons pas le repos dans ce pays.

François leva vers son frère des yeux ébaubis. Daniel le considéra, moqueur.

— Tu es joliment costumé, pour de bon. Notre pauvre mère se demanderait d'où tu peux bien sortir, ainsi gréyé.

Il avait pensé qu'à défaut de trouver un emploi chez des tonneliers son frère serait recueilli par des compagnons de la même espèce, marchands de grain, de légumes ou de drap. On lui disait maintenant que François Beauchêne surpassait ses condisciples du Petit Séminaire, qu'il savait le latin et pas seulement celui de la messe. Il était chez les nobles comme chez lui. « Votre cadet possède une cervelle bien faite, et des idées bien arrêtées », avait affirmé l'armateur.

François perçut le désarroi de Daniel. Il y avait de la jalousie un peu amère dans ses mots, de l'agressivité masquée par une morgue qui le blessa.

Daniel le tança :

— Tu ne dis rien, à c't'heure ? Tu as pourtant appris aussi à parler, je t'ai entendu, à leur table.

— Non. Je ne dis rien.

François s'était créé un univers, sans effort. Il lisait à la lueur des bougies, dans sa soupente, étudiait les cartes dessinées par des gens qui se nommaient Cartier, Champlain, Lescarbot. Son hôte lui avait conté l'histoire de monsieur Cavelier de La Salle, qui était allé si loin pour nommer Louisiane le pays offert au roi Louis. François avait tout appris de l'histoire du Canada et de l'Amérique, il en savait aussi beaucoup sur celle de la France.

Daniel l'avait plaint de séjourner dans la pénombre d'un atelier, à Montréal. Avec sincérité, il lui avait souhaité une destinée un peu plus lumineuse. Ce qu'il apercevait le laissait coi, avec toutefois ce qu'il fallait de méfiance envers un élève des jésuites.

Il grogna. A la ferme, la distance entre les êtres était amendée par la dureté de l'existence. Tous parlaient le même langage, vivaient les mêmes angoisses, partageaient le même pain. La ville séparait au contraire les genres comme la falaise tranchait, abrupte, entre l'orgueil des gouvernants et l'humilité du peuple.

François marchait à pas comptés, les mains croisées dans le dos, l'air occupé par des pensées auxquelles

Daniel n'avait pas accès. Parvenu devant l'étroit espace de quais où s'amarraient barques et navires de faible tonnage, le cadet des Beauchêne se tourna vers son frère et sourit.

— Je me souviens de tout, Daniel, dit-il, le menton haut, et je suis moi aussi bien malheureux. Mon cœur est avec toi quand tu fais la guerre aux Sauvages. J'y pense souvent, je prie chaque soir pour que tu ne souffres pas de quelque mauvaise blessure, pour qu'on ne te tue point. Le Seigneur nous rendra justice du tourment qui nous est infligé. Il faut Lui faire confiance. Moi, dès que je le pourrai, je servirai notre roi, comme toi. Pour cela, tu es mon frère et je t'aime.

Daniel ne pourrait plus convoquer son cadet aux initiations de l'enfance. Il lui serait difficile de l'entraîner désormais vers les saults de Lachine, ou ailleurs, pour mesurer son courage. Son chapeau à plume entre les mains, ses boucles au vent, visage serein, François Beauchêne s'était choisi une manière de vivre.

— J'ai tué, murmura Daniel, du défi plein la voix. Sais-tu bien ce que cela veut dire ? Planter une lame dans un corps, tirer à bout touchant sur un diable à moitié nu surgi de la forêt ? Et j'en demande encore, c'est comme à la table quand on a bien faim.

François s'abstint d'objecter qu'il en savait sans doute autant que lui sur les tribus du Canada, et même sur les autres, de toute la Nouvelle-France. La bibliothèque de l'armateur ne manquait pas d'ouvrages là-dessus. Daniel parlait d'une guerre dont François connaissait le décor sans y avoir mis les pieds.

— Je t'admire, vraiment, Daniel. Ici, c'est vrai, on est loin de tout cela.

Pourtant, des gens extraordinaires passaient par la maison Falernes, des capitaines dont l'écho des exploits traversait les mers, franchissait les montagnes, portant la terreur jusqu'aux capitales ennemies. Leurs noms, d'Iberville, Manthet, Youville, d'autres encore. Aux yeux de l'adolescent, ils étaient des statues vivantes, des géants qui emportaient avec eux les grands mystères de la gloire, comme passaient au-dessus de la ville les rafales des tempêtes, dans le souffle de leur puissance.

Daniel s'étonna.

— Et tu ne désires pas les suivre ? Moi, je me mets dans leurs pas, je les vois tirer l'épée, se battre au corps à corps, risquer leur vie. Je suis leur compagnon, là où le sang coule. Ces hommes-là ne connaissent pas l'inquiétude.

François baissa la tête. Il n'avait pas de ces élans, la peur n'avait rien à voir là-dedans. C'était autre chose, la certitude de pouvoir être utile d'une manière différente. Il fallait de tout pour faire un nouveau monde.

Tu es bien le fils de ta pauvre mère, le moineau couvé dans le nid, pensa l'aîné des Beauchêne.

— Je ne sais ce qu'il adviendra de nous, Daniel.

— Dame, c'est bien vrai. A c't'heure, je m'en retourne au pays des guerriers peints et des bêtes à poil qui font les riches. Tu n'as plus besoin de moi.

Il se détourna d'un coup, laissant là son cadet.

Le gros de la flotte avait quitté Québec pour le voyage à contre-courant vers Montréal. Des embarcations étaient encore amarrées au quai. Daniel les longea sans paraître les voir, marcha jusqu'à une cabane devant laquelle des hommes fumaient des pipes et buvaient des pintes d'épinette.

La nuit était tombée. Il pénétra dans l'espace réduit où d'autres hommes se tenaient, assis en tailleur ou allongés sur des grabats.

— On t'attendait, dit l'un d'eux, il nous faut repartir bientôt. Ton bien ne t'intéresse donc pas ?

— J'ai vu de la famille.

Daniel se pencha. L'hôtellerie pour gens aux semelles de vent servait aussi de dépôt de fourrures non déclarées. C'était la part de l'ombre, la dîme que les coureurs des bois prélevaient sur les fournitures officielles. Ceux-là avaient risqué leur vie pour amasser une partie du trésor livré aux négociants de Montréal et de Québec. Les nantis leur devaient bien ça, mais comme ils ne le leur proposaient pas, eh bien, il ne restait qu'à se servir.

Daniel esquissa un sourire. Aux lointains confins de la Nouvelle-France, il avait agrémenté ses marches en forêt de quelques traques au castor. Une trentaine de peaux lui revenaient, l'heure était arrivée pour lui de réaliser sa première vente personnelle.

Il épaula le ballot ficelé, grommela un vague salut. Les autres l'appelaient « le muet ». Il ne savait rien sur eux, ni eux sur lui, sauf que tous étaient bons chasseurs, endurants, méprisant le danger et rapides à occire l'animal.

— Saurans, rue Sous-le-Fort, murmura Daniel.

L'intermédiaire était un grenadier du régiment de Carignan-Salières. Daniel ne l'avait jamais vu. Attentif à ne pas croiser une ronde d'archers, le milicien se hâta. La rue alignait une vingtaine de maisons au pied même de la falaise. Il chercha, dans la quasi-obscurité, la seule niche vide au-dessus d'une porte, frappa. Il était rare qu'un soldat fût logé en maison de ville. Celui-là devait avoir quelque chose en plus. Du bien, une femme dotée, les deux, peut-être.

Une femme. Qui ouvrit. Par l'entrebâillement, Daniel distingua, à la lueur d'une simple chandelle, un homme ventru, large d'épaules, assis à table devant une assiette et une bouteille de vin aux trois quarts vide, la tête entre les mains.

— C'est quoi ?

La femme s'effaça, laissa entrer le visiteur. Elle portait une coiffe blanche, une robe grise largement décolletée, sous un tablier noué à la taille. Daniel croisa son regard bleu de mer, il y lut de la fatigue et de la crainte.

— Je porte des peaux.

L'homme se leva avec peine, manqua renverser verre et bouteille.

— Combien ?

Il avait la voix rauque, une calvitie de moine. Un pan de sa chemise s'échappait de sa culotte, pendait jusqu'à ses genoux.

— Vingt-huit.

Daniel lui tendit son paquet, qu'il soupesa, méfiant. Trop saoul pour compter. Entre deux jurons, Saurans ouvrit la porte d'une armoire. D'un tiroir, il tira une bourse, l'allégea de quelques pièces avant de la lancer à Daniel, qui l'attrapa au vol.

— Fous ton camp, maintenant.

La femme se tenait devant la porte, les mains dans le dos. Daniel l'interrogea du regard. S'étant vivement détournée, elle alla, tête basse, débarrasser la table tandis que le grenadier retombait lourdement sur sa chaise.

Daniel se retrouva dans la rue, riche de quelques livres. La Tulipe fermait les yeux sur les arrangements peu licites de ses hommes. Il avait lui-même pratiqué le négoce parallèle et s'en était trouvé plutôt bien. « Si vous êtes pris, je jouerai les couillons, ne comptez pas que je brise ma carrière pour vos beaux yeux ! »

D'yeux, la femme Saurans en avait des grands, tout bleus. Daniel fit sauter la bourse dans sa paume. Le sergent lui avait appris divers métiers, en assez peu de temps. Aucun de ces emplois ne satisferait les bourgeois qui dormaient là, tout près. La liberté des coureurs était bonne à prendre. Daniel se fondit, le cœur léger, dans la nuit.

10

Québec, octobre 1690

Suivi des gentilshommes officiers, des membres du Conseil souverain, des prévôts, des secrétaires et de quelques autres, Louis de Buade de Frontenac pénétra dans la grande salle du château Saint-Louis. Une lumière douce baignait le lieu. Quinze paires de talons bottiers martelèrent le plancher de bois sombre. Les hommes demeurèrent debout autour de la table, silencieux.

— Eh bien, s'impatienta le gouverneur, notre visiteur se fait attendre. Serais-je venu là pour rien ou presque ?

Par le vitrage de la pièce, il apercevait le fleuve, la rive opposée portant la seigneurie de Lauzon[1] et, vers l'aval, la courbe du Saint-Laurent derrière laquelle se tenait, tapie, la flotte anglaise.

La ville s'était figée dans l'attente des premiers échos de l'assaut. Depuis le temps que l'on parlait d'une attaque par voie fluviale, le souci des Québécois

1. Actuelle ville de Lévis.

s'était émoussé. Chaque année, au printemps ou en été, des messagers arrivaient du sud pour annoncer la chose ; mais rien n'était venu jusque-là, c'était sur terre que la guerre enchaînait ses violences et ses cruautés, comme par une sorte de routine consentie.

Cette fois, l'événement se précisait diablement. Meurtris par l'affaire de Schenectady, inquiets de voir les Français pousser leur avantage jusqu'au cœur de leur colonie, les Conseils d'Albany et de New York avaient décidé d'en finir avec la présence urticante de leurs voisins, avec leur insolence, leurs alliances, leurs coups de main meurtriers. Quelques milliers de papistes contre la puissance de la Nouvelle-Angleterre, cela ne pouvait durer davantage.

— On vient, dit Callières, nous allons faire la connaissance d'un grand ami de la France et de son roi.

Frontenac ajusta sa large ceinture de tissu blanc sur son pourpoint bleu, caressa le toupet de barbe couvrant son menton. Au carillon de l'histoire, une heure importante sonnait. Une porte s'ouvrit, livrant passage à l'envoyé de l'amiral Phipps. L'homme, perruqué de roux, portait une longue veste rouge ; dans sa main, un parchemin roulé, tenu par un lien qu'il dénoua après une raide inclinaison de tête.

On lui avait fait traverser la ville les yeux bandés, au milieu d'une foule hurlante et de soldats marchant au pas, histoire de lui faire croire que les défenseurs de Québec étaient nombreux et solidement armés. Etait-il tombé dans ce piège ? Son air placide, vaguement détaché, pouvait laisser supposer le contraire. Il parla :

— *In the name of...*

Immédiatement corrigé par le maître des lieux :

— En français, monsieur, s'il vous plaît, nous ne sommes pas à Londres, ni à Boston. Si l'on vous a envoyé ici, c'est bien que vous êtes capable de parler la langue de vos hôtes.

Frontenac répéta sa demande. A sa gauche, monsieur de Callières, les doigts serrés sur le pommeau de son épée, appuya du regard. L'Anglais se haussa du col, déplia le document, qu'il lut sans préambule, et en français.

— Notre commandant, monsieur Phipps, général de la flotte de Sa Majesté le roi Guillaume III d'Angleterre, en son nom et en celui de la reine Marie, vous prie par la présente de bien vouloir lui rendre la ville de Québec sans combat, faute de quoi il se verra obligé d'employer pour cela la force de ses canons. Votre réponse positive dans une heure, rendue par votre trompette avec le retour du mien, est ce que je vous demande sur le péril qui pourra s'ensuivre[1].

Il tira sa montre de son gousset, pointa le doigt sur les aiguilles, l'air de penser qu'il s'agissait là d'un délai suffisant pour une reddition.

Falernes écarquilla les yeux. Les monarques d'Europe étaient gens susceptibles, qui se faisaient la guerre comme on partait à la chasse. Leurs capitaines s'y adonnaient à leur manière, au nom de puissances désireuses de s'affirmer loin de leur terroir. A ce jeu de hasard, il était arrivé que les Anglais fussent les meilleurs. Cette fois, il s'agissait bel et bien d'une conquête peut-être définitive qui scellerait le sort de l'Amérique française.

---

1. Termes authentiques de la sommation.

Falernes avait navigué, reçu, à bord des vaisseaux de Sa Majesté, quelques volées de fonte et de plomb dans l'Atlantique. Il n'était pas homme à s'émouvoir de peu. Ce jour-là, cependant, il ressentit un long frisson.

Il y eut un de ces moments de grâce, lorsque les destinées des gens s'accélèrent subitement. Les joues de Frontenac s'étaient colorées. L'insolence anglaise lui activait le sang. Il saisit le parchemin, le déplia pour le déchirer aussitôt et le jeter aux pieds du messager.

— Je ne connais pas le roi Guillaume, cet usurpateur qui a violé les droits les plus sacrés du sang en voulant détrôner Jacques II, son beau-père, dit-il, rogue. Quant à votre général, qu'il sache que je n'ai point de réponse à lui faire que par la bouche de mes canons et à coups de mousquets.

L'Anglais ne pouvait se raidir davantage. Il parut étonné, eut un vague sourire, face à l'homme bedonnant et congestionné qui le priait ainsi, instamment, de se retirer. Ce qu'il fit, sans salut cette fois.

— Voilà qui est dit, conclut Frontenac lorsque l'Anglais eut quitté la salle. Maintenant, messieurs, nous allons nous préparer à nous battre. Les Français sont naturellement portés vers l'étranger à condition que celui-ci n'ait pas la prétention de les chasser de chez eux, de prendre leur place et, dans le cas présent, de substituer à leurs excellents vins des soupes chaudes parfumées à l'air du temps. Si, ce qu'à Dieu ne plaise, cela devait advenir, c'en serait fini de nos manières de vivre et de penser. Pour l'instant, le salut de la Nouvelle-France est entre nos mains. Dieu nous garde et vive le roi. De France, dois-je le préciser ?

C'était une armada. Plus de trente navires, avec à leur bord près de deux mille hommes, étaient entrés dans le golfe du Saint-Laurent. On les vit défiler avec lenteur le long des rives, ce fut comme à une fête nautique. Le souvenir d'un ancien désastre espagnol au large de la France vint à l'esprit de quelques-uns, qui connaissaient l'histoire. Cette fois, cependant, il s'agirait de repousser l'assaut à partir de la terre. Affolés, des colons installés au nord de la ville avaient commencé à venir s'y réfugier.

Frontenac avait battu le rappel des troupes. Les forces canadiennes devaient faire mouvement vers la capitale, d'un peu partout. Daniel Beauchêne se préparait pour une nouvelle offensive en territoire iroquois lorsque l'ordre était arrivé à Montréal de rejoindre la capitale sans tarder.

« Autre chose que nos promenades en forêt », lui avait promis La Tulipe.

Il avait craché une spume dans laquelle il était bien possible qu'il y eût un peu de poumon. L'homme des bois ne se sentait pas vraiment chez lui en ville, surtout quand il était question de s'y colleter avec une armée régulière.

— Je préfère l'embuscade au coin du bois, l'Iroquois qui débarque de son canot, bon à cueillir, dit-il dans une grimace. Le rang serré ne me dit rien qui vaille, ça pète en ligne, au petit bonheur. La forêt me manque déjà.

On remettrait à plus tard le plaisir de traquer le Sauvage sur ses terres. A une demi-lieue de Québec, la bourgade de Beauport attendait le débarquement anglais. Cela faisait maintenant trois jours que la flotte anglaise avait pris position à l'endroit où, se resserrant, le Saint-Laurent rapprochait Québec de la côte sud. Etrangement, les Anglais semblaient, depuis, retarder un bombardement jugé pourtant inéluctable.

Des troupes ennemies avaient pris pied en aval, la veille. Les Français les contenaient assez facilement. Des émissaires avaient fait état de combats au corps à corps. Tout le monde souhaitait désormais que le gouverneur fît entendre son artillerie.

Renforcés par des compagnies de Callières, soldats et miliciens s'étaient disposés en plusieurs files le long de la rive, un premier rang genou à terre, les autres en quinconce derrière lui.

Daniel s'accroupit près de son ami. L'expérience du vieux coureur des bois valait modèle, en ville comme en forêt.

— J'en aurai vu, des choses, dans ma chienne de vie, lui dit le sergent. Té, couillon, ici même, il y a une trentaine d'années. Des mutins qui avaient assassiné un prêtre à Terre-Neuve ont été rassemblés sur un radeau. On leur a coupé un poing puis on les a fait se pendre les uns par les autres, jusqu'au dernier...

— Et celui-là, il s'est pendu lui-même ?

— On l'a aidé. Un peu. Des mains innocentes s'en sont chargées. Je vais te dire, couillon, si les Anglais prennent cette ville, nos soldats rentreront en France en compagnie des beaux messieurs à particule qui siègent dans les palais. Des navires pleins de fonctionnaires et de jésuites mettront à la voile pour La Rochelle. Nous autres, on restera seuls ici avec le souvenir de s'être appelés canadiens...

— Vous n'iriez pas dans votre Gascogne ?

— Plutôt crever ici.

Daniel déglutit sa salive avec peine. Il vérifia le chien de son fusil. Il sentait des picotements dans ses doigts, ses lèvres, jusqu'au bout de ses orteils.

— Ils embarquent ! hurla quelqu'un.

Des canots se détachaient des vaisseaux de guerre, portant la troupe.

Au même instant, les canons français et anglais firent entendre leur chant sourd. Frontenac tenait sa promesse. Daniel ouvrit grands les yeux. Il ne voulait rien perdre du spectacle. Peut-être la flotte tout entière allait-elle couler, disparaître du décor en quelques minutes. Lorsque les premières colonnes d'eau montèrent du fleuve aux points d'impact, il ne put retenir un cri. Des mâts pendaient, brisés net, tandis qu'une dizaine de barques chargées de soldats tentaient de gagner le rivage.

Les boulets anglais sifflèrent haut dans le ciel, avant de s'abattre sur la ville haute, au hasard. Sous l'échange, les hommes se préparèrent à l'assaut.

— En joue ! ordonna un officier.

Daniel songea à la nuit de Lachine. Les colons endormis n'avaient pas eu le temps de se mettre en ligne face aux Iroquois, ça leur avait coûté la vie.

— La côte va rougir par les vestes de ces messieurs, le prévint La Tulipe. Un conseil, vise au milieu de cette foule et que Dieu te protège, s'il regarde par ici.

Il y avait peu de chances pour que le mystérieux témoin de la tuerie de Lachine, l'homme à l'anneau, fût un marin. L'espoir existait tout de même de le voir débarquer là, en compagnie des soldats.

— T'as qu'à croire, lui dit La Tulipe.

Daniel ferma un œil. Tuer au moins un de ces envahisseurs, pour le souvenir de sa mère décapitée, viser le cou et voir la tête voler au-dessus du corps. L'image chassa de son esprit la peur qui y rôdait depuis le matin.

Une salve accueillit les soldats de Sa Majesté Guillaume III d'Angleterre. A quinze pas, elle fit mouche, couchant sur le sol les premiers arrivants. Une seconde barque avait accosté. Ses occupants subirent le même sort ; l'élan de la flottille s'en trouva brusquement coupé. Un rang français avança de quelques pas, ouvrit le feu sur les esquifs encore à l'eau, lesquels mirent en toute hâte le cap vers les navires.

— Ils foutent leur camp, constata La Tulipe.

C'en était terminé de l'invasion à Beauport. La canonnade devint soudain chant de gloire dans les oreilles de Daniel.

— Nous sommes vainqueurs !

— Calme-toi, couillon, le tança le sergent, tu ne les as pas tous envoyés ad patres ; va plutôt ramasser leurs blessés.

Des hommes se tordaient de douleur, recroquevillés, en partie immergés dans le faible ressac.

— Qu'ils crèvent, dit Daniel.

La Tulipe haussa les épaules. Les états d'âme de son protégé l'intéressaient moins que l'évolution de la bataille. Il s'étonna du silence des canons anglais. A quoi cela servait-il de déplacer une telle flotte pour un aussi maigre résultat ?

— Je t'en fiche mon billet, ils vont s'apercevoir que la saison avance, que leurs navires risquent bien de se faire prendre par la glace. On ne se lance pas ainsi vers le nord en octobre, leur général Fispe est un sacré couillon.

On transporterait les blessés chez les sœurs grises. Daniel regretta qu'on ne les achevât pas sur-le-champ. La vue des vestes rouges, des pantalons blancs sur lesquels coulait le sang fit monter en lui des bouffées de haine. Il était facile, là, de piquer ces corps à la baïonnette au lieu d'en encombrer l'hospice.

La prédiction de La Tulipe se révéla juste. Inquiets de devoir assiéger trop longtemps les fortifications de Québec, les Anglais se retirèrent et disparurent comme ils étaient venus, laissant derrière eux la bannière de leur commandant sectionnée par un boulet et ramenée à la rive par de hardis Canadiens.

L'ancre du *Six Friends*, vaisseau amiral de Phipps, sciée afin de pouvoir libérer plus rapidement le bateau, fut dégagée du fleuve et rapportée triomphalement en ville, où le peuple défila devant elle comme devant une relique.

Les gens de New York et de Boston avaient dû sous-estimer les capacités de résistance de la colonie française.

Pas de commandement, estima La Tulipe.

Le piteux départ des assaillants fut salué par une liesse populaire ; on remercia les anges, les saints patrons de la France et ceux, prudents, qui avaient si bien conseillé l'ennemi. Il y eut à boire dans les cabarets, au grand dam des religieux qui virent là une occasion supplémentaire pour les libertins de se goberger en compagnie de personnes du sexe plus ou moins recommandables.

On chanta un Te Deum ordonné par Frontenac, dans la cathédrale de Québec. Le peuple alla en procession remercier la Vierge Marie pour son entremise, car il était certain qu'elle avait posé sa main sur la ville pour la préserver de l'Anglais. Tandis que l'on suspendait au plafond des églises les drapeaux pris à l'ennemi, les soldats qui avaient participé à cette campagne aussi brève que brillante furent fêtés dans les maisons. On leur fit des cadeaux, on loua leur courage, ils furent, le temps d'un triomphe, les héros de tout un pays.

La troupe ayant ainsi conquis de haute lutte le droit de se distraire avant de rejoindre ses divers quartiers, Daniel put explorer les bas quartiers de la ville. En vérité, il y avait deux Québec, celui de la colline, où les pouvoirs se partageaient le sol, et celui de la rive, mélange de bourgeoisie et de plèbe.

Rien à voir, quoi qu'il en fût, avec la bourgade nommée Montréal. Ici des défenses composites, là-haut des palissades étiques qu'un vent suffisamment puissant ou des Iroquois décidés suffiraient à abattre.

Daniel apprit à boire dans la fumée des calumets, à jouer au romesteck, à regarder les filles d'un œil différent. Celles qui hantaient le Chien d'Or avaient de quoi braver la pudeur des dames bien nées et la colère des sulpiciens en charge de leur confession Bras nus, gorge dévoilée jusqu'à la naissance des seins, buvant sec à l'image des hommes, elles se montraient sans malice à leurs côtés, riaient fort, jupes troussées jusqu'au milieu des jambes, dégoisant un langage fleuri de quelques sacres propres à leur ouvrir en grand le purgatoire.

Le sergent s'amusa de l'ébahissement de son milicien.

— Les prêtres blâment davantage le blasphème que l'ivrognerie. Ils feraient mieux de les traiter de manière égale. Je crois que le vin de messe les influence.

Daniel affecta de trouver les filles grossières et peu à son goût. En vérité, il n'osait pas s'avancer vers ces proies faciles. La Tulipe l'approuva.

— Tu fais bien, petit. Elles ont beau aller faire contrition à la ville haute, il te sortirait plus d'humeurs de la verge que de lait de leurs mamelles. Garde-toi en bonne santé, foi de Gascon. L'air est meilleur en forêt, même si l'Indien méchant y grouille. Et puis, tu te souviens peut-être de cette bourgade où presque tout le monde est mort des fièvres, et puis ce petit qui a dû naître et qui te ressemble peut-être un peu, à l'heure qu'il est. Tu n'es pas un très bon père !

Le rire puant du sergent fouetta Daniel. La taverne était bondée, ce soir-là comme les autres, cela tenait à l'ambiance générale dans la ville. Les gens en prenaient à leur aise avec les édits du gouverneur, la maréchaussée, qui avait participé aux festivités des premiers jours, n'avait pas encore décidé de montrer le bout du bâton.

Daniel se rembrunit ; le vieux solitaire touchait juste. Il dissipait de ses mots sans grande aménité les brumes dans lesquelles le vin et la bière d'épinette le tenaient.

Il reçut une bourrade dans le dos, manqua tomber de sa chaise.

— Couillon ! Le petit, s'il a survécu, il est chez les Iroquois, alors crois-moi, il ne manquera de rien.

Il leva sa chope, railla son compagnon, but à la santé de tous les bâtards de la colonie « qui ne sauront jamais très bien dans quel camp ils sont », puis, se penchant vers son cadet :

— C'est l'affaire des sang-mêlé, leur âme est coupée par le travers en deux, leur vie durant. Quel parti prendre ? Celui des Sauvages ? Ils seront de la famille, certes. Icitte ? C'est autre chose. On les trouvera jolis au sein de leurs mères, un peu moins quand ils voudront se mêler de devenir des bourgeois. Le mieux pour eux serait de former une nation, ailleurs, loin des uns et des autres. Libres[1].

Daniel songea au village d'Oneida, aux filles occupées à leurs besognes. L'alcool le retranchait peu à peu de la réalité, murs et objets oscillaient doucement devant lui.

— Le grenadier est là, remarqua-t-il entre deux hoquets.

Saurans était attablé en compagnie d'un militaire et de civils. Daniel n'avait pas eu l'occasion de le

1. Voir *Rouges Rivières*, du même auteur.

revoir. Les lieux de beuverie ne manquaient pas dans la bonne ville de Québec. La Tulipe maugréa :

— Laisse-le où il est, ce bougre.

La femme qui entra alors dans la taverne détonnait par rapport aux autres. Coiffée de blanc, vêtue d'une longue jupe grise d'ouvrière et d'un corsage couvrant ses bras jusqu'aux poignets, elle paraissait chercher quelqu'un. Daniel remarqua ses boucles rousses, ses longs doigts appliqués sur son nez.

— La femme Saurans. Belle personne, mordious, apprécia La Tulipe.

La boucane, intense, créait un brouillard aux senteurs âcres, qui firent grimacer l'arrivante. Daniel vit la femme se diriger vers la table autour de laquelle les hommes trinquaient à la victoire. Du roulis plein le crâne, il fixa son regard sur elle ; il avait besoin d'une amarre pour que cessât la pénible impression qu'il éprouvait de dériver sur un lac en furie.

— Elle l'empoigne, dit-il, machinal.

La femme tirait l'homme par la manche de son uniforme, et lui, à grands coups de tête, manifestait son refus. A la fin, il la repoussa brutalement puis, lorsqu'elle eut tourné les talons, il se mit debout, chancelant, et la suivit.

Daniel se leva à son tour.

— Et tu vas pisser, à c't'heure ? lui demanda La Tulipe. C'est rapport à l'épinette, ça chatouille l'intérieur ?

— C'est ça.

Debout, Daniel dut s'affermir pour tenir droit, après quoi il louvoya entre les tables, pesant ici sur une épaule, là contre la hanche d'une servante. L'air vif et la pénombre d'une demi-lune lui firent du bien. Il entendit des voix étouffées, des cris suivis de gémissements. On se donnait des coups, tout près.

Il s'approcha, distingua, dans la faible lueur issue de la taverne, le soldat dominant, jambes écartées, une forme étendue à ses pieds. La femme protégeait son visage, tentait d'éviter les coups. Saurans la saisit par le bras. Daniel le bouscula.

— Eh, quoi, là ? Je te connais, toi, p'tit visage ?

L'insulte valait duel. A Lachine, Daniel était réputé batailleur, se colleter avec plus fort que lui ne l'impressionnait pas.

— La garde n'est pas loin, dit-il, soudain dégrisé, le pilori non plus, la loi interdit de faire violence aux dames.

La prévôté, qui recevait près de mille livres par an pour faire régner l'ordre à Québec, ne badinait pas avec ces choses-là. Quant aux femmes, elles étaient trop peu nombreuses au Canada pour que l'on se permît de les abîmer.

Saurans avait du désordre dans sa mise, ce qui semblait être une habitude chez lui ; chemise ouverte sur son torse velu, la veste tachée de rouge. Il grommela des insultes, vint vers Daniel, s'arrêta net, une pointe de couteau contre la gorge.

— Retournez à votre table, ou je vous pique, monsieur.

Daniel poussa légèrement son arme, fit reculer l'homme, qui finit par rompre.

— Qu'elle aille au diable ! Et vous avec, laquais !

Il tangua jusqu'à la taverne, disparut. Daniel aida la femme à se relever. Dans la dispute, elle avait perdu sa coiffe. Daniel vit ses cheveux en désordre, son air de chienne battue. Il la scruta.

— Vous ne pouvez rentrer chez vous.

Elle secoua la tête. Il reconnut son regard limpide, d'un bleu pâle assorti à son teint.

— Laissez-moi, maintenant, dit-elle.

— Vous le voulez ?

— Oui-da.

Il s'écarta pour la laisser passer.

— Je vous ai vue à votre maison, avant la venue des Anglais. J'apportais des peaux. Je sais où vous vivez. Ce gueux en uniforme vous tourmente.

Il fit quelques pas près d'elle, son chapeau à la main. Il désirait lui parler, pour lui dire quoi ? Il n'en savait rien ; la réconforter, entendre encore sa voix grave.

— Laissez-moi, retournez là-bas, dit-elle, accélérant le pas.

Elle se fondit dans la nuit. Daniel réintégra la taverne. Au passage, le grenadier lui lança un regard lourd de menaces. Daniel soutint l'assaut, alla s'asseoir.

— Tu es comme les vieux, le railla La Tulipe, il te faut du temps pour lansquiner !

Daniel se demanda ce qui pouvait bien pousser une épouse à retourner ainsi dans un probable enfer. Celle-ci avait une voix un peu rauque, et ces yeux, sang du Christ !

Le sergent trouva son ami étrange. C'était sans doute le vin, par un de ces soirs où les gens ne s'appartenaient plus tout à fait.

Novembre 1690

Daniel fut heureux d'apprendre que la troupe séjournerait quelque temps à Québec avant de regagner

Montréal. Pour fêter la défaite anglaise, le gouverneur avait organisé un grand festin auquel furent conviés les chefs des tribus alliées et d'autres, que l'on cherchait à séduire.

La ville se colora à mesure qu'arrivaient les délégations de Hurons, d'Iroquois catholiques, d'Outaouais et autres Népissingues. L'attaque étant la meilleure des défenses, Frontenac décida d'enfoncer en même temps un clou de plus dans le cercueil anglais. Une expédition vers les marches de la Nouvelle-Angleterre fut montée, dont on alla saluer le départ à l'embarcadère.

Lorsqu'il aperçut, parmi la troupe qui montait dans les canots, le grenadier croisé à la taverne du Chien d'Or, Daniel éprouva une intense satisfaction. Le souvenir de la femme à terre, menacée par la brute, le hantait ; c'était comme si elle avait laissé dans son sillage un parfum que, par jeu, il devrait retrouver parmi cent autres.

Il monta dans la ville haute, regarda les barques s'éloigner vers la côte sud du fleuve, attendit qu'elles aient accosté devant les terres de Lauzon, après quoi il se mit sans tarder en quête de la belle.

Le grenadier logeait au rez-de-chaussée de l'une des maisons récemment construites à l'est de la ville basse. C'étaient, dans un quartier en devenir, des demeures pour « médiocres[1] », faites pour moitié de bois et de pierre, couvertes d'ardoise, aux façades agrémentées de colombages entre des poteaux fichés dans la terre.

Il avait plu en abondance. Passé l'euphorie des lendemains de victoire, la ville avait repris son visage

1. Classe moyenne des artisans, soldats, domestiques.

habituel et les gens leurs activités coutumières. Daniel parcourut les ruelles boueuses au bord desquelles s'ouvraient des chantiers.

Il reconnut la niche vide, au-dessus de la porte, se posta sous une échauguette, guettant l'apparition de la femme. Lorsqu'il aperçut les mèches rousses dépassant de la coiffe, il s'avança, ôta son feutre, s'inclina légèrement.

— Madame.

Elle parut surprise, esquissa un rictus.

— Il m'est arrivé l'autre soir de vous éviter les coups d'un homme ivre et méchant, dit-il. Vous en souvenez-vous ?

Elle cligna des paupières. Ses joues étaient creuses, l'éclat de son regard en était avivé, comme brûlant d'une fièvre.

— Eh bien ? murmura-t-elle.

— Ceci. Je tenais à vous revoir, ce n'est pas une chose bien compliquée. Etes-vous souffrante ? Vous êtes bien pâle.

Elle haussa les épaules, demeura sans bouger. Daniel lui dit qu'il désirait l'aider ; elle parut ne pas comprendre. L'aider ? Son sort n'était guère différent de celui de bien des femmes dans la colonie, servantes soumises à des maîtres plus ou moins tendres. Il fallait être épouse d'un noble ou d'un édile pour jouir d'un peu de considération et sortir de l'état murmurant dont se contentait le plus grand nombre.

— Je me souviens de vous, dit-elle. Je me suis enfuie sans vous dire merci, je vous prie de me pardonner.

A quoi bon remercier ? pensa-t-il. Elle avait alors la mine des animaux maltraités, consentante malgré ses pauvres défenses, apeurée.

— Mais je ne veux pas de votre pitié, ajouta-t-elle en se détournant.

Il la rejoignit, se campa à nouveau devant elle.

— Ce n'est pas de la pitié, croyez-le. Je ne supporte pas l'idée que l'on vous veuille du mal. Ne me demandez pas d'expliquer pourquoi, c'est ainsi.

Il la trouva désirable, peut-être à cause de la fatigue accusant ses traits. Il y avait aussi la rousseur de sa chevelure. La femme pouvait avoir vingt ans. Ou quarante. Il s'empressa, comminatoire :

— Vous portez un bien lourd panier. Donnez-le-moi.

Elle se laissa débarrasser de son fardeau. Il lui dit qu'il avait vu son mari à l'embarcadère, que la guerre était chose hasardeuse, ajouta que les grenadiers y étaient bien utiles, ce qui ne la fit pas sourire.

— Je ne sais votre nom.

— Saurans, comme lui. Tiphaine.

— Je peux porter votre linge à l'intérieur.

Elle partageait la maison avec une famille de chaudronniers et une autre, nombreuse, qui commerçait la toile à sac. Ces gens n'étaient ni pauvres ni riches ; sous les palais de la haute ville, à l'écart des demeures patriciennes et des logis sommaires des ouvriers, des voyageurs et des petites mains, ils formaient une classe intermédiaire.

Elle parut inquiète. Son mari n'apprécierait guère leur rencontre. Daniel eut un geste désinvolte.

— Je suis allé lui dire bon vent à votre place. A cette heure, il bivouaque de l'autre côté du fleuve, sur les terres de monsieur de Lauzon. Peut-être est-il même embarqué sur la rivière Chaudière. Vous ne le savez pas ?

Il entra dans la pièce unique, reconnut le mobilier sommaire, une table, des chaises, un buffet bas, une armoire qu'elle ouvrit pour y ranger son linge. Sur le lit, des robes étalées, des broderies attestaient un travail de couture pour des dames de la bonne société.

— Il fait bien froid, ici, dit Daniel.

On nourrissait les âtres depuis le début du mois d'octobre. Bientôt, les cheminées donneraient à plein, jour et nuit, jusqu'aux premiers beaux jours. Il activa les braises, mit du bois. Il était rare que l'on trouvât du chêne chez les gens modestes, où l'érable et l'épinette encrassaient les conduits.

Tiphaine le regarda faire. Frissonnante, elle se couvrit d'une étole. Daniel songea au grenadier, qui laissait derrière lui une jolie femme au visage las, au corps plein. Il devait être bon de poser ses mains sur son buste rond, de la prendre par la taille et de la serrer contre soi. Lorsqu'elle ôta ses souliers, Daniel aperçut ses pieds, petits et blancs.

— Ce feu est à vous, madame, vous avez le droit de vous en approcher.

L'espace d'un instant, il se vit à Lachine, en novembre. Là-bas aussi, les bonnes flammes montaient des brasiers sur lesquels mitonnaient les soupes. C'était en cette même saison de fraîcheur, quand les nuits allongeaient et que les travaux des champs étaient terminés.

On allait d'une maison à l'autre pour écouter les potins rapportés de Montréal, on en colportait à son tour, à l'occasion. On faisait des projets, des calculs, on vivait d'espérance au milieu des périls, le prix du pois ou du haricot avait alors plus d'importance que celui de la poudre à fusil.

Il s'appuya contre un mur, observa la danse des flammes. L'épinette craquait, jetant vers le pare-feu des escarbilles dorées. Tiphaine tendit ses mains vers la chaleur. Qui parlerait le premier ?

— Il a peur du prévôt, dit-elle au bout d'un long silence. Les archers l'ont déjà pris saoul à ne plus savoir où il habitait, alors il leur promet à chaque fois de s'amender, mais voilà, il est comme il est, et rien ne peut le changer.

Daniel écoutait. Avec un peu de chance, l'hiver serait assez long pour tenir le grenadier loin de ses bases jusqu'au printemps. La stratégie de Frontenac consistant à construire des forts et à y placer de la troupe avait du bon.

Il parla de son expédition à Schenectady. Tiphaine hocha la tête, sceptique. L'hiver était fait pour se terminer un jour, et les militaires pour regagner leurs foyers. Sauf les trois cents et quelques perdus dans des batailles et des escarmouches, depuis le début de cette guerre.

Il n'y avait pas d'enfant dans la maison. Daniel sentit monter dans sa gorge la boule dure des moments incertains. Les Beauchêne étaient stricts sur les façons de se tenir dans l'existence, les échos des débauches québécoises les heurtaient. Les tavernes, les filles, tout ça ne valait pas mieux que la copulation avec les Sauvagesses. A leurs yeux, l'honneur des gens était dans l'observance d'une foi simple et pure entretenue par des prêtres capables de prendre à l'occasion le mousquet pour la défendre.

Daniel se mordit les lèvres, troublé. Au village indien, l'enfant d'Oneida était né. On lui aurait donné un nom en l'absence du père. Les Sauvages n'étaient pas en peine d'imagination pour ça. Il chassa de son esprit cette présence qui décidément l'encombrait au mauvais moment.

— Eh bien, vous êtes en sécurité, à c't'heure, dit-il en se coiffant de son feutre. Je vais retourner au quartier des miliciens.

Elle ne bougeait pas, paumes tendues vers l'âtre. Il lui demanda s'il pourrait lui rendre visite. Elle fit oui de la tête. Quand ? Un haussement d'épaules.

— Tâchez de ne pas trop vous faire voir, alors.

Il serait là dès le lendemain.

La Tulipe lui donna une nouvelle qui lui fit plaisir. Le roi Louis avait fait parvenir à la colonie une somme d'argent importante, du fourniment et quelques dizaines d'hommes. Deux navires, les derniers de l'année, étaient parvenus à Québec au bout d'une très longue traversée ralentie par les tempêtes.

— Nous resterons un peu plus longtemps dans cette bonne cité, se réjouit le sergent. Et si le gel vient assez tôt, nous y attendrons peut-être bien les beaux jours. C'est un bon temps pour les lézards de ton espèce.

11

Pénétrer dans une maison de la ville basse sans se faire remarquer n'était pas chose facile. Daniel attendit la nuit pour se fondre en elle, le feutre rabattu sur les yeux, le col de la pelisse remonté jusqu'au menton.

Ses cheveux en liberté épousant le contour d'une épaule pour se répandre jusqu'au bas de ses reins, Tiphaine était assise devant la cheminée. Une spatule en main, elle remuait une soupe de pois et de lard dont le fumet flottait dans la pièce. Daniel referma la porte derrière lui.

La femme ne bougea pas. Dos tourné, nuque offerte, elle semblait attendre. Sans dire un mot, Daniel se pencha vers elle, posa les mains de part et d'autre de son cou, puis il demeura ainsi, à saisir sa chaleur dans ses paumes. Enfin, s'étant agenouillé, il la prit contre lui et s'immobilisa, les lèvres contre sa tempe.

— Le rideau, on nous verra !

Elle se leva brusquement, alla tirer l'étoffe. Puis elle s'appuya contre la fenêtre, les mains dans le dos, attendit que Daniel l'eût rejointe.

Elle vit le désir dans ses yeux, un mélange d'impatience et d'émerveillement, c'était autre chose que la force brute du grenadier, sa volonté de posséder, sa frénésie. Elle frémit lorsque Daniel la caressa avec douceur. Elle le serra contre elle, murmura à son oreille des mots qu'il n'entendit qu'à moitié. Puis, l'ayant longuement regardé, elle le prit par la main et le conduisit à sa couche.

Daniel contempla longuement le corps de sa maîtresse. La peau de Tiphaine conservait les stigmates bruns d'anciennes violences, au dos, aux cuisses. L'homme qui la tourmentait connaissait l'aversion des religieux de Québec pour les brutalités conjugales. Ainsi averti, le grenadier épargnait le visage et s'acharnait sur le reste.

Daniel caressa les reins de Tiphaine, sentit le frisson qui la parcourait. Elle lui avait révélé des douceurs dont il n'avait pas idée ; c'était assez différent des étreintes iroquoises, des rituels préliminaires propices tant à l'endormissement qu'au désir.

Tiphaine avait donné à son amant du temps, à sa manière. Elle lui avait fait comprendre que l'on pouvait demeurer immobile tout en continuant à aimer, que la possession charnelle était une patience, un exercice aiguisant les sens, que le plaisir, enfin, s'inventait à chaque minute et qu'il était plutôt agréable de le faire durer.

— Je voudrais que cet hiver ne finisse jamais, murmura-t-il à son oreille, que la neige monte haut, jusqu'au toit des maisons, et qu'elle nous engloutisse dans ce lit.

Elle tourna vers Daniel son regard d'océan qu'assombrissait la faible lueur du feu et lui, ignorant tout des malices de l'amour, se demanda ce qu'il convenait de dire encore, en pareille circonstance. Elle eut un petit rire, comme une moquerie, prit sa main, la posa sur sa poitrine. Ainsi étendue, les yeux clos cernés de brun, la peau si blanche qu'elle en paraissait livide, elle dessinait la mort, ou ses prémices. Daniel pensa qu'elle était malade, souffrant d'une consomption, et cette apparente fragilité le bouleversa.

— Tes joues sont aussi creuses que ton corps est plein, dit-il, étonné.

Elle ne savait pas, eut une moue sceptique.

— Peut-être. J'ai toujours été ainsi.

Puis, songeuse :

— Tu vas partir. Les hommes comme toi s'en vont, c'est écrit sur leur visage, dans leurs yeux qui regardent ailleurs. L'hiver n'est pas assez fort pour les retenir.

— Alors, pourquoi m'as-tu choisi ?

— Parce que tu me plais, voilà tout, parce que je pensais que tes mains seraient douces et que je ne me trompais pas. Parce que…

Elle se tut. Daniel l'avait touchée comme il l'aurait fait d'un cristal. Elle se lova contre lui, à l'écoute du crépitement dans l'âtre.

Il se retint de la questionner plus avant. Elle était arrivée de France à l'âge de vingt-quatre ans. Une femme, déjà. De quelle existence venait-elle ? Les orphelines issues de la noblesse, que l'on envoyait peupler le nouveau monde, étaient de loin ses cadettes. Ce qui se disait sur les autres voyageuses n'était pas à leur avantage, la rumeur publique rôdait, méchante, autour d'elles.

Tiphaine se redressa, prit appui sur ses coudes. Le silence de Daniel en disait long sur ce qu'il pensait.

— Chez moi, on était tanneurs, à Paris, dit-elle. Il n'y avait pas à manger pour tout le monde. Un jour, j'ai rencontré un homme qui revenait d'ici, un soldat. Il m'a raconté comment on y vivait, et toute la liberté qu'on y trouvait, alors je me suis engagée, c'est aussi simple que ça.

Elle avait signé un contrat de trois ans, au service d'un tanneur, et s'était installée dans un grenier de la fabrique, sur le chemin de Montréal à Lachine. Le salaire était de soixante livres par an.

— Je connais l'endroit. Et tu n'as pas laissé de promis là-bas, en France ?

Elle s'agenouilla. Parler des vieux pays ne servait à rien, la misère était semblable des deux côtés de l'Atlantique. Il existait cependant des moyens de la fuir, c'était bien là l'essentiel.

— J'étais sans attache de corps, si tu veux le savoir.

— Ça me plaît.

Elle avait dû accepter la seconde partie du marché : la liberté supposée contre la promesse de ne pas se marier, de ne pas fréquenter les cabarets ni de vendre quoi que ce fût. Daniel songea aux esclaves dont le roi autorisait à nouveau le commerce, qui arrivaient par bateau d'Afrique ou des Antilles. Eux ne signaient pas le contrat qui les asservissait à vie.

Elle lui raconta son voyage, la tour de la Chaîne, à La Rochelle, dernier repère à l'horizon, la traversée en compagnie de paysans et d'ouvriers, de soldats, de marchands. Presque tous célibataires, quittant la

France sans regrets excessifs, le cœur gonflé d'espérance. Une épidémie de fièvre pourpre[1] en avait tué une dizaine.

— Je suis allée de Montréal à Québec par le fleuve. Et puis, très vite, j'ai rencontré le militaire qui m'a rachetée au tanneur.

— « Rachetée » ? Comme une esclave ?

— Ça n'a pas été facile, parce que contre la loi. Le maître avait payé mon voyage. Il y a ajouté un cent pour le temps qu'il mettrait à trouver quelqu'un d'autre. Mais Saurans connaît du monde, il a fait ce qu'il fallait. Depuis, il me dit qu'il a déboursé une forte somme pour moi, alors je cire les parquets et je ravaude pour les autres. Son rêve est d'acheter de la terre et des bêtes du côté de Trois-Rivières. Il faut que je trime fort pour l'y aider.

— Pour le rembourser, oui.

— Je ne pouvais pas savoir ça, au début.

En se mariant, elle avait pensé améliorer doublement son sort. C'était comme à la loterie, l'emballage se révélait souvent plus séduisant que le contenu.

Daniel releva ses cheveux, derrière lesquels elle se dissimulait. Il vit ses épaules rondes, ses hanches, un nid où il eut envie de revenir. Il l'attira contre lui, sentit qu'elle en était contente. Dans la chaleur de son lit, elle cessait de traîner derrière elle la litanie de ses misères.

Les filles du roi elles-mêmes ne connaissaient pas toutes les délices du paradis promis. Il en était qui fuyaient, d'autres, épousées par des bigames, qui faisaient casser le contrat. Beaucoup mouraient en

1. Le typhus.

couches après avoir vaillamment peuplé la colonie. Tiphaine vivait, ni fille ni mère, libre de se choisir un amant. Les choses allaient bien ainsi.

L'hiver serait long à Québec, les nuits, noires complices habillées de gel, de neige et de vent. Il y en avait de semblables pour abriter la guerre, ailleurs, très loin, là où des militaires se terraient entre les planches de quelque fortin perdu. A chacun son tour. La traque de l'Iroquois attendrait le soldat Beauchêne.

Il s'éveilla en sursaut au milieu de la nuit, s'assit, le cœur battant. Etait-ce le grenadier qui s'en revenait chez lui ? Il guetta dans l'obscurité, écouta le silence à peine troublé, de temps à autre, par le grésillement des braises.

Il avait rêvé. Une femme lui montrait un enfant, qu'elle jetait aussitôt au feu. L'Iroquoise riait, et autour d'elle tout le monde riait aussi, les jeunes guerriers et les vieux sachems, puis paraissait le spectre de Marguerite Beauchêne, qui demandait où il se trouvait. Daniel allait vers elle mais ne pouvait s'en approcher, son pas devenait lourd tandis que d'invisibles poursuivants le harcelaient, criant qu'ils diraient tout à monsieur de Frontenac, le meurtre de l'enfant et la quête du fantôme.

Il se laissa retomber sur la couche, les yeux grands ouverts, l'esprit en désordre. Les hommes plus âgés que lui, ceux qui avaient des familles, se sentaient-ils coupables, quelquefois ? Et de quoi ? Le sommeil de monsieur de Falernes était-il paisible ? La ville ne résonnait d'aucun bruit, elle aussi s'était endormie dans la douceur des feux, comme les filles des tavernes, comme les voyageurs prêts à partir vers le nord, comme tout le monde en vérité.

Daniel n'avait d'expérience que celle de la cruauté humaine et de la guerre. Tiphaine lui offrait celle de l'amour charnel. Il avait à apprendre, de ce côté-là ; se laisser guider, maîtriser ou non des sensations inconnues, des élans, une fougue de jeune homme. Tiphaine régnait sur lui, déjà ; il faudrait du temps pour qu'il sache lui répondre comme il convenait.

Décembre 1690

Le sergent La Tulipe s'en était allé vers les Grands Lacs, où l'on devait consolider des forts et renouer des contacts avec les tribus. Il fallait bonifier la défaite anglaise, montrer immédiatement la puissance française aux Iroquois, et la leur faire accepter.

« Tu restes ici, toi, avait-il décidé. Tu en as assez fait pour cette année. Profite de ce qui te reste de famille, tu seras nourri et logé, au chaud, dans une des plus belles demeures de la ville. On se retrouvera dans trois ou quatre mois, quelque part vers les Grands Lacs. »

Ainsi l'existence du milicien Beauchêne prit-elle des allures plaisantes. Livré à lui-même, loin de son mentor, Daniel accepta sans barguigner le cadeau offert par un hasard complice. Tout lui réussissait, la guerre, l'amour et la liberté.

Il regarda vivre Tiphaine au fil des nuits. Il devint clandestin, ombre protégée par les nuits opaques, la neige, la froidure confinant les gens chez eux. Un cocon le tenait à l'écart du monde jusqu'au petit matin.

Le jour, il rejoignait miliciens et soldats au Chien d'Or ou dans quelque autre taverne de Québec. Le jeune homme taciturne n'y avait pourtant guère d'amis, mais il fallait bien patienter pour que passât le temps ; fumant des pipes, observant, les yeux mi-clos, la faune qui grouillait autour de lui, il était celui qui ne se commettait pas dans les obscures querelles des joueurs et des soiffards. Indifférent aux avances des filles, il attendit, chaque soir, l'heure bénie des retrouvailles.

Tiphaine le hantait. Comme lui, elle n'avait pas d'amis en ville, n'appartenait à aucun cercle. Elle exécutait, seule chez elle, les travaux qu'on lui commandait, ne sortait, bravant l'extrême froidure, que pour les restituer. D'elle, on disait : « C'est la femme du grenadier Saurans », avec des mimiques valant discours. « Je ne désire aucune aide, les choses vont » : ainsi avait-elle écarté les velléités charitables.

Voilà qui me convient, pensait Daniel.

Cloîtrés chez eux derrière les murailles de neige, parfois même sous elles, les voisins ne se montraient guère. La ville figée grelottait devant ses foyers, seuls ceux qui ne pouvaient faire autrement se risquaient à attraper la mort entre bourrasques et flocons.

A Lachine, comme ailleurs au Canada, on redoutait l'hiver. Daniel se prit à chérir ces temps de gel intense. Le corps chauffé par l'eau-de-vie ingurgitée dans les bouges, il se coulait, complice de l'obscurité, dans la tiédeur du lit conjugal de Tiphaine, vivant pour l'instant où leurs peaux se toucheraient.

— Je ne rejoindrai pas la milice, lui dit-il un soir.

Il demeurerait là, au fil d'un mois de décembre qui durerait un an et plus. Personne ne le trouverait, pas même le grenadier, puisqu'une flèche iroquoise l'aurait sûrement percé entre-temps, quelque part en amont du fleuve.

— Tu ne feras pas ça ! Il te tuerait sans remords.

— La belle affaire ! Je l'aurai occis d'abord.

Elle frissonna, serra son amant dans ses bras, où Daniel venait au monde une seconde fois. La vie était malgré tout bien faite, qui offrait à son quotidien sans joie une embellie, même éphémère.

— Tu viendras avec moi, loin d'ici, dans des contrées ignorant la guerre. J'en connais où seuls les maringouins te tourmentent. Pas de milice ou d'archers, aussi loin que tu puisses voir, c'est la forêt habitée par les ours, les chevreuils, les aigles et les castors.

Elle le regarda, souriante. Daniel était à la fois homme et enfant, durci par une guerre dont elle devinait qu'il ne se détachait pas vraiment. Elle savait que ces êtres brutalement arrachés à la vie ordinaire ne pouvaient jamais y revenir tout à fait. Ou alors très vieux, ayant étanché leur soif d'aventures sur les chemins les plus incertains de la colonie.

Daniel repartirait, l'abandonnant aux pénombres de son existence. Elle avait cru, comme pas mal d'autres, à l'illusion du voyage. Pensé que si le paradis existait il pouvait bien avoir élu domicile en Nouvelle-France, de l'autre côté de l'océan. Des gens en revenaient, pourtant, amers et fatigués. Elle avait écouté les autres, pleins de leur expérience, parfois enrichis, la tête encombrée d'horizons, d'espace, de libertés offertes.

Un leurre.

Elle subissait ; le temps de guerre, le climat, la société indifférente à son état intermédiaire entre pauvres et riches, la solitude, enfin, qu'elle avait fini par fondre dans la brutale compagnie d'un mari.

— Ce n'est pas faute d'avoir essayé de le raisonner, mais autant parler à un Sauvage ivre. Un jour, je cesserai de vivre à ses côtés, je retournerai en France. C'est pour ça que je recouds les robes et les culottes, que je lave des planchers dans les églises et les belles maisons de la ville basse. Un jour, oui, je lui jetterai cet argent à la figure, comme ça je l'aurai remboursé une fois pour toutes. Et il pourra crever dans son vomi.

Ils puisèrent dans leurs étreintes la fugace magie capable de leur faire oublier le monde, prièrent tous les dieux possibles de la Création afin que des vents à jamais mauvais déferlent durant un siècle, confinant les humains chez eux, Français, Anglais, Iroquois. Pécheurs que tous montreraient du doigt s'ils étaient découverts ainsi enlacés, ils se retranchèrent derrière une muraille bien plus puissante que celles de Québec.

Mars 1691

Ainsi Daniel se trouva-t-il père sur la route des Grands Lacs et amant au cœur de la ville de Québec. D'autres eussent considéré que leur vie se compliquait. Il préféra juger la sienne assez bien organisée en fin de compte, l'essentiel étant que ni la religion ni l'autorité civile ne viennent mettre leur nez dans ses affaires.

Cheminant en compagnie de quelques vainqueurs de l'armada anglaise, l'aîné des Beauchêne réalisa à quel point vivre comme il l'entendait à mille lieues d'un royaume corseté par la morale était précieux. Le Canada était un espace sans limites où l'on pouvait se perdre, se diluer dans une nature complice dès lors que l'on en avait la maîtrise. Le sergent La Tulipe avait bien travaillé pour cela, son élève se révélait d'élite.

Mais le vieux pisteur avait aussi des oreilles, et un solide réseau d'informateurs. Nul besoin de gazette pour le tenir au courant des événements.

— Je sais ce que tu as fait pendant qu'on se chauffait le cul au quartier Saint-Louis. Beauchêne dans la ville basse, et pas seulement au Chien d'Or ! Le pauvre petit orphelin de Lachine a trouvé un lit plus douillet que les paillasses militaires. Hé, couillon, les visites à ton frère rue Notre-Dame, elles ne duraient guère ! Le temps de manger un biscuit, et encore ; passer devant la maison sans t'y arrêter, ça oui, tu savais faire, à ce qui se dit !

Il tapota l'épaule de Daniel avec le manche de son couteau. Ils bivouaquaient sur la rive encore gelée du fleuve, à mi-chemin entre Québec et Montréal. Daniel fit mine de ne pas avoir entendu. Il avait prétexté des visites chez l'armateur, des rencontres avec son frère. En vérité, il avait séjourné chez Tiphaine bien plus souvent que rue Notre-Dame.

— Pendant que l'autre lançait ses grenades sur des Mohawks, tu finissais de jeter ta gourme dans son lit.

La Tulipe ne lui reprochait rien. Lui-même avait assez souvent usé de son état pour occuper des couches étrangères. Mais aussi vaste qu'il fût, le

Canada comptait la population d'une seule petite ville de France. Tout s'y savait, à la vitesse parfois stupéfiante des traîneaux sur la glace. Quant au Saint-Laurent, il charriait, à certaines saisons, autant de rumeurs et de ragots que de bois mort.

— Eh bé, couillon, apprécia La Tulipe, tu portes loin tes dix-sept ans.

— C'est l'âge pour épouser, souvent.

— Tu l'as déjà fait ! La croix au bas du papier, c'est bien toi qui l'as tracée. Le jésuite a rangé tout ça dans une armoire, à Montréal, et voilà, c'est écrit, mon garçon, et dûment certifié !

Il s'esclaffa. Il avait échappé aux formalités administratives, à l'époque bénie où le roi n'avait pas encore placé de son argent dans la colonie et fait d'elle sa chose.

— C'est vrai qu'elle est gironde, cette femme Saurans. Tu as bien fait, son mari est un bœuf malade du vin, une carne, les guerriers de Chaudière Noire[1] ne voudraient même pas de ses entrailles pour souper...

Daniel se leva. La moquerie du sergent le blessait.

— Maintenant, je vais te dire ceci, poursuivit le vieux trappeur en pointant le doigt vers lui. L'hiver se meurt. Il y aura de l'ouvrage entre Montréal et les Grands Lacs pour des mois ou des années. Le roi de France a besoin de ses meilleurs soldats et la paix des pauvres habitants du Canada vaut que l'on se batte pour elle. Ne te mets pas dans un mauvais parti, avec les déserteurs ou ceux des cocufieurs

1. Chef de la tribu Onnontagué, longtemps adversaire des Français, il sera tué par des Algonquins en 1697.

d'officiers que les archers mènent au pilori. Ça me ferait de la peine de te voir exposé sur la place, la tête et les mains dans des trous, avec les gouyes pour te lancer des légumes blets à la figure. C'est le privilège des truands, des tricheurs et des voleurs, ils ont là leur jour de gloire. Passe-t'en, à moins que tu ne le mérites pour de bon.

Le sergent connaissait les hommes. Daniel baissa la tête, descendit vers le fleuve gelé. A cet endroit, le Saint-Laurent avait la dimension d'un lac prolongé à l'infini par les platitudes de la rive sud. Tout était silencieuse immobilité, désert abandonné par les oiseaux, néant teinté d'argent et de lait.

Daniel huma l'air coupant, exhala un long panache de vapeur qu'il regarda se dissoudre aussitôt. Il gardait en lui l'odeur musquée de Tiphaine, sa chaleur, ses soupirs ; c'était une compagnie de chaque instant, une douceur d'équinoxe quand le froid coupait la respiration des marcheurs, durcissant la salive aux coins de leurs lèvres.

Il avait pour lui l'immensité du pays. Un homme n'était rien là-dedans, un point insignifiant sur le tapis de neige. N'importe qui pouvait y disparaître, La Tulipe prétendait même qu'une fois la guerre terminée les audacieux pourraient se répandre vers l'ouest, à travers des plaines dont on ne voyait jamais la fin. C'était plus vaste encore que l'océan.

Il sentit le tumulte familier envahir son crâne. Tout s'y bousculait, visages de femmes et bruits de batailles, corps sans vie sur la terre de Lachine et feu dans un âtre de Québec. Le silence lui fit peur, soudain. Une telle quiétude enserrée dans l'hiver... il y avait là quelque chose de divin, même si le

Seigneur des bons chrétiens, et des quelques mauvais aussi, n'était pas toujours compatissant envers eux.

Il était milicien, en vérité la guerre, en le nourrissant, était devenue son métier, à l'égal des soldats. Il pouvait rompre à tout moment, prétexter un emploi dans une ferme ou une fabrique ; ou bien revêtir la veste bleue et le bicorne pour trois années d'engagement. La plupart des soldats venus de France y retournaient. Peut-être alors les accompagnerait-il, histoire de voir à quoi ressemblait le pays de ses ancêtres poitevins.

Il hocha la tête, sceptique. La discipline lui convenait à condition de la respecter dans les pas de La Tulipe. Recevoir des ordres de quelque marquis perruqué, fût-il homme de courage et d'action, ne le séduisait pas.

Une perspective s'ouvrait devant lui, comme l'aval du fleuve entre les collines. De Québec aux confins de la colonie, il y aurait la peau blanche de Tiphaine et celle, cuivrée, d'Oneida, points cardinaux ; avec au milieu, attendant patiemment d'être dépouillé, le castor.

« J'ai tout, moi, ici, c'est mon pays, j'y suis libre et jamais personne ne m'ôtera ça du cœur. »

Il ferma les yeux, attendit que le vacarme se taise en lui. La Tulipe pouvait se gausser, le milicien Beauchêne saurait quoi faire de sa vie.

12

Il faisait encore froid à Québec en cette fin du mois de mai 1691. Un vent sec balayait le fleuve, irisait sa surface où se reflétait la lumière du soleil levant. Comme à chacun de ces renouveaux, la foule s'était massée au pied de la colline.

Les deux navires étaient ancrés à une cinquantaine de brasses de la rive. Les derniers glaçons de l'hiver s'en étaient allés vers le large, emportant avec eux les longues léthargies des mois de gel.

Jean-Christian de Falernes suivait les manœuvres des marins avec dans le regard un mélange de fierté et d'inquiétude. Les cales du *Brillant* et de la *Sirène* contenaient le trésor de cuirs, de fourrures, de bois accumulé au long des mois d'hiver. Tout ce que le froid avait empêché de voyager avait été rassemblé dans les ventres rebondis des bateaux. Si Dieu le voulait, leurs capitaines éviteraient la piraterie anglaise, surmonteraient les tempêtes et parviendraient sains et saufs à La Rochelle.

— Deux longs mois, soupira Jeanne de Falernes. La Rochelle, Seigneur, c'est si loin.

Elle avait longtemps espéré que son fils choisirait de vivre dans la colonie ; mais le jeune homme avait pour de bon des envies de mer auxquelles il eût été étrange, de la part de l'armateur, de résister. Philippe s'en allait donc, le cœur gonflé d'espérance, les yeux déjà tournés vers le grand large.

Le garçon apparut à la lice du *Brillant*. Bien que n'ayant aucun grade, il rayonnait de bonheur. Pour son premier voyage au long cours, on lui avait recommandé d'observer, d'apprendre et de se souvenir de ce qu'il aurait vu.

François Beauchêne s'approcha de la rive, fit de grands gestes. Le départ du seul fils de l'armateur laissait un vide rue Notre-Dame, qu'il lui faudrait occuper à sa manière studieuse. Le fils de famille et l'orphelin recueilli avaient coexisté sans heurts, l'un dans ses livres ou penché sur ses écritures, l'autre dans les entrepôts où l'on préparait les cargaisons.

« François sait tout de l'océan, mais il ne désire pas le mettre en pratique, constatait l'armateur.

— Il tiendra vos comptes et piquera des épingles sur les cartes marines, père, c'est un scribe, de plus il ne tient guère la mer », objectait son fils avec dédain.

François s'était essayé à la navigation avec lui. Les petites voiles tanguaient fort lorsque les vents des saisons douces agitaient le Saint-Laurent. Plusieurs fois, il avait eu envie de demander que l'on regagnât la terre, que l'on abrégeât ses souffrances. Philippe de Falernes se plaisait alors, ayant remarqué son malaise, à forcer l'allure pour gagner les endroits où le fleuve, s'élargissant, prenait des dimensions marines. Il était capable, lui, de mener une barque, bordant la voile, virant de bord, pesant sur la gouverne comme un seul homme.

« Remue tes fesses, terrien ! »

La pâleur de son acolyte, ses mimiques désespérées le mettaient en joie. François lui en avait voulu de le provoquer ainsi, jusqu'au jour où il avait refusé tout net d'embarquer. Ce serait à chacun son domaine, les vagues et les vents porteurs pour l'un, les chandelles et le silence d'un bureau pour l'autre.

François avait pourtant apprivoisé le Saint-Laurent, mais de loin, comme on côtoie une chute d'eau, un gouffre ou une falaise, sans éprouver pour autant le besoin de les explorer. Sans doute tenait-il cela, que son frère qualifiait autrefois de pleutrerie, des angoisses de leur mère, et puis, à la fin, son estomac lui refusait le plaisir aléatoire de voguer sur les vagues courtes et imprévisibles du fleuve tourmenté. C'était ainsi.

Lorsqu'il lui avait serré la main avant de s'embarquer, Philippe lui avait fait un aveu :

« Je n'aurais jamais cru que tu prendrais un jour une telle place auprès de mon père. »

Etait-ce de la morgue, ou les restes d'une jalousie née des étonnantes capacités de François à s'élever ? Le jeune aristocrate confirmait ainsi sa différence, à un moment crucial. Peut-être le destin plein d'aléas vers lequel il prenait la mer le poussait-il à le dire, ce jour-là. François reçut son salut comme un soufflet maquillé en compliment.

« Au revoir, Philippe. »

Une brève inclinaison de tête. On ne s'embrasserait pas, François s'était interdit d'utiliser le vouvoiement. Ajoutant :

« Le ciel est serein, ce matin. Je souhaite qu'il le reste jusqu'en France. Pour nos navires et pour leurs hommes. »

Face à l'écolier sûr de lui, appelé à demeurer dans le giron de l'armateur, Philippe s'était raidi.

« "Nos navires"... Ha ! Ils sont aux Falernes, en effet. »

François n'avait pu s'empêcher de sourire. Il n'était en rien propriétaire des bâtiments, et le savait bien.

« J'en aurai souci, Philippe. Comme s'ils étaient à moi. »

Il vit une larme couler sur la joue de son tuteur. Naviguer en temps de guerre était aussi dangereux que traverser le Canada sur les pas des Iroquois. L'époque était aux grandes incertitudes, loin de la France, de ses provinces et de ses puissantes armées. A partir de mai, tout pouvait arriver, une offensive terrestre ou, de nouveau, l'arrivée d'une flotte anglaise devant la ville. Alors, voir s'éloigner des canons, fussent-ils des couleuvrines et peu nombreux à bord des vaisseaux marchands, ajoutait à ce sentiment diffus.

— Je crois qu'ils vont lever l'ancre, constata Falernes.

Il avait espéré un coup de tabac, une bourrasque suffisamment puissante pour retarder ce départ ne fût-ce que d'une journée, le temps de profiter encore un peu de son fils.

Marie lui prit la main tandis que Jeanne s'essuyait les yeux.

François frissonna. Son cœur battait soudain plus fort.

Déjà les deux navires, ayant embarqué leurs pilotes, prenaient le fil du courant. Il observa leur lente rotation sous petite voilure ; le spectacle était magnifique. Des cris retentirent à terre, auxquels répondirent les saluts enjoués des marins.

On s'agenouilla pour la bénédiction du prêtre, les filles des cabarets à côté des femmes de fonctionnaires, les religieuses abîmées en prière près des ouvriers et des notaires. Un petit peuple rassemblé le temps d'un départ, avec au cœur l'espoir que les bateaux partis de France, croisant le *Brillant* et la *Sirène* quelque part sur l'Atlantique, arriveraient bientôt. Ceux-là seraient chargés d'étoffes et de poudre, d'outils, de livres et de mille autres choses pleines du parfum de la patrie lointaine.

— Dieu vous garde, murmura François tandis que les navires disparaissaient derrière les reliefs de la côte sud.

Il se signa. Les mots du fils Falernes lui revinrent en mémoire, fouaillant son âme. Les routines de la vie, rue Notre-Dame, n'avaient en aucune façon gommé les différences entre les gens. On naissait et on mourait avec les mêmes marques invisibles sur le front.

— Eh bien, voilà, c'est fait, dit l'armateur d'une voix altérée par l'émotion.

François éprouva alors un sentiment étrange. Il lui sembla qu'il entrait pour de bon dans la famille de Falernes. L'absence de Philippe faisait de lui le fils par procuration, l'élément masculin face au maître. Il en ressentit du plaisir, et l'envie de se parfaire encore. Les bavardages à trois sur la situation de la colonie allaient se réduire à un dialogue.

La foule s'était dispersée, l'armateur et son épouse ne s'étaient pas attardés à l'embarcadère. François et Marie demeurèrent au bord du fleuve, observant les gestes des ouvriers. On alignait les barques qui avaient transbordé gens et choses. Il s'était passé un événement dont la trace se diluait dans les brumes légères en transit vers l'aval.

— Le fleuve et les navires, dit Marie dans un soupir. Nous restons ici, quant à nous, à terre, avec nos besognes de chaque jour.

François l'admirait pour le service qu'elle rendait aux plus démunis. Ecouter les mélancolies des réprouvés, parler de la clémence de Dieu aux laissés-pour-compte, veiller les mourants, tout cela était d'un esprit apaisé, d'une conscience en éveil. Il le lui avoua.

— C'est un jour à la fois triste et beau, dit-elle, je ne voudrais pas en vivre trop souvent.

François la trouva jolie sous sa coiffe de Normande. Le soleil froid faisait briller ses joues rousselées. Il remarqua qu'elle avait, quoique gardant sa longue silhouette d'adolescente, pris des rondeurs au buste, aux hanches.

Passé ses premières émotions à la découverte de Marie, il s'était fait à l'idée de ne la considérer que comme une sorte de demi-sœur. La vie rue Notre-Dame était bien codifiée, chacun, dans la maison, avait ses activités, ses habitudes, son domaine réservé. Ce jour-là, il découvrit la donzelle de presque seize ans que le printemps semblait faire éclore. Une belle fille, vraiment, au cou gracieux, à la poitrine formée sous sa robe et sa cape de laine.

— M'aideras-tu à remonter vers la ville haute ? lui demanda-t-elle. J'ai à faire à l'Hôtel-Dieu.

Un chemin pentu, par endroits glissant, donnait accès à la colline à distance de la côte de la Montagne. Il fallait même en gravir parfois les marches en se tenant à une corde, à la force du bras. Les autorités avaient fini par en interdire le passage aux troupeaux.

Marie chercha la main de François. L'ascension serait longue. Il serra les doigts fins de la jeune fille, entama la montée. Se retournant, il aperçut, par l'entrebâillement du manteau, la gorge de Marie, charmant spectacle qui empourpra ses joues. Il convenait de faire durer ce voyage vers les hauteurs de la cité.

Parvenu au sommet de la falaise, il conserva la main de Marie dans la sienne jusqu'à ce que la jeune fille la lui reprenne avec douceur.

Il la contempla tandis qu'elle ajustait sa coiffe sur sa tresse noire.

— Te marieras-tu avec moi ? lui demanda-t-il soudain.

Il regretta aussitôt ses paroles. Marie était un beau parti, ses parents avaient sans doute déjà leur idée sur la question. Il y avait à Québec assez de jeunes gens de bonne lignée pour qu'ils puissent, avec ou sans son consentement, lui en choisir un. Il s'abstint de lui demander pardon, pourtant c'était bien ce qu'un fils d'habitant de Lachine devait savoir faire.

Elle parut surprise, puis se mit à rire. Daniel n'était pas encore pubère, les choses de l'amour, mis à part les lutineries des Falernes dans les couloirs, lui étaient étrangères, fût-ce en rêve. Marie n'était pas obligée de le savoir. Il pensa qu'il aurait mieux fait de se taire, se rembrunit.

— Je disais ça par amusement, dit-il, je suis niais.

— Par amusement ! Eh bien, en voilà une façon de se divertir !

Etait-elle vraiment furieuse ? Il pesta intérieurement, la vit qui s'en allait. Il la rejoignit, la pria, cette fois, de lui pardonner.

— Le mariage est chose sérieuse, dit-elle, l'air pincé. Et puis, doit-on forcément se marier ? Il est d'autres voies, dans l'existence.

Il la soupçonnait depuis toujours de vouloir rejoindre la communauté des ursulines. Nombreuses étaient les filles de bonne naissance qui se retiraient de la vie civile pour entrer dans les ordres. Marie de Falernes, qui passait le plus clair de son temps aux côtés des religieuses, était sans doute faite pour cela. Elle changerait simplement de vêtement et de domicile, prendrait un nom d'emprunt. Les miséreux de Québec n'y verraient guère de différence.

Il baissa la tête, penaud. La jeune fille acceptait pourtant l'hommage de soupirants dont elle raillait à l'occasion le goût pour l'oisiveté. Il y avait là une contradiction. On l'avait déjà demandée en mariage ; à défaut de la beauté formelle héritée par d'autres, sa grâce naturelle, son charme, sa spontanéité séduisaient. Elle avait jusque-là refusé. Cette fille savait-elle ce qu'elle voulait ?

François se souvint avec amertume du seul bal auquel il avait assisté. C'était chez le gouverneur. Marie lui avait affirmé qu'il devait savoir en quoi cela consistait. Il s'était dit, au spectacle de la société servie par des laquais en livrée, que la cour du roi devait ressembler à cette orgie de couleurs, de danse et de jolis visages. Il n'avait eu d'yeux que pour Marie. De l'embrasure de porte où il s'était réfugié, il avait observé les hommes approchant la donzelle, tournant autour d'elle, cherchant son regard entre deux figures de menuet ; certains auraient pu être son père. Las du spectacle, il s'en était retourné à la ville basse.

S'étant délectée de sa déconfiture, Marie éclata de rire et tourna les talons. Il frappa une pierre du poing, suça le sang perlant à ses jointures. L'amour devait être bien compliqué. Il s'en voulut de s'être ainsi exposé, jura qu'il ne se laisserait pas reprendre par cette sorte d'élan.

— Rentrons sans tarder à la maison, ça mouillasse ! lui lança-t-elle.

Un crachin s'était mis à tomber, morne et froid. François maugréa.

— Je suis un foutu rejeton de paysan.

Les fils de famille de Québec faisaient leur cour selon des codes rigoureux, cela se passait au fil de soirées où l'on se lisait des poésies au son de la viole et du tambourin. Il devait y avoir là un langage particulier, comme dans les bouffonneries de monsieur Molière. François en savait pourtant des pages entières par cœur. Il avait péché par impatience.

— Eh bien, alors, c'est un jeu.

Fort de ce constat, il mit son mouchoir rosi sur sa fierté outragée et, tête basse, rejoignit ses quartiers.

— François, tu peux occuper la chambre de Philippe, si cela te sied. Il la récupérera à son retour de France.

Jeanne de Falernes avait l'air grave, ses yeux brillaient un peu. Elle affirma qu'il y avait davantage de lumière pour lire et travailler dans cet endroit-là. François se préparait à piquer sa fourchette dans une cuisse de poulet. Il suspendit son geste. La proposition le touchait, c'était une marque d'affection de la part d'une mère qu'attristait l'absence soudaine de son fils.

La chambre de Philippe de Falernes était aussi dotée d'un trésor, une alcôve abritant le lit, fermée par une porte à double battant. L'hiver serait là infiniment plus doux à vivre que sous le toit, derrière une simple lucarne.

— Tu pourras étaler tes livres et tes cartes sur le plancher, renchérit l'armateur, et puis je t'aurai ainsi sous la main pour les menus travaux de secrétariat.

François se sentit rougir. Le mot résonna en lui comme une musique joyeuse.

— Il me plairait que tu m'assistes désormais pour un certain nombre de choses, poursuivit Falernes. Tes maîtres du Séminaire se passeront de toi, encore que le fait de te garder ne leur soit pas indifférent. Veux-tu devenir prêtre ?

François croisa le regard de Marie et ce regard-là lui conseillait de réfléchir. Il balbutia, finit par avouer qu'il n'avait jamais eu l'intention de revêtir la soutane. Falernes eut l'air satisfait.

— Tu es plus à l'aise pour comprendre les affaires civiles, n'est-ce pas ?

— Oui, monsieur.

François savait tout des prévôts, des procureurs, des greffiers. Les édits de la ville de Québec lui étaient plus familiers que les Evangiles. A quinze ans passés, il en savait là-dessus autant que les fonctionnaires eux-mêmes. Falernes pointa le doigt vers lui.

— Nous nous mettrons à l'œuvre dès le début de la semaine prochaine, le temps que tu aies dit au revoir à ces bonnes gens. Tu travailleras ici principalement. Je pensais de toute façon y placer quelqu'un dans la journée. Tu devras aussi être le lien avec le bureau du port et les entrepôts. Il y a toutes sortes de documents qui circulent. Je te promets des journées bien occupées.

Chaque mot prononcé par l'armateur était du miel et cela coula dans l'esprit de François comme l'eau d'une source chaude. Le départ de Philippe de Falernes était par là un événement considérable, qui avait conduit le maître à prendre une telle décision.

— Je vous remercie grandement, monsieur, dit François.

— C'est une affaire réglée. Tu peux maintenant en finir avec cette cuisse de poule.

Il y eut un silence, que brisa Marie. Elle avait vu, chez les ursulines, une femme de France que son mari, un grenadier, avait battue au point de la défigurer. L'homme avait été conduit à la prison de la ville haute, où on l'avait mis en cellule. Falernes était au courant.

— Une histoire de tromperie déjà ancienne, nous avons jugé l'homme il y a quelques semaines. Il ne demeurera guère longtemps en geôle, nous avons trop besoin de soldats en ce moment.

Madame de Falernes soupira. Les mœurs changeaient, décidément, au Canada. Un effet de la guerre, sans doute, qui brassait les populations et laissait entrer dans la colonie des gens de toutes sortes.

L'armateur se fit songeur.

— Il nous faut des femmes pour les hommes et des hommes pour nous sauver du pire, c'est là une mathématique bien aléatoire. Enfin, que veut-on, l'époque n'est pas à la paix des âmes.

François ne l'entendit pas. Il était tout à son intense bonheur, comme ce jour pas si lointain où on lui avait proposé de dîner et de souper à la table familiale. Quitter le voisinage des casseroles, des marmites et des domestiques, pour celui des meubles cirés, des nappes brodées et des plats en argent ; c'était un honneur autant qu'une reconnaissance de ses mérites.

Lorsqu'il se fut installé, le soir même, dans la chambre de Philippe, il s'allongea sur le lit, ferma les yeux, bientôt pris de mélancolie. Tenaces, les souvenirs qu'il avait réussi, deux années durant, à tenir à distance l'assaillirent. Qu'auraient pensé les paysans de Lachine de cette aventure-là ? Eux qui ployaient sous une charge sans cesse plus lourde de peur, de misère et d'acceptation.

François revit le visage de sa mère, intact. On avait tenté, au début, de lui cacher la réalité du massacre : « Ils n'ont pas souffert », lui disait-on. Il avait très vite deviné le martyre, la terreur, la tragédie, avant de l'imaginer. Puis il avait chassé tout ça de son quotidien, et s'était mis à vivre.

Il cacha sa tête entre ses mains. A l'âge où l'on s'éveillait aux choses de l'amour, il avait demandé quelqu'un en mariage, s'était fait rabrouer. En même temps, seul dans la chambre d'un fils de noble qui au fond le considérait depuis toujours comme un simple rejeton d'habitant, il trouvait une place dans la société, loin des lieux où l'on s'entre-tuait. Oui, vraiment, cette journée-là n'avait pas été ordinaire.

Juin 1691

Le Rat ! C'était bien lui, au centre d'une délégation de Hurons en visite chez le gouverneur.

François écarquilla les yeux. Il avait entendu ce drôle de surnom, retenu le nom du chef indien, Kondiaronk. Monsieur de Falernes parlait parfois de cet allié susceptible et imprévisible, aux colères aussi fameuses que son ardeur au combat. Un ami compliqué de la France, fils d'un Père des Sauvages du même âge que lui, complice de Frontenac mais toujours capable de quelque rouerie bien dans la manière indienne.

— Un ami, quoi qu'il en soit et depuis toujours, comme son peuple huron.

Distingué pour son zèle scolaire, François mesura l'honneur qui lui était fait d'assister avec son tuteur à la réception donnée par le gouverneur en hommage à son hôte. Les Hurons qui se trouvaient autour de leur chef ressemblaient à ceux que l'on voyait aux marchés de Montréal et de Québec, pareillement vêtus de longues tuniques et de jupes courtes, les jambes serrées par des torsades de cordelettes, les pieds chaussés de mocassins remontant haut sur leurs chevilles. Des wampums[1] ceignaient leur cou, de larges colliers d'os et de nacre couvraient leur poitrine. Mais ils portaient en plus, sur leur visage comme dans leur maintien, la fière majesté des guerriers. François, qui n'avait jamais assisté à pareille ambassade, en fut impressionné.

Au banquet offert dans le jardin du château Saint-Louis, il ne put détacher son regard de l'homme vieillissant que Frontenac considérait comme son pair. Le Rat était un redoutable orateur, prolixe en ces longues et solennelles tirades qu'il ne fallait à aucun prix interrompre. François en perdit à tout coup le fil.

— Je t'expliquerai ce que tu sais déjà, lui chuchota Falernes à l'oreille.

François avait assimilé les méandres d'une guerre qui faisait des mêmes peuples des alliés ou des adversaires. Les Sauvages n'étaient pas tous méchants, tels ceux-là dont la fidélité au roi et à son représentant en Amérique ne se démentait pas. Ainsi fallait-il cependant aux Français des ressources de patience et de doigté pour éviter de les froisser.

A la fin du banquet, ponctué de discours et d'offrandes, il y eut des danses. Lorsqu'il vit monsieur de Frontenac se lever de son fauteuil pour aller s'agiter au milieu de ses hôtes, au son des tambours, François ne put s'empêcher d'applaudir. Frappant le sol du talon, levant les bras, marchant à petits pas

1. Echarpes faites de perles de coquillages.

scandés, le gouverneur du Canada rayonnait d'une joie d'enfant. François se pencha vers son tuteur.

— Alors, monsieur, c'est la paix, maintenant ?

— Avec ceux-là, depuis longtemps. Les autres, comme tu le sais, ne sont pas tous dans les mêmes dispositions. La paix, ma foi, on l'espère.

François goûta intensément ces instants. Les bruits de la fête résonnèrent dans sa tête comme les buccins d'un triomphe romain. Il ferma les yeux. Il était au centre du monde, auprès d'hommes surgis de la grande histoire pour s'asseoir à ses côtés.

Daniel pouvait bien le regarder de haut, lui qui côtoyait les tribus alliées sur les sentiers de la guerre. François l'admirait sincèrement ; il serait toujours pour lui l'un de ces héros arpentant le pays les armes à la main ; mais fort éloigné des lieux où se négociait le sort des gens.

La politique était chose fascinante, qui plaçait ainsi les puissants sur des socles de statue, et autorisait parfois les humbles à comprendre le cheminement de leur pensée.

13

Eté 1692

Une fois encore, le sergent avait vu juste, Daniel Beauchêne ne reparaîtrait pas de sitôt à Québec. Les vicissitudes de la guerre n'avaient pas tardé à ranger l'embellie de la retraite anglaise dans les tiroirs aux bons souvenirs. Tandis que Frontenac réclamait en vain un millier d'hommes au roi, les Iroquois, réduits à la misère et se sentant menacés dans leur survie même, avaient multiplié les coups de main, obligeant les habitants de l'amont à créer un véritable corps de défense civile. Tout le monde devrait désormais se battre.

Il y eut des morts sous les défenses consolidées de Montréal, des coups de main sanglants dans la campagne, à deux lieues à peine de la ville. Arriva le moment où les Indiens ne purent plus commercer quand les Français se trouvèrent incapables de moissonner.

« On va tous crever de faim », avait lâché, lugubre, le sergent La Tulipe.

Daniel n'avait cure des considérations politiques de son compagnon de route. Le désordre de ses pensées, les désirs contraires de retrouver les bras de Tiphaine, de courir les bois et de continuer à chasser l'Iroquois assombrissaient encore son humeur naturellement maussade.

Lorsque, ayant rejoint avec une troupe d'une trentaine d'hommes le village allié, il découvrit sa fille emmaillotée, tétant le sein d'Oneida, il se dit qu'il ne devait pas appartenir à cette histoire-là. Les choses allaient pourtant naturellement, la bourgade et ses vieillards, les jeunes gens revenant de la chasse, les femmes vaquant à leurs multiples occupations.

— J'attends des ordres de Montréal, le prévint La Tulipe. Tu es chez toi ici, comme tu le vois, personne ne te tient rigueur de ta longue absence. Chez ces êtres, le temps ne compte pas comme chez nous.

Il appelait ça le repos du guerrier. Il convenait d'en profiter avant que la marche ne reprît. Daniel s'assit contre le mur de bois et de terre séchée de l'habitation et ferma les yeux. Son épouse avait l'air heureuse de le voir. Elle avait accouché à l'écart du village, dans l'un de ces refuges où séjournaient les parturientes et les filles en périodes de menstrues. Un cercle de mères s'était formé autour d'elle. On l'avait assistée, les matrones avaient fait leur travail et des dieux favorables avaient épargné l'enfant.

Elle ne lui réclama rien, fit comme si la vie continuait son cours paisible. Lorsqu'elle lui tendit l'enfant, il fut pris de panique. Pour la première fois de sa vie, il tenait un nourrisson dans ses bras. A Lachine, c'était l'affaire des mères et des sœurs, on les regardait se mouvoir autour des berceaux, il ne serait pas venu à l'idée d'un frère ou d'un père de s'en mêler.

Il observa sa fille. A la différence des petits Iroquois, elle avait un nez à l'arête bien marquée, des yeux à peine bridés, un visage ovale tranchant avec les lunes cuivrées de ses semblables. Daniel ne la conserva pas longtemps sur lui. Il la rendit à Oneida et celle-ci lui donna la réponse à une question qu'il n'avait pas eu l'idée de poser :

— Ozadée.

C'était le prénom de l'enfant. La Tulipe, qui passait par là, accompagné de son fils, précisa que cela voulait dire « Soleil levant », en iroquois.

Bientôt, la longue maison ne fut plus éclairée que par les braises des feux, Oneida se glissa contre Daniel. Lorsqu'elle posa ses lèvres contre son torse, il eut envie de la repousser, mais l'attaque subite d'une compagnie de maringouins les força à s'enfouir sous la couverture. Oneida s'empara d'un pot, enduisit ses doigts d'une crème dont elle entreprit d'oindre son époux.

Elle procédait par amples mouvements, massait en même temps le corps de Daniel. Il se laissa faire, imaginant les mains de Tiphaine voyageant ainsi sur sa peau. Les Français n'avaient pas de ces pratiques, ils se protégeaient en tapant sur les bestioles. Peu à peu, il sentit un bien-être l'envahir, une onde douce le parcourut quand bien même l'odeur de graisse rance de l'onction agressait ses narines.

Oneida le scrutait tout en le caressant. Il la laissa faire, attendit qu'elle fût parvenue à son ventre. Lorsque, assez rapidement à vrai dire, il la désira, il l'attira contre lui, ferma les yeux.

L'hiver de Québec était loin, comme la ville elle-même, comme les doigts de Tiphaine frôlant l'amant inexpérimenté. Il mêla son soupir au râle de l'Indienne et se laissa conduire, ainsi faisait-on volontiers l'amour dans les villages iroquois ralliés au roi de France.

Il passa quelques jours dans la bourgade catholique, sous l'œil vigilant de La Tulipe. Les désertions n'étaient pas rares dans un aussi vaste pays, le sergent en connaissait bien les causes ; c'étaient des histoires de cœur ou de dettes, rarement d'honneur. On fuyait les dangers de la guerre, les menaces des créanciers, l'attrait du castor conduisait parfois loin des hors-la-loi en rupture avec les contraintes de la société coloniale.

La Tulipe avait deviné les tourments qui agitaient son compagnon. Lui-même avait parfois éprouvé l'envie de se débarrasser de son uniforme et de s'en aller courir les bois, mais pour cela il avait attendu que ses contrats avec les armées fussent parvenus à leur terme. Aussi ne supportait-il pas l'idée que ses hommes fussent suffisamment tentés pour franchir le pas.

« Je les retrouve et je les allège de leurs cheveux », prétendait-il.

Daniel n'éprouva pas ce désir. Le village d'Oneida semblait à l'écart du tumulte, comme protégé par des dieux lassés des souffrances des uns et des autres. Daniel avait d'emblée refusé de se mêler aux chasses des jeunes gens. Il finit par accepter de les accompagner en forêt, où ses talents de tireur firent merveille. Le sergent l'en félicita.

— Ils ne sont pour rien dans le massacre de Lachine. Leurs parents se sont battus à mes côtés au milieu de ce siècle, déjà. Beaucoup de ces hommes-là ont été découpés au couteau par des diables de la même race. Tu les hais au fond de toi, et je te comprends, mais, encore une fois, on ne peut pas tuer tout le monde, Daniel.

La Tulipe avait armé leurs fils pour qu'ils participent à la grand-messe guerrière du roi Louis, certains d'entre eux s'étaient distingués, entre rivières et lacs. Daniel se demanda pourquoi il s'infligeait l'épreuve de vivre, ne fût-ce que quelques semaines, à leurs côtés. La Tulipe avait eu son idée derrière la tête, l'amener en territoire hostile pour le mettre à l'épreuve, lui montrer, aussi, que la guerre n'était pas une chose simple et qu'en effet, on ne pouvait de toute manière jamais tuer tout le monde.

Daniel observa les femmes. De l'aube jusqu'au crépuscule, aux champs comme auprès des berceaux et des marmites, tissant et ravaudant, trayant et vannant, elles s'activaient à toutes sortes de besognes, en vérité, elles régnaient bel et bien.

— Les guerriers ne se peignent pas sans leur consentement. Imagines-tu ça chez nous ? Des capitaines recevant l'autorisation de leurs épouses pour partir en campagne ? Eh bien, ici, c'est comme ça.

Un jour, une femme qui se rendait à Montréal pour rencontrer le gouverneur visita la bourgade.

Elle venait des profondeurs du pays onneiout, s'appelait Suzanne et était sachem.

— Il y a dans son clan un prêtre français qui s'appelle Millet, expliqua La Tulipe. Ils l'ont fait prisonnier un peu avant la nuit de Lachine. Suzanne a délié ses mains et l'a abrité sous sa tente. Maintenant, il baptise les enfants et tient les adultes sous son influence. Les Anglais leur demandent de le leur livrer mais Suzanne l'interdit. Ça aussi, c'est la guerre, mon garçon, et pas si loin d'ici.

La femme se planta devant Daniel, le toisa. Elle était massive et joufflue, portait une veste sur une longue robe frangée, serrée à la taille par une ceinture de laine fléchée. Un chapeau rond, trop petit pour sa tête, accentuait son aspect courtaud.

— Es-tu aussi bon chrétien que ta fille ? lui demanda-t-elle.

Il se raidit. Ozadée avait été ointe, c'était dans l'ordre catholique des choses. Pour le reste, Daniel n'appartenait plus vraiment à cette famille-là. La femme eut une moue de dédain.

— Il n'y a plus beaucoup d'hommes ici, dit-elle, tâche d'en être un qui mérite de les remplacer. Et demande chaque jour au Seigneur de te garder en vie jusqu'au lendemain.

Daniel reçut la recommandation comme un soufflet. Il eut un geste vers son poignard, se ravisa aussitôt. La Tulipe et elle échangèrent quelques mots, puis elle tourna les talons et s'éloigna, suivie de sa garde.

— C'est une sainte, apprécia le sergent, respectée de tous. Tu vois, elle vit chez nos ennemis et peut ainsi franchir la frontière qui nous sépare d'eux. Au

Canada, beaucoup de gens désirent la paix, en fin de compte.

Daniel eut du mal à admettre que l'on pût ainsi franchir les lignes en allié tout en laissant derrière soi une sorte de captif volontaire. La Tulipe leva les bras au ciel.

— Les roueries de la guerre, couillon. Notre chef à tous sait ce qu'il fait et, ma foi, il le fait bien. Si le bon Dieu l'avait créé iroquois, hé bé, on aurait eu du mal avec lui.

Le désarroi de Daniel l'amusa. La matière brute échappée du charnier de Lachine se polissait un peu.

L'été de cette année-là fut torride, annonçant de belles moissons à des gens de moins en moins sûrs de pouvoir les mener à bien. Il ne fut, à ce point de la guerre, d'endroit où Français, Anglais et Sauvages pussent se sentir en sécurité. A ceux qui voulaient déraciner la mémoire de la France en Amérique[1] répondirent les discours et les actes de stratèges impatients de dévaster le nord de la Nouvelle-Angleterre. Attaques éclair, meurtres, embuscades et rapines, tous les coups furent permis.

Ainsi poussés par les aléas de cette guerre sans merci, La Tulipe et ses hommes pérégrinèrent jusqu'en octobre, des rives de la rivière des Outaouais à celles du lac Champlain. Il fallait répondre à chaque attaque et si possible, une fois les morts enterrés au bord des chemins, courir sus à l'adversaire. La Tulipe croyait dur comme fer à cette tactique.

1. Souhait officiel des autorités anglaises.

« L'Onneiout et le Mohawk doivent penser qu'ils n'auront jamais de répit. »

A cet exercice, la petite troupe du sergent continua à s'endurcir au fil des semaines. Son enseignement dans le décor même du conflit portait ses fruits, à la grande satisfaction du gouverneur.

« Nous devons faire encore mieux, mais pour cela, des hommes ! Il me faut des hommes ! » martelait Frontenac.

Le roi faisait la sourde oreille. Il avait pris Mons et Namur mais perdu ses plus beaux vaisseaux à la Hougue, les nouvelles arrivées de France ne portaient pas à l'optimisme. La Tulipe en fit une brève synthèse :

— On se battra partout à la fois, comme là-bas en Europe.

Novembre 1692,
au sud du lac Champlain

Cette fois, Daniel Beauchêne ne s'attarda pas à contempler la forêt d'automne ruisselant sous la pluie. Le brouillard avait bel et bien scindé la compagnie. On se retrouvait à sept, trois soldats fraîchement débarqués de France et les deux pisteurs iroquois. On pouvait rebrousser chemin, retrouver sans difficulté le fleuve Hudson en aval du lac Champlain. Les soldats plaidèrent pour cette solution. La Tulipe décida qu'il fallait tenter de retrouver le gros de la troupe.

Il y avait eu une bataille assez sanglante menée par monsieur de Verchères, un gentilhomme de Frontenac, contre un parti de Mohawks. On avait brûlé des bourgades, coupé des chevelures, dont le prix avait été porté à douze livres par décision royale. La tentation de piquer vers le sud avait été grande.

« Garçons, avait annoncé La Tulipe, nous allons cette fois chatouiller les Anglais sous les murs de leur foutue ville d'Albany ! »

Des pluies incessantes avaient ralenti la colonne française, puis était tombé, des jours durant, un brouillard épais propre à décourager les initiatives devenues par trop aventureuses. L'hiver approchait. On s'en retournerait à Montréal.

Une fois de plus, le projet de conquête des Français fut remis à plus tard. Les cités anglaises devinrent, dans les esprits acharnés à les soumettre, des mirages vers lesquels on irait toujours en vain.

La troupe s'étira le long de la rivière Hudson, en direction du lac Champlain. Par un effet de ressac, cette retraite succédant à une marche de futurs vainqueurs assombrit les humeurs. Isolés au pays des Mohawks, les hommes avaient hâte de se retrouver en territoire ami, dans les plaines bordant le Saint-Laurent. Il convenait d'y parvenir avant les premières neiges.

Le capot de fourrure fermé jusqu'au cou, le chapeau enfoncé bas sur le front, Daniel marchait, silencieux, aux côtés de sa maigre compagnie. Lorsque le sergent distingua, à l'approche d'un petit lac, les silhouettes d'une dizaine d'Indiens, il était déjà trop tard pour se défendre ou pour fuir. Fondant sur eux tels des fauves, les Mohawks se jetèrent sur le petit groupe d'où ils extirpèrent aussitôt les pisteurs.

— Ceux-là peuvent se recommander à Dieu, murmura le sergent.

Tandis qu'il se faisait désarmer, Daniel les vit disparaître dans la brume, entendit presque aussitôt leur cris. La chevelure iroquoise catholique avait été elle aussi réévaluée.

— Dix livres anglaises, estima La Tulipe.

Les Mohawks appartenaient aux clans décimés par les Français. Ils s'étaient battus quelques jours plus tôt, avaient été défaits. On savait aussi qu'ils n'avaient pas forcément pour habitude d'échanger leurs prisonniers. Daniel pensa que sa dernière heure était venue. Les Indiens trépignaient autour de lui, tendaient leurs lames vers son cou. La Tulipe tenta de parlementer, en vain. Las de l'écouter, l'un des guerriers lui porta un coup de couteau à la cuisse, qui le força à s'agenouiller.

— Il m'a percé, ce diable peint.

Daniel se précipita tandis que les Mohawks emmenaient les trois soldats. Il aida son mentor à se relever, le soutint, puis il se mit à son tour en marche.

La Tulipe gémissait par instants. La lame l'avait traversé de part en part. Il fallait bien que cela arrivât un jour, c'était l'expédition de trop ; à courir ainsi la Nouvelle-Angleterre, une telle rencontre était inévitable.

— On va vers le sud, dit-il, c'est le chemin qui mène à Schenectady. On est costumés en civils, on n'est ni prêtres ni soldats, c'est notre chance, à c't'heure.

Tandis qu'il aidait son compagnon à avancer, Daniel songea aux hasards de telles entreprises. Il lui fallait mémoriser les éléments à peine distinguables du paysage, un autre lac longé par un chemin rectiligne, des arbres où il avait appris à lire les signaux gravés dans l'écorce, des clairières couvertes de fougères mourantes. La balade dura une bonne heure, avec pour terme une bourgade d'une quinzaine à peine d'habitations dont la population, ameutée, accourut vers les arrivants.

— Couillon, nous voilà bien mal engagés, constata, amer, La Tulipe. Ces Sauvages sont gens étranges, qui ont toujours quelque insulte à laver.

Il se laissa tomber à même la boue, s'appuya sur un coude. Le village semblait s'être rassemblé en entier autour des prisonniers ; des gens par dizaines, des très vieux, des enfants au spectacle, des femmes et, plus inquiétant, un contingent de jeunes guerriers aux visages peints, aux yeux rougis par la colère, aux rictus valant sentence.

Les trois soldats furent immédiatement séparés des autres et conduits vers des poteaux plantés sur la terre boueuse de la place publique. En chemin, la foule leur jeta des pierres et les bastonna. Là, ils furent attachés, mains dans le dos, par le thorax et par les hanches.

— Les enfants des Lakotas[1] sont autorisés à les percer de flèches, ça les aguerrit, commenta sobrement La Tulipe. Icitte, c'est différent, on larde aussitôt.

La mise à mort prochaine des soldats l'inquiétait au plus haut point. Durement châtiés par les troupes

1. Tribus de l'Ouest communément nommées Sioux.

de Frontenac, les Mohawks avaient un besoin de vengeance et d'exorcisme suffisamment pressant pour se dispenser d'une monnaie d'échange. Leur zèle était à la dimension de leur rage.

— Regarde, voilà le chef, on va peut-être pouvoir discuter...

Un homme entre deux âges, aux cheveux noués sur la nuque, vint vers eux. Drapé dans une toge ocre doublée par une couverture, le front ceint d'un bandeau tenant une unique plume, il se campa devant La Tulipe, le toisa longuement.

— Quel est ton nom ? lui demanda-t-il dans sa langue.

Le vieux coureur des bois s'inventa un patronyme courant, Bellefontaine, espérant qu'aussi loin de Montréal personne ne s'aviserait de reconnaître en lui un traqueur d'Iroquois dont les exploits dépassaient largement les frontières du Canada.

— Que fais-tu ici, sur la terre des Mohawks ?

— Je cherche le castor, ô puissant sachem.

— Avec des soldats de Frontenac ? Tu te moques de moi.

Il se pencha, porta un coup de baderne à la tempe du prisonnier.

— Ta bouche est pleine de mensonge, comme celle des faces pâles de Québec. Vous venez chez nous avec l'intention de nous chasser. Vous dites que vous voulez le castor mais en vérité c'est nous qui sommes le gibier. Vous vous faites la guerre entre chefs blancs, mais c'est nous qui tuons pour vous, ou qui sommes tués à votre place, quand nous ne mourons pas des maladies que vous avez apportées de par-delà la grande mer.

Le sergent se releva avec peine, demeura courbé, les mains sur les cuisses, grimaçant de douleur.

— Lorsqu'ils sont venus contre les Anglais à Schenectady, dit-il d'une voix rauque, les Français ont capturé quelques-uns de tes guerriers. Parce qu'ils sont généreux, ils te les ont rendus lorsqu'ils sont retournés au Canada. Ils auraient pu les mettre à mort, ils ne l'ont pas fait.

C'était un argument désespéré. Les Français étaient de retour, cette fois pour coucher des guerriers. Le chef leva haut le menton, parut réfléchir.

Daniel se rappela les leçons de son compagnon. Les aléas de la politique pouvaient en quelques jours faire des alliés d'hier les adversaires les plus féroces. Il regarda les hommes attachés aux poteaux, pensa qu'il n'aurait guère eu le temps de vivre avant de connaître, à sa grande peine, les réjouissances à venir.

Le chef mohawk n'en avait pas terminé avec ses récriminations. En ces temps de troubles et de conflits, les espions pullulaient entre lacs et forêts d'Amérique. Les Iroquois du Sud étaient, par tradition autant que par intérêt, fidèles aux Anglais. Mais il n'y avait pas que cela. Attaquées par les Français, minées par les fièvres, ces tribus que le destin plaçait sur des limites d'empires se soumettaient de fait à la puissance du plus proche d'entre eux.

— Des gens de ta race sont retenus à Québec depuis des lunes, lui dit le sergent. Si tu nous mets tous au supplice, nous serons vengés de toute façon, et tes guerriers seront brûlés...

Le chef le fit taire d'un nouveau coup de verge. Il n'était pas concerné par les tractations en cours et tenait à conserver sa liberté.

— Les Français ne sont que menteries. Ils disent vouloir la paix avec nous, en même temps ils font parler leurs mousquets contre mes guerriers. Beaucoup ont eu le cœur percé par la poudre française et quand Frontenac dit qu'il est notre père à tous, il ment aussi. Frontenac n'est pas mon père et ses hommes ne sont pas mes frères. Le feu vit toujours sous la chaudière et le sang coule encore sur la terre des Mohawks.

Il restait un espoir : que des femmes du clan acceptent d'adopter un ou plusieurs prisonniers. Cela se pratiquait entre tribus en guerre, mais fort rarement au bénéfice de Blancs. Songeant au village où vivait sa fille, Daniel ressentit à cet instant une bouffée de nostalgie. Sa vie était un chaos dont le terme approchait à mesure que tombait la nuit. Le brouillard s'était estompé en partie, tout, autour des captifs, était de la teinte uniforme et grise du ciel. Une bien vilaine journée pour mourir.

La Tulipe écarta du pied la pièce de tissu servant de porte à l'habitation.

— Té, petit, tu peux voir ça d'ici.

Daniel rampa jusqu'à l'entrée. Un feu avait été allumé au centre de la place, éclairant par intermittence les trois hommes autour desquels la danse avait commencé.

— Ils ont de la gnôle, dit le sergent, les Anglais ne lésinent pas là-dessus, notre gouverneur non plus, remarque bien, l'évêque le lui reproche assez fort. Ça, tu vois, ce n'est pas bon signe, l'eau-de-vie, ça peut tuer.

Vingt gentilshommes avaient participé, quelques années auparavant, au Conseil souverain sur le sujet. Ils avaient voté en fin de compte pour la licence, avant de tous périr de mort violente, à la guerre ou dans les bois. Un signe du ciel, pour beaucoup. Les religieux, toujours à l'affût de quelque admonestation, ne s'étaient pas privés de chapitrer leurs ouailles sur le sujet.

Daniel écarquilla les yeux. Eau-de-vie ou pas, vengeance divine ou simple erreur humaine, il lui apparut d'emblée que les trois malheureux soldats auraient le temps de se voir mourir. Il entendit leurs premiers cris, vit des Mohawks qui se ruaient sur eux, sans ordre précis, tandis que les autres continuaient leur sarabande au rythme imperturbable des tambours.

— Ça t'entre dans la tête, cette chose, murmura-t-il.

— L'ennui, c'est que ça y reste un bon moment.

La Tulipe avait sa mine des mauvais jours. Sa blessure avait cessé de saigner, son pantalon était moite d'un mélange de boue et de glu rougeâtre. La pestilence ne tarderait pas à se mettre là-dedans. Daniel avait vu des hommes ainsi putréfiés. Leur corps dégageait des senteurs irrespirables, à peine trépassés on les jetait à la fosse sans tarder.

Paupières plissées, une moue de scepticisme aux coins des lèvres, le sergent goûtait modérément l'instant. Daniel laissa échapper un long soupir. C'était à la pointe des couteaux que les Indiens travaillaient leurs sujets ; telles des guêpes, ils lardaient les corps au passage, qui visant une orbite, qui un entrejambe, qui un bras tailladé comme un sac ouvert sur du grain ou de l'étoffe. Et les cris, des beuglées à faire peur, répondaient au chant psalmodié des bourreaux.

— Ils leur boivent le sang, dit Daniel d'une voix fauve.

— Ils leur mangeront le cœur, tout cru, pour finir. C'est là qu'est la force de l'ennemi, il faut la mettre dans son propre corps, l'avaler, comme ça, on sera plus forts que lui une fois arrivé au paradis des guerriers. Tu comprends ? Ils ne te haïssent pas, mais ils n'ont pas envie que tu les bastonnes chez les morts. En vérité, ils ont peur de toi tant qu'ils ne t'ont pas becqueté.

Nauséeux, Daniel se laissa retomber sur le côté. Pieds et mains entravés, il ne pouvait se déplacer que de quelques centimètres. Ainsi ses geôliers se dispensaient-ils de le surveiller. Toute fuite semblait impossible.

Il arrivait cependant que des captifs réussissent à s'échapper de ces villages. D'autres y vivaient des destinées surprenantes. Daniel repensa au prêtre prisonnier chez les Onneiouts de la sachem Suzanne. Quelle étrange aventure... Mais lui avait une vraie valeur marchande, et puis les Sauvages n'étaient pas insensibles au discours chrétien. Daniel avait longtemps cru qu'ils raisonnaient à peine mieux que des animaux. C'était faux. Oneida priait la Vierge Marie chaque soir même si, en cachette, elle faisait ici et là des offrandes aux divinités de la rivière et de la forêt. Arrangements.

Il ferma à nouveau les yeux.

— Oneida.

Il l'imagina contant l'un de ses rêves à sa fille. Elle connaissait les légendes, les êtres magiques enfantés par les divinités, la fantasmagorie indienne incroyablement riche et capable de répondre à toutes les craintes des vivants. Elle était douce, aimante. Tiphaine aussi. Qu'advenait-il d'elle, si longtemps après l'hiver, semblable à nul autre, qu'elle avait partagé avec lui ?

Fuir le cauchemar. La Tulipe avait son idée sur la question.

— Ils ne nous mettront pas au poteau ce soir, dit-il. L'agonie de ces pauvres diables va les contenter. Ils iront se coucher ivres et nous laisseront icitte, au fond d'une case.

Daniel n'aperçut pas grand-chose d'engageant dans ce discours. Du menton, La Tulipe lui montra ses jambes.

— A la mi-nuit, petit, tu soulèveras ma pante droite. Tu trouveras là une petite lame, dans une gaine de cuir tenue par une cordelette. Avec ça, tu déferas tes liens, si toutefois tu veux quitter ce lieu de luxe. Tu n'es pas obligé, sais-tu.

— Mais alors vous viendrez avec moi.

Le sergent hocha la tête, souffla.

— Me v'là bien magané[1], à c't'heure.

Il n'était plus bon à grand-chose et surtout pas à courir la forêt sous la pluie. Daniel insista et se fit vertement rabrouer. C'était un ordre. Il lui serait déjà assez difficile de retrouver seul son chemin, « alors, avec un éclopé sur les épaules »...

— Tu iras de ton côté, un point c'est tout, conclut le sergent.

Daniel se força à regarder le sacrifice. La nuit était pleine de fureur ; une orgie. Un jour, son père lui

1. Fatigué.

avait raconté comment on faisait la guerre en Europe. Les armées marchaient l'une vers l'autre, on choisissait l'endroit où elles s'affronteraient. Lorsque c'était terminé, le vaincu venait s'incliner devant le vainqueur. Il lui offrait son épée, après quoi l'on enterrait les morts dans des fosses. Et des provinces entières changeaient de propriétaire.

C'était assez différent en Amérique, où l'on se fondait dans le décor pour surgir et mettre à sac un village, occire des porteurs, égorger des paysans en lisière de leur champ. Daniel ne fut soudain plus très sûr de la pertinence de son engagement dans pareille histoire. Sa position d'entravé allongé sur la terre les mains dans le dos, tel un poulet, lui offrait une approche différente des rapports humains.

— Vont-ils enfin trépasser, ces bougres ? dit La Tulipe, grinçant.

L'un des soldats était tenu par les cheveux, tête défléchie. Un Mohawk lui tranchait les tétons tandis qu'un autre lui découpait la peau, au front, puis à la tempe et à la nuque, levant enfin son trophée vers le ciel, en offrande. Le soldat vivait encore, sa bouche s'ouvrait et se fermait, sa tête dodelinait.

Daniel tourna la tête. Gémissant, il se tendit et vomit.

Vaguement soulagé, il vit alors un homme se pencher vers lui, un Blanc aux cheveux longs, à l'oreille droite percée d'une boucle.

— *Where are the French ?* lui demanda l'Anglais, insistant aussitôt : Français, où être ?

L'homme avait changé d'allure mais c'était bien celui de Lachine, avec son nez bourgeonnant, son menton allongé, et cette façon de se tenir la tête rentrée dans les épaules dont se souvenait Daniel, qui fit non de la tête ; il n'en savait rien, sinon que monsieur de Verchères ne devait pas être bien loin du village.

— Ils sont quelque part, dit La Tulipe, qui reçut aussitôt un coup de botte dans les côtes.

L'Anglais insista.

— *Where ?* Où ?

— Va te faire foutre, *goddam*[1], je te le dirai si tu tranches nos liens.

L'Anglais saisit son couteau, dont il pointa la lame contre le cou du sergent. La Tulipe ouvrit grand le bec et, ayant fortement inspiré, exhala une bouffée de son haleine au visage du visiteur. Une estafilade sous la pomme d'Adam, profonde, l'en remercia aussitôt.

— Si vous parlez, vous libres.

Le sergent lui dit la vérité :

— On s'était perdus dans le brouillard, quelque part près de l'Hudson. Il faudrait chercher par là.

— C'est vaste.

L'homme jura. Il n'obtiendrait rien de ces deux-là, sauf par la torture. Daniel perçut son inquiétude. Les Français pouvaient débouler par hasard ou presque, avec des forces bien supérieures à la trentaine de guerriers présents dans le village.

— Alors, je vous offre aux Mohawks, conclut l'homme en se relevant.

La lame de La Tulipe avait été bien aiguisée La présence d'eau-de-vie au village était un cadeau du

1. « Damné par Dieu », sobriquet donné aux Anglais

ciel, un assommoir plus efficace que des coups de gourdin.

— C'est maintenant, murmura le sergent.

Quelques secondes suffirent à Daniel pour se débarrasser des cordelettes. Lorsqu'il en eut terminé, il demeura immobile, incapable de bouger. La Tulipe lui donna un petit coup de pied dans les côtes.

— Eh bé, couillon, tu te bouges le cul ou non ?

Daniel serra longuement sa main. L'idée lui vint d'enfoncer la courte lame dans le cœur du sergent. La Tulipe fit non de la tête. Il voulait vivre encore un peu.

Daniel passa la tête sous la toile fermant l'entrée de l'habitation. Le brouillard s'était dissipé, les feux de joie crépitaient encore, dans la lueur fauve des braises. Trois loques rouges pendaient, toujours attachées aux poteaux. On avait ouvert les thorax, arraché puis dévoré les cœurs, ainsi les forces de l'adversaire sanctifiées par la coutume irriguaient-elles les corps des guerriers.

Il convenait de ne pas s'attarder dans ce village inspiré par le démon. Il en existait d'autres, plus hospitaliers. Daniel songea à l'Anglais, qui devait dormir dans l'une quelconque des habitations, à quelques pas de lui. Il le côtoyait pour la seconde fois, aussi impuissant et nu qu'à Lachine.

Progressant courbé, il traversa un champ de blé d'Inde, réveillant de la volaille au passage. Il fut bientôt sous le couvert des arbres, veillé par une demi-lune complice. Il huma la brise, observa la voûte faiblement étoilée.

« Plein nord, petit couillon », lui murmura à l'oreille une voix familière.

Monsieur de Verchères hocha la tête avec circonspection. La brève aventure du fugitif venait confirmer l'impression rapportée par le reste de l'expédition.

— Nous leur avons laissé la vie sauve à Schenectady, pensant que cette mansuétude les rapprocherait de nous. Ce fut une erreur, mieux eût valu les punir sévèrement, au même titre que les colons anglais. Ces Mohawks nous demeurent décidément hostiles. Bast, nous trouverons un autre moyen de nous en faire des amis. Nous gardons en résidence suffisamment des leurs pour qu'ils y réfléchissent de leur côté.

Il se tourna vers l'évadé, admiratif. Daniel avait eu de la chance, les Français avaient attendu que le ciel s'éclaircisse pour reprendre leur marche vers Montréal. Deux cents hommes se trouvaient alors à une journée à peine du bourg mohawk.

Le gentilhomme posa la main sur l'épaule du fugitif.

— Je vous félicite pour votre entreprise, mon ami. Sortir d'un tel guêpier n'est pas donné à tout le monde, d'autre part vous rapportez des renseignements fort intéressants sur l'état d'esprit d'un certain nombre de tribus. Monsieur de Frontenac plaide pour des actions fortes dans ces territoires-là. Il a raison, ma foi. Si le roi nous envoie les troupes que nous lui réclamons, nous ferons place nette. En attendant, puisque ces Sauvages ne sont qu'à quelques heures d'ici, nous irons les visiter avant de regagner le Canada.

Le projet convenait à Daniel. Les guerriers n'étaient pas suffisamment nombreux pour résister à l'assaut d'une petite armée. Et puis il subsistait une chance de trouver La Tulipe encore en vie.

Les hommes ne semblaient pas pressés de partir à l'assaut du village. L'ordre de marche viendrait bien assez tôt. Monsieur de Verchères avait été formel ; on attaquerait les Iroquois à l'aube, lorsque, gavés d'alcool et de sanglantes ripailles, ils se seraient retirés dans leurs habitations.

La pluie s'était remise à tomber, chuintante, verticale. « Novembre, ce n'est pas le bon temps pour faire la guerre, grommelait La Tulipe. L'air et l'eau te rentrent de partout, tu rêves de t'égoutter devant un feu. Le mieux, c'est en avril ou en mai, quand l'air frais donne des envies de folâtrer. »

Cette nuit-là, Daniel ne put s'empêcher de songer à son ami. En avait-il vu des choses et connu des aventures, ce vieux débris dont le plaisir le plus intense, hormis le découpage d'une chevelure, était de prendre les jeunes recrues à la course le long des rivières, là où toutes sortes d'obstacles et de pièges faisaient de l'entreprise un cauchemar pour non-initiés... Daniel revit sa bouche ouverte sur des rires sans dents, sa joie enfantine lorsqu'il rejoignait les hommes à bout de souffle, lacérés par les ronces, boueux jusqu'aux sourcils. « T'as qu'à croire ! » leur lançait-il, goguenard.

Et il leur soufflait au visage une bonne bouffée de sa pipe mâtinée de remugles fétides. « Respire, ça te fera du bien ! »

— Nous réglerons ça demain, décida Verchères.

Eh, quoi ? songea Daniel. Il n'y aura personne pour soulager ce pauvre diable dès cette nuit ? Et les services qu'il rend depuis tant d'années ne méritent donc pas que l'on s'assure de lui ?

Il garda le silence, attendit, impatient, que le camp français se fût assoupi sous la garde des sentinelles. La nuit enfin là, épaisse et noire, il se glissa entre les tentes, prit le chemin du village. Les Indiens ne postaient pas toujours de guetteurs. Une fois sorti de la forêt, il ne tarda pas à apercevoir la lueur des feux mourants, reconnut l'ordonnancement des habitations, courut, ployé, louvoyant jusqu'à l'espace central où s'élevait le poteau auquel on avait attaché le prisonnier.

La Tulipe agonisait, un souffle rauque s'échappait de sa poitrine. Ses bras et ses cuisses étaient striés de plaies profondes, son crâne portait les traces des casse-tête. Son thorax béait ; on ne lui avait pas arraché le cœur, c'était inhabituel.

Daniel s'empressa. Il prenait le risque d'être capturé à son tour et de donner l'alerte aux Mohawks. Mais pour rien au monde il n'aurait abandonné son vieux compagnon à son sort. Quelques coups de lame suffirent à délier le supplicié. Le sergent n'avait guère de gras sous la peau. Daniel le reçut contre lui, l'épaula puis, aussi vite qu'il s'était introduit dans le village, il se fondit dans la nuit.

La rivière murmurait doucement. Il posa son fardeau sur le sol, tira son couteau de sa ceinture. Le sergent était inconscient, rougi de la tête aux pieds.

Un de ses yeux pendait sur sa joue, sa langue avait été coupée. Le bougre vivait encore, pourtant. Souffrait-il ? Daniel avait à terminer le travail des Mohawks. Ce qu'il fit, visant le cœur et enfonçant doucement la lame, sans autre réaction qu'un long soupir, comme un soulagement.

Il épaula à nouveau le corps, marcha vers la rivière.

— Pardonne-moi de ne pas te mettre en terre comme un chrétien.

Son ami lui avait dit, un jour : « Si je dois mourir quelque part dans cette forêt, tu chercheras une rivière où jeter ma carcasse. Je préfère le commerce des poissons à celui des vers de terre. »

Il y avait autrefois, dans l'île de Montréal, une sorte de prédicateur qui passait de temps à autre par le village de Lachine. D'où arrivait-il ? Personne ne le savait au juste. Les hommes se découvraient à son passage, par crainte plus que par politesse ; tous sauf le curé, qui voyait en ce mendiant capable de jeûner un mois durant un concurrent imprévisible et plutôt persuasif.

« Même lorsque vous serez transformés en pourriture, vos âmes pécheresses continueront à souffrir mille morts après la mort, parce que je vous le dis, le Maître réclame de vous bien plus que de la pureté, et de cela vous êtes incapables ! » clamait-il.

D'aucuns prétendaient qu'il était prophète, le prêtre de la paroisse avait toutes les peines du monde à persuader ses ouailles qu'il n'en était rien. « C'est de la parole pour huguenots, grinçait-il, il suffira bien que vous ayez compassion et repentir sincères pour vous asseoir auprès du Seigneur. »

— Je pense que tu n'as pas de chaise réservée là-haut, et moi non plus, murmura Daniel, mais après tout tu as bien servi la justice, il t'en sera peut-être rendu compte.

Il tira le corps dans l'eau. Puis il le fit glisser dans le courant.

— Dors en paix, vieux bougre.

La rivière allait laver le cadavre. Elle le débarrasserait de ses scories sanglantes, ainsi l'âme du sergent La Tulipe arriverait-elle bien toilettée devant son créateur. Si toutefois elle avait droit à ce séjour-là.

— Ils ont décampé.

Monsieur de Verchères dut se rendre à l'évidence. Sans doute avertis de l'arrivée des Français, les Mohawks avaient abandonné leur village en pleine nuit. Cela arrivait parfois, lorsque les Indiens se sentaient par avance en infériorité.

— Les coups que nous leur portons les poussent désormais à compter leurs forces, constata le gentilhomme. Ils se replient, c'est un fait nouveau et intéressant. Il faudra donc aller les traquer plus au sud encore, ainsi nos forts des Grands Lacs seront-ils bientôt libérés de leur étreinte. Ce poteau est un mystère. Les Iroquois apprécient pourtant que l'on sache ce qu'il advient de leurs prisonniers. Et ils n'ont pas pour habitude d'emmener les suppliciés avec eux.

Il détailla le bout de bois semé de taches rougeâtres. Pour quelle raison les Iroquois auraient-ils emporté le corps du sergent, au lieu de le laisser aux soins des prédateurs ?

Daniel avait la réponse. Pour rien au monde il ne la donnerait. Pressés de se mettre à l'abri, les Mohawks avaient remis à plus tard l'achèvement de leurs exorcismes. Daniel réalisa soudain qu'il s'était introduit, le cœur battant, dans un village déserté par ses habitants, il y avait là quelque chose d'assez cocasse.

— Brûlez tout, ordonna le capitaine, et d'abord les réserves de grain. Ils en ont laissé.

Traquées sur leurs territoires de chasse, attaquées jusque dans leurs bourgades et ainsi privées de leur grain, les tribus avaient entamé ce qui ressemblait à une retraite. Un jour, Frontenac déciderait de leur donner le coup de grâce. Il assiégerait leur capitale et les forcerait à s'asseoir une bonne fois pour toutes à la table des négociations.

— Nous avons fait de la bonne ouvrage, conclut le capitaine. Hélas, je crois que nous avons perdu le meilleur d'entre nous et c'est grand dommage.

Daniel baissa la tête. La mise à feu de la bourgade ne l'intéressait pas. En d'autres temps, il eût avec joie porté les torches sur le feuillage des toitures. Ce jour-là, il se sentit orphelin pour la seconde fois et ce sentiment d'abandon fit couler des larmes sur ses joues.

Il n'avait désormais d'engagement avec quiconque. La perspective de se lancer à nouveau, fusil en main, vers la Nouvelle-Angleterre ne l'enthousiasmait pas. Il lui faudrait se mêler aux autres, subir les ordres d'officiers inconnus. Il réalisa à quel point sa parenté avec le sergent avait été étroite.

La Tulipe avait vu en lui un être qui lui ressemblait, habité par le même goût pour les grands espaces et les rigueurs si contrastées du climat canadien.

Certes, il y avait le service du roi, les contraintes de la guerre ; mais aussi la forêt apprivoisée, le castor, la vie sauvage et cette solitude dans laquelle Daniel se complaisait.

L'aîné des Beauchêne ne suivrait pas les gentilshommes français dans leurs expéditions chez les Anglais. Il avait suffisamment servi leur cause et souhaitait revoir Tiphaine. Le désir de retrouver l'homme à l'anneau ne s'était pas pour autant estompé en lui. Il y avait aussi sa sœur enlevée. Il les chercherait, à sa manière. Jour après jour, il avait appris, agi et observé. Le vieil édenté lui avait montré le chemin, la carte du pays s'était dessinée dans sa mémoire ; elle était aussi précise que celles des géographes de Paris ou de Québec.

Il allait la parfaire, seul.

DEUXIÈME PARTIE

François

14

Québec, printemps 1693

Jean-Christian de Falernes pouvait être satisfait. Des navires étaient arrivés de France à l'automne précédent, une quinzaine au total, portant dans leurs flancs, parmi cent autres produits, ce dont le Canada avait tant besoin : de la ferraille, des armes et des chevaux, du tissu pour les dames et, grand événement pour un pays de froidure, des poêles en fonte.

Hélas, pas de soldats, ou si peu, une centaine d'hommes quand Frontenac en réclamait dix fois plus. Comme à chaque fin d'hiver, la rumeur d'une attaque anglaise courait le long du fleuve. Viendrait-elle du large, ou des forêts frontalières ? Le mystère lui-même était devenu une sorte de routine.

Philippe de Falernes n'avait pas été non plus de ces voyages-là. Le désastre naval de la Hougue, qui laissait, malgré les exploits du corsaire Bart, la France à la merci d'une attaque par mer, avait obligé les stratèges de Versailles à armer des bâtiments civils afin d'en faire des sortes de patrouilleurs. Le

Brillant faisait partie de cette cohorte et croisait face aux fortifications de la Vendée.

« Vous toucherez une juste indemnité, avait promis Frontenac.

— J'eusse préféré revoir mon fils », avait gémi, désespérée, madame de Falernes.

François Beauchêne ne songeait pas particulièrement à cela tandis qu'il établissait un état des cargaisons. C'était au quartier du port, où il appréciait de séjourner. Le redoux y ressuscitait toutes sortes d'activités, le peuple sortait de son long sommeil, cela rappela à François ses premières impressions de Montréal.

Des ouvriers s'activaient dans l'entrepôt Falernes. Dans deux mois, une flotte se mettrait à son tour en route vers la France, chargée des matières premières coloniales, le castor, l'hermine et le loup, mais aussi le bois d'œuvre, ce trésor dont on voulait croire, à Québec, qu'il surpassait en valeur le sucre des Antilles.

François rangea sa plume et son encrier dans la serviette en cuir que son tuteur lui avait offerte pour son anniversaire. A dix-sept ans, il n'avait plus grand-chose à voir avec l'enfant fluet arrivé de Montréal à l'automne de 1689. Long, mince et pourtant large d'épaules, ses boucles blondes en liberté frôlant le col de sa veste, il était le jeune homme dont les filles de la ville basse bravaient le regard lorsqu'il les croisait, celui aussi que bien des mères de Québec commençaient à considérer comme un parti intéressant.

François vivait chacune de ses journées comme un cadeau du ciel, une embellie. Il s'était approprié le fleuve généreux qui baignait la ville, longtemps il avait imaginé le Saint-Laurent comme une mer intérieure, d'ailleurs les gens, parlant de lui, utilisaient ce mot. La mer.

C'était le centre d'un pays, d'une vraie patrie liée à la lointaine France par le sillage des navires. Un monde était à construire, la menace qui pesait sur lui avivait la nécessité de le défendre par tous les moyens, par la guerre sans doute, mais aussi par l'entente avec les tribus. Un jour, les gens en auraient assez de se battre. Ils se réuniraient quelque part et se parleraient, tous ensemble.

François n'avait plus de nouvelles de son frère depuis des mois. Il avait appris la mort du sergent La Tulipe, il connaissait aussi les aléas des campagnes militaires, incessante balance entre les partis en présence. Les communiqués de victoires couvraient la rumeur des défaites, c'était comme une hémorragie au goutte-à-goutte, on savait bien, à Québec, que les embuscades, les brefs assauts, les coups de main saignaient autant la colonie que l'Iroquoisie ; et ce roi, trop loin, concédant à son domaine d'Amérique les rogatons de ses campagnes européennes. Tout en vérité demeurait incertain, une nouvelle bourrasque venue de Nouvelle-Angleterre pouvait tout emporter en quelques rafales.

François quitta l'entrepôt, marcha dans les ruelles de la ville basse. Il ferait quelques rencontres en chemin. Ses activités au service de son tuteur lui avaient permis de multiplier les connaissances un peu partout dans Québec. Les gens louaient son esprit ouvert, son humeur égale, son écoute des autres, et cette curiosité naturelle, toujours en éveil. Pour autant, l'envie de se lancer dans les pas des militaires ne lui était pas venue. Quand d'autres, fils de notables ou d'ouvriers, devenaient miliciens et s'aventuraient sur les pistes forestières, il se contentait des tâches qui lui étaient confiées et s'en trouvait bien.

Une église, Notre-Dame-de-la-Victoire, avait été bâtie au bord de la place Royale, en souvenir de la défaite anglaise. Les dames de Falernes allaient souvent y faire leurs dévotions. François la longeait lorsqu'on l'apostropha :

— Hé, moineau, c'est encore moi, à c't'heure.

Daniel se tenait devant lui. Méconnaissable. Amaigri, le visage tanné par le soleil et creusé par le gel ; une sorte de spectre au regard dur, aux traits semblables à ces roches acérées de haute montagne que le vent tourmente et sculpte.

Vêtu d'un gilet de laine aux couleurs indiennes, d'un brayet de drap doublé de cuir aux genoux, aux fesses, et serré aux chevilles par des mitasses, coiffé de feutre, il ressemblait enfin à son rêve ancien de courir les bois.

François ôta son chapeau, tendit une main que Daniel ne serra pas. Il lui demanda d'où il venait. Daniel eut un geste vague, vers le sud. Il avait abordé en canot et s'était aussitôt occupé de vendre des peaux. Il était devenu voyageur, pour son propre compte, bravait la loi obligeant la vingtaine de trappeurs certifiés chaque année à travailler pour un employeur.

— Tu prends là un risque, lui dit François. Les gouvernants de la colonie font la chasse aux fautifs.

Ce n'était pas tout à fait vrai. Frontenac avait classé quelques affaires de traite clandestine. En ces périodes financièrement aléatoires, on pouvait tolérer quelques manquements à la règle royale.

— La loi, ça m'est égal, éluda Daniel sur un ton rogue, ce pays est à tout le monde. Quant aux juges, on ne les voit guère dans les endroits où l'on se bat. Il ferait beau que ceux-là me cherchent querelle.

Il détailla l'accoutrement de François. Son frère s'était pour de bon transformé en jeune bourgeois de Québec. Jabot et souliers vernis, veste brune, un vrai clerc portant ses documents bien rangés dans une sacoche en cuir.

François s'était débarrassé de sa frêle coquille, prenant, en devenant adulte, les traits fins de sa mère ; comme elle, il était long de cou, svelte, avec, pour contempler le monde, le regard bleu et paisible des candides.

Daniel le complimenta.

— La chrysalide a laissé sortir un assez joli papillon, ma foi.

Il y avait de l'ironie dans sa voix. Pour lui, la société coloniale se divisait en deux parties fort différentes. Celle de la ville, policée, rompue aux roueries du commerce, confite en dévotions diverses et dominant le petit peuple des bas quartiers, dans ses tavernes. Très loin de cette espèce vêtue de soie et maniant l'argent, celle de la guerre, des hommes peints et des trappeurs se confondait avec les immensités d'eau et de bois du pays profond. Ces mondes se frôlaient, se mêlaient à l'occasion, quand les navires accostaient ou lorsque les peaux parvenaient enfin aux embarcadères. Le reste du temps, ils s'ignoraient.

François eut un geste d'agacement. Son frère avait rompu les amarres avec la société. C'était la seconde nature de bien des Canadiens. Daniel Beauchêne était taillé pour la course. Les hommes tels que lui dégageaient une force née entre lacs et rivières, ils étaient des sortes de héros vaguement familiers, inquiétants par bien des traits.

Daniel cita son cadet d'un coup de menton.

— Et toi, où en es-tu, à c't'heure, puisque le métier de la terre est trop misérable pour un monsieur de la ville ? Tu te prépares à devenir gouverneur, ou ministre à Paris, va savoir ?

— Il y a bien de l'ouvrage ici, Daniel. Je pense que nous aimons tous deux très fort ce pays, chacun à sa manière. Nous désirons y vivre, dans des familles qu'il nous appartient de construire.

François considéra son frère, l'air sérieux. La situation de la province n'était guère reluisante. Des années de guerre avaient empêché son développement. Quand la Nouvelle-Angleterre se peuplait par l'arrivée continue de nouveaux immigrants, sa sœur française végétait avec ses quelques milliers de colons, ses chemins boueux, ses capitaines désargentés. La misère du plus grand nombre y occultait la réussite toute relative des bourgeois de Québec.

— Tu parles pour toi, moineau. Ici, oui, on peut rêver pareille chose. Tu as oublié la nuit d'août, à Lachine...

François l'interrompit avec brusquerie. Il n'avait rien oublié. Il prit Daniel par le col, le secoua.

— Il serait bon que tu cesses de me tourmenter avec ça chaque fois que nous nous voyons. Parce que je ne cours pas derrière les Sauvages avec un fusil dans la main, je suis inutile à tes yeux. Si tu penses une chose pareille, alors cesse de me chercher en ville lorsque tu y séjournes. Je me ferai à l'idée que nous n'avons rien à nous dire.

Daniel s'esclaffa.

— Hé, tu ne vas pas m'occire, là ?

— On ne fera pas revenir les morts. Tu sais, j'ai toujours été heureux de savoir que nous remportions des victoires un peu partout et jusque chez les Anglais. Je suis fier de toi, comme tous les gens de cette ville.

Daniel le toisa. Les citadins blottis devant leurs cheminées ne pouvaient deviner ce qu'était sa vie. Tout juste en faisaient-ils des contes pour leurs enfants, à l'heure du coucher.

Les mains dans les poches, l'aîné des Beauchêne se campa devant le fleuve.

— Tu penses à Marguerite, lui dit François, je le sais. Ton chagrin est le mien.

— Et ma colère, aussi ?

Daniel avait pâli. Un jour, peut-être, la paix reviendrait en Amérique, il n'y aurait alors plus de raison de courir sus à l'Anglais pour lui découper le cuir. Tout deviendrait normal, acceptable, on verrait même des navires du roi d'Angleterre à l'ancre devant Québec, arborant leur maudite bannière rouge et blanc ; ce ne serait plus pour canonner, cette fois, mais pour débarquer du rhum, de la ferraille, du grain. Une échoppe nomade, bâtie sur des cadavres en tas.

— Je refuse ça, lâcha-t-il comme il eût craché.

François posa sa main sur son épaule. Daniel ruminait des pensées grises comme les ciels d'hiver sur le lac des Ontarios. Les furtives curées, telle Schenectady, les embuscades tendues aux Iroquois n'avaient pas vraiment apaisé sa soif de vengeance. Dans son cœur brûlait un feu qui le consumait.

— Je cherche encore l'homme à la boucle d'oreille, avoua-t-il, parlant bas. J'ai passé proche de le percer sur la Mohawk, mais ce matin-là, c'était moi le fuyard. Comme à Lachine. Il y a des gens que le destin tient aux genoux des autres. Ils doivent se lever un jour et rendre la justice eux-mêmes. Personne ne les y aidera.

— Il faudra que tu ailles le chercher à Boston ou à New York. La Nouvelle-Angleterre est vaste.

— Je le trouverai, par Dieu, j'irai le sortir de sa tanière, je le tiendrai sous ma botte et je lui découperai le front, les os qui sont dessous et la cervelle, à l'intérieur. Mais toi, pour sûr, tu n'imagines pas chose pareille.

Il regarda longuement le jeune homme déterminé qui lui faisait face. Un bref sourire éclaira son visage. François et lui seraient contraires jusqu'à la fin de leurs jours.

Ce fut le cadet qui prit l'initiative d'aller vers l'autre pour le prendre dans ses bras. Sentant Daniel inerte, indifférent à son étreinte, il rompit.

— Prends garde, dit-il. Quoi que tu en penses, le gouverneur n'a plus pour les coureurs des bois les mêmes largesses qu'autrefois. Ce sont les bigots de Versailles alliés à l'évêché de Québec qui influencent le roi. On trouve qu'il y a trop de mélange avec les Indiens, trop, comment te dire, de petits enfants mi-blancs mi-jaunes. Monsieur de Frontenac sanctionnera pour de bon, à l'avenir.

— Ah ! J'aimerais voir ça ! On était plus prévenants quand nous revenions de Michillimakinak avec deux cents canots pleins à ras bord. Ou quand nous allions porter la terreur à Schenectady. Tu te souviens de ça aussi, j'espère.

Il frappa du pied une pierre.

— Le gouverneur croit que nous autres coureurs des bois devons rentrer sagement à la maison et nous asseoir devant la cheminée pour attendre en paix les beaux jours. Alors, tu penses comme lui, tu obéis, tu sais pourtant que notre maison à nous, c'est la forêt. Moi, de demeure je n'en ai pas d'autre. Je ne suis pas comme toi bien au chaud dans la ville haute, avec des servantes pour laver mon linge et une cuisinière pour me préparer le fricot. Je suis en liberté, mon nom est Daniel Beauchêne, et je ne veux pas que l'on vienne me réduire le droit de courir, de galoper, même, si l'envie m'en prend. Tu entends ce que je te dis ?

— J'entends.

François vit les mains de son aîné. La vie sauvage les avait durcies, épaissies et craquelées, comme elle avait au fil des ans déchaussé ses dents, creusé des rides sur son front et ses joues. Le garçon avait toujours paru plus vieux que son âge ; le temps accentuait cette différence chez l'homme d'à peine vingt ans, ainsi en allait-il souvent de ces infatigables marcheurs soumis aux feux du soleil et aux gels de l'hiver.

Une écorce de sapin centenaire, pensa François.

— Le gouverneur ne fait que parler au nom du roi, plaida-t-il.

Il n'eut pas le temps d'argumenter plus avant. Daniel approcha son visage du sien, à le toucher.

— Ce roi est le même qui a laissé tes pauvres parents se faire massacrer à Lachine, dit-il, menaçant, le même qui a laissé notre sœur partir pour la torture, quelque part dans ce vaste pays. T'es-tu occupé de la chercher, avec tes mines de petit monsieur bien propre et parfumé ? Il a bien fallu que des pauvres gens comme moi se mettent à cet ouvrage-là. Et ne me parle pas, je te prie, de la paix qui vient, à ce qui se dit. Vous la devez aussi à ma race. Les soldats se font tuer pour vos gentilles œuvres, les voyageurs sont liés aux poteaux quand ils se trompent de chemin. Et vous, ici…

Il eut une moue de mépris, repoussa l'insolent qui soutenait son regard.

François leva la main en signe de paix. Il savait que Frontenac préparait de grandes offensives contre les nations ennemies. Malgré la faiblesse des moyens militaires, on irait porter des coups jusqu'au cœur du pays iroquois. Le milicien Beauchêne n'en serait pas, c'était dommage.

— Je dois aller visiter quelqu'un chez les sœurs grises[1]. Sais-tu si le grenadier qui avait battu sa femme est sorti de prison ?

François parut surpris. Il se souvint du séjour hivernal de Daniel, de ses absences. Le mari violent était passé en justice, arguant qu'il avait été trompé. Il y avait eu des témoins pour légitimer les coups portés à sa femme, d'autres pour affirmer qu'elle était malheureuse et violentée. A ceux-là, le Conseil souverain avait donné raison.

François écarquilla les yeux.

1. Les ursulines

— C'était donc toi...

— Et après ? C'est une histoire déjà vieille.

François en demeura bouche bée. L'aîné de Gabrielle Beauchêne avait oublié les préceptes enseignés à Lachine. Jeanne de Falernes n'avait pas tort lorsqu'elle déplorait le laisser-aller des mœurs dans la colonie. C'était à cause du manque de femmes, encore et toujours.

— Je t'accompagne, décida François. Marie de Falernes s'emploie auprès de nos religieuses. Elle s'occupe de quelques pauvres filles en détresse.

Ils se mirent en chemin par la rue Sous-le-Port, grimpèrent la côte de la Montagne. Bien qu'il se sentît désormais bien éloigné, par l'esprit, de son frère, François fut heureux de marcher à côté de lui. Du temps avait passé ; ils étaient les derniers représentants de la famille Beauchêne, des miraculés, et François louait le Seigneur et la Vierge de leur accorder de vivre.

Daniel daigna répondre à quelques questions de son cadet. Le castor ! Mais aussi la loutre et le loup, l'ours, même. Ainsi pouvait-il enfin hanter la forêt à sa guise. Il en savait les itinéraires et les secrets, aux marches des territoires ennemis comme dans leur profondeur. Au jeu de piste, les coureurs des bois étaient aussi forts que les Iroquois ; ils s'y faisaient rarement prendre.

— Alors, tu tiens enfin dans ta poche les pièces sonnantes dont tu rêvais, le complimenta François.

— La monnaie de l'intendant ne sonne guère.

Daniel exhiba les demi-cartes à jouer au bas desquelles le gouverneur avait apposé sa signature. Cela valait espèces sonnantes, et promesse d'être payé en livres quand l'argent du roi arriverait de France. Une sorte de crédit garanti par l'Etat. Daniel possédait de quoi séjourner à Québec assez longtemps.

— J'ai du monde à y voir, dit-il, sibyllin.

Soudain, il s'arrêta.

— J'ai une fille chez les Onneiouts, dit-il, souriant enfin. Elle s'appelle Ozadée, Soleil levant, et vit en paix avec les siens.

Il considéra François avec un air de défi. Vivre chez les semblables des assassins de Lachine n'était pas à la portée du premier venu. Les gens de Québec ne pouvaient imaginer ce que cela représentait, pourtant, c'était possible, les villages amis ne manquaient pas d'enfants à la peau claire et aux cheveux bouclés, qui respectaient le roi de France et se battraient pour lui.

François ne fut pas choqué. Il n'avait pas pris ce chemin-là.

— La colonie se construit et se défend ici aussi, dit-il, mais c'est vrai, les métis n'y sont pas très nombreux.

Il poussa une porte, fit entrer Daniel dans le petit jardin des religieuses. Un préau meublé de bancs en bois bordait le bâtiment de pierre percé, sur deux étages, de hautes fenêtres. Daniel n'était jamais venu dans ce lieu récemment agrandi où tout était quiétude, silences, voix lointaines de jeunes filles chantant au son de guitares.

Des sœurs passèrent, vêtues de gris, coiffées de cornettes. François les salua. Le couvent était, proche de l'Hôtel-Dieu et de l'Hôpital général, une ruche parfaitement ordonnée, où l'on priait, hébergeait, soignait et enseignait. Les enfants abandonnés, nombreux, y étaient recueillis avant qu'on leur trouve des familles d'accueil.

— Le palais du Bien, Daniel. Les femmes sont dans l'aile ouest.

Ils pénétrèrent dans un long couloir sur lequel s'ouvraient des cellules ainsi qu'une salle commune. Une humanité en chemise longue vivait là, assise au bord de grabats ou déambulant. Des femmes de tous âges, une dizaine, certaines portant des nourrissons, d'autres, le regard absent, immobiles, méditant Dieu sait quelle mémoire.

On gardait là les paisibles, temporairement. Les agitées étaient enfermées dans les hospices.

— Marie, tu te souviens de mon frère Daniel ? Il a dîné à la maison il y a déjà bien longtemps.

Elle inclina brièvement la tête. Daniel se souvenait d'une donzelle un peu maigre mettant son grain de sel dans les conversations ; il découvrit une jeune femme au visage aminci, au regard noir, intense, avec, dans son expression, un reste de morgue adolescente tempéré par un charmant sourire.

— Daniel vient visiter une amie, tu sais, cette femme de grenadier dont nous avons parlé autrefois.

— Ah, oui, la pauvre. Elle est au fond de la salle.

A la vue de Tiphaine Saurans prostrée sur une chaise, Daniel se sentit pâlir. Le spectre figé qui le regardait sans le reconnaître n'avait plus rien à voir avec son amante d'un hiver. Efflanquée, livide, une joue barrée de la tempe au menton par la boursouflure pourpre d'une cicatrice, elle dodelinait avec lenteur, semblant voguer dans des limbes.

— Sa tête a heurté le rebord d'une cheminée, expliqua Marie. L'homme a prétendu qu'elle s'était ouvert la joue en tombant d'elle-même, mais les archers ont déclaré que c'était sans doute une lame...

— Où est-il, à c't'heure ? demanda Daniel.

— Sa compagnie est partie en expédition sur la côte nord, avec monsieur d'Iberville. C'était en février, ils allaient reconnaître le chemin qui mène à Terre-Neuve, car le gouverneur pense qu'il faudra bientôt s'en aller prendre l'île aux Anglais. Ils sont revenus de cette marche il y a peu.

Poings serrés, Daniel scruta le regard de Tiphaine, espérant y déceler un éclair de lucidité, quelque chose qui la rattachât au monde des vivants. En vain. La femme du grenadier était ailleurs, où personne ne semblait plus pouvoir l'atteindre.

Daniel vit ses mains posées sur ses genoux, inertes. Il se souvint de sa chair douce et ferme pressée contre lui, des griffes plantées dans son dos, des mots chuchotés à son oreille. Elle lui avait tout appris de l'amour. Le petit habitant mal dégrossi, au cœur durci par les rigueurs sans pitié de la guerre, s'était apaisé au fil des nuits, découvrant jusqu'au plaisir du bavardage et de l'insouciance. Pécheur ravi, devant un Eternel soudain complice et par là aimable. Qui pointait soudain le doigt vers lui et lui montrait ce désastre de plus.

Il se détourna, d'un coup, quitta la pièce. Marie se signa. Elle s'était intéressée à la femme violentée, tâchant de fixer son attention, parlant de choses futiles et d'autres, plus graves, sans autre réaction que ce balancement sans fin où naviguait Tiphaine Saurans.

« Elle est possédée », disait-on autour d'elle.

Comme de la plupart de ses semblables recueillies au couvent. Un démon capricieux occupait ces esprits-là, des gens l'avaient même aperçu pénétrant à l'intérieur de ses victimes : un corps de serpent, un front cornu, des yeux de feu, un monstre bon pour les exorcismes.

— Elle est dans un autre monde, dit Marie, un monde où les gens n'ont plus besoin de se battre.

François se recoiffa. Il se sentait mal à l'aise au milieu de ces femmes martyrisées par la vie. C'était là l'affaire des religieuses et des dames de compassion.

Il huma, soulagé, l'air piquant de la colline. Les remugles de la ville basse ne parvenaient pas à ces altitudes caressées par la brise. Daniel garda longtemps le silence. Il avait encore dans les narines la senteur fade de la salle commune. Tiphaine ne savait même plus qui elle était, le visage que lui renvoyaient les miroirs lui était étranger.

— C'est mieux ainsi, murmura François.

Il vit le désarroi de son frère, reconnut sa mine de chien en colère. Daniel le taiseux laissait sourdre en rage froide les sentiments enfouis en lui.

— J'ai à faire, moineau, je serai ce soir au Chien d'Or, enfin, peut-être. Tu ne dois guère fréquenter ce genre d'endroits...

C'était en partie vrai. François était allé y vider quelques verres de vin avec d'anciens condisciples du Séminaire. L'observation de la faune qui grouillait dans la fumée des pipes lui avait été utile. Il y avait là du peuple, bougon ou criard, divers ; du calfateur et du soldat, du boulanger et du clerc, du vieillard sans autre emploi qu'engraisseur de taverniers, du paysan, même, s'octroyant une soirée de ribaude avant de retourner à son champ.

— J'y viendrai, promit-il.

Marie fronça les sourcils. Daniel Beauchêne appartenait à une confrérie dont elle prisait peu les manières.

— Il y en a quelques-uns en prison, les lois sont faites pour être respectées.

— Même celle de battre femme et enfants ? Je te croyais tenante de son abrogation.

— Pour sûr ! Nous ne parlons pas de la même chose.

Elle rougit, piquée. François lui sourit. Marie avait la langue bien pendue et des idées généreuses pour la société. Elle éluda.

— Nous recueillons icitte suffisamment de femmes mises en famille[1] par ces coureurs-là.

— C'est mon frère, se défendit-il, faussement navré.

Elle admit, du bout des lèvres. Quelques semaines auparavant, elle avait vu une de ces malheureuses, contrainte par la misère de tuer son nouveau-né, traverser la ville en chemise, la corde au cou et tenant un cierge allumé. L'infanticide avait fait pénitence devant la porte de la cathédrale. Ayant quêté à genoux le pardon de Dieu et du roi pour avoir caché sa grossesse et occis son enfant à peine né, elle avait été pendue dans la ville basse et son cadavre, indigne d'être béni, avait été jeté à la fosse commune.

1. Enceintes.

François lui avoua qu'il avait une dette envers Daniel, depuis la nuit de Lachine.

— Je le sais, dit-elle, contrariée, et je sais aussi, comme toi, que c'est le Conseil souverain, où siège mon père, qui juge les crimes.

Il se rebiffa. Les crimes ! On n'avait tué personne, tout de même. Certes, les voyageurs et les coureurs des bois n'étaient pas tous recommandables.

— De là à les accuser sans savoir...

Elle ne voulait pas que François fût accusé un jour de complicité. Elle connaissait de ces histoires de traite clandestine qui s'étaient achevées devant la justice, puis au pilori. Le pays était vaste mais tout finissait par s'y savoir.

François trouva son frère attablé, seul, devant une chope de bière d'épinette.

— Je crois que c'est la première fois, dit-il.

— La première fois ?

— Oui. Que nous buvons ensemble quelque part au Canada. Je me souviens d'une assiette de soupe vidée au Séminaire de Montréal, il y a longtemps. Nous n'étions pas fiers.

— Il y avait de quoi ne pas faire les braves.

François soutint le regard froid de son frère. Malgré la peine qu'ils éprouvaient tous deux à se parler, le temps qui passait le rapprochait de Daniel, peut-être, justement, à cause de ses longues absences entrecoupées de brèves retrouvailles. Il éprouva le sentiment que son aîné et lui étaient les derniers d'une lignée, en cela tenus de faire corps dans les tourmentes de la vie.

Daniel avait bu. Ses mains tremblaient légèrement, ses paupières se fermaient à demi sur des vertiges ébrieux. François se pencha vers lui.

— Je m'inquiète de savoir ce que tu peux bien vivre, maintenant que tu n'es plus à la milice.

— Tu as vu cette femme, au couvent ? Tu l'as regardée ? C'est une morte.

Daniel abattit son poing fermé sur la table.

— Ce que je vis ? Qu'est-ce que ça peut bien faire à un bourgeois de Québec, à un petit monsieur qui porte son cuir sous le bras et qui prend garde de ne pas crotter ses souliers vernis ? Hé ? Qu'est-ce que ça peut bien te faire, que je vive ou que je crève ?

François recula son buste, se cala sur sa chaise. Il avait espéré que Daniel trouverait du bonheur à courir les bois en toute liberté, même hors la loi ; il pensait qu'il lui serait toujours possible de le protéger grâce à ses relations. Frontenac aimait bien les trappeurs, à ses yeux ils étaient le courage aventureux des colons, les traceurs de frontières de la Nouvelle-France. Mais celui-là était d'une trempe particulière.

François se tut, plongea le nez dans son verre. Daniel le méprisait et le jalousait en même temps. Bien sûr, leurs destinées n'étaient guère ressemblantes, mais un peuple n'était-il pas fait de cela, de milliers de trajectoires différentes ? Il fallait bien des bourgeois, des ouvriers, des soldats et des voyageurs pour faire un Canada.

Nous sommes par trop différents, pensa François.

Il eut un geste vague, empoigna son chapeau.

— Où vas-tu, à c't'heure ?

— Eh bien, je m'en retourne à la ville haute, où j'ai à faire pour le bien public. Où veux-tu que j'aille, avec mon petit sac de cuir sous le bras et mes documents bien rangés dedans ? Tout le monde ne peut pas se donner mission d'exterminer trente ou quarante tribus de Sauvages à lui tout seul. Il faut des gens pour tenir les comptes, gratter du papier, et jaser avec les représentants des Onneiouts et des Onnontagués. Ce n'est pas très glorieux, je sais, mais c'est peut-être bien utile, enfin, je le crois. Décidément, mon cher frère, nous n'avons pas grand-chose à nous dire, quant à cette pauvre femme...

— Ne parle pas d'elle.

— Parfait. Je voulais te proposer de l'aider, en vérité, je ne sais trop à quel titre te concernant. Le mari n'est pas loin d'ici, l'amant court les bois sans licence, tout cela me paraît un peu compliqué... A te revoir, Daniel.

Il se leva, se coiffa de son tricorne. Daniel lui saisit le bras. Il avait une poigne de bûcheron, une force étonnante pour son corps élancé.

— Assieds-toi, moineau, assieds-toi, te dis-je, j'ai quelque chose à te conter, qui n'est pas plaisant.

François le vit soudain différent, le regard moins dur, comme hésitant.

— J'ai trucidé le grenadier, lui dit Daniel à voix basse.

— Tu as...

— Moins fort, crédié, tu l'annonces aux archers ?

François ouvrit des yeux ronds. Quel besoin Daniel avait-il de toujours se singulariser, et de toutes sortes de manières ?

— Il allait cuver son vin sur le chemin de Beauport. Je l'y ai retrouvé et cette fois je l'ai piqué.

Il pointa l'index sur son cou. François imagina le geste, Français comme Iroquois le pratiquaient avec la même dextérité, les uns sur des guerriers peints, les autres sur des sentinelles, des marcheurs imprudents et des colons bêchant trop près des bois.

— Tu penses à quoi ? demanda Daniel.

— Oh, à rien ou à ceci : le roi Louis règne sur quelques tribus, dont la française. Il convient de ne pas oublier celle-là, elle vaut bien les autres. Et que vas-tu faire, à c't'heure ?

— Partir d'ici. La prévôté ne tardera pas à se mettre en chasse.

Le grenadier Saurans ne valait guère plus cher que le vin dont il se gavait ; cela n'empêcherait pas la justice de suivre son cours.

— Comme la carcasse de ce chien galeux sur le fleuve, fit sombrement Daniel.

Il avait jeté le corps dans le Saint-Laurent, espérait que le courant le déposerait le plus loin possible.

— Les baleines ne mangent pas de cette viande-là, c'est grand dommage.

— Les baleines sont bien où elles sont. Toi, on t'aura vu en ville, les gens ont de la mémoire, ils se feront un plaisir de te dénoncer.

Daniel cacha son visage dans ses mains. Il était le principal responsable de cette affaire, depuis le début, et allait fuir, encore une fois. Sa vie n'était faite que de dérobades, de tricheries, de mensonges. Il se souvint de la sachem Suzanne, au village allié. Elle l'avait percé à jour, en vérité, il devait avoir un reflet mauvais dans les yeux. Mécréant, piètre mari, amant clandestin dans le lit d'un autre. La liberté dont il était si fier l'enfermait dans ses vilenies.

François garda le silence. Son frère était assorti à la taverne enfumée. Un brouillard le noyait, opaque. Le tueur d'Indiens était devenu l'assassin d'un compagnon d'armes. Au Canada, on pendait pour bien moins que ça.

Jolie carrière, songea François, avant de se pencher vers Daniel.

— Ne reparais jamais plus icitte, tu entends, c'est seulement à toi que je pense lorsque je dis ça.

15

Dès qu'il avait aperçu, au coude de la rivière, les navires partis de France deux mois plus tôt, Jean-Christian de Falernes s'était précipité dans la rue. D'autres prirent comme lui le chemin du port, c'était là le rituel le plus joyeux de l'année.

Le *Brillant* ne faisait pas partie de la flotte. Lorsque les pilotes en eurent terminé avec leur mission de guidage, et que les bateaux furent ancrés face au port, l'armateur dut se rendre à l'évidence. Son bâtiment était resté de l'autre côté de l'Atlantique.

— Il en viendra d'autres avant l'automne, lui dit François. Il se peut aussi que Philippe ait embarqué sur l'un de ceux-ci.

Falernes alla au-devant des barques de transbordement, tandis que la foule se pressait sur la rive. Lorsque le gouverneur rejoignit son peuple, il y eut un long murmure, puis des vivats. François se glissa dans le sillage de son tuteur. Il devina l'angoisse de Falernes, entendit la question qu'il posa aux premiers arrivants :

— Mon fils est-il parmi vous ?

Personne ne savait au juste. Le *Brillant* avait été armé pour l'escorte. Des couleuvrines, quatre canons de trente-deux, de quoi tirer quelques bordées, guère plus. Ce fut le capitaine d'une flûte qui apporta la réponse, un peu plus tard. Il y avait eu des engagements navals après la bataille de la Hougue. En se retirant après avoir incendié les gros vaisseaux français, Anglais et Hollandais s'étaient acharnés sur les navires de moindre importance restés en dehors de la rade.

— Une curée. Le *Brillant* a sombré, monsieur, avec tout son équipage, à ce que je sais.

François vit Falernes se tasser subitement. Il s'empressa. Déjà, l'armateur s'était redressé.

— C'est bien, mon petit, je n'ai pas besoin d'aide. Regarde tout ce qui nous parvient de France, n'est-ce pas admirable ?

François s'attendit à ce que l'armateur trébuchât en marchant vers le quai, mais l'homme avait de la ressource. Son *Brillant* manquait à l'appel, en revanche la *Sirène* était là et bien là. Plus petite, impossible à armer militairement, elle avait échappé à la réquisition. Appuyé sur sa canne, Falernes faisait mine d'observer le déchargement ; François vit bien cependant, à son dos voûté, à ses épaules affaissées, à quel point la nouvelle l'accablait. Se retournant, il découvrit Marie, qui les rejoignait.

— Philippe ne reviendra pas, c'est cela ? devina-t-elle.

— Il a été pris dans une bataille devant Barfleur, en Normandie. Pas de survivants.

Elle encaissa sans broncher. Une guerre déjà longue de cinq années, ponctuée d'assauts, de sièges, de combats sur terre comme sur mer ; les chances pour les individus d'échapper au pire s'amenuisaient à mesure que le temps passait.

— Seigneur, ma pauvre mère, murmura-t-elle.

François prit sa main, qu'il baisa longuement. A son tour, elle approcha les doigts du garçon de son visage, pour une infime caresse sur ses joues mouillées de larmes. François ressentit ce contact avec un plaisir intense.

— Tu trembles, dit-elle lorsqu'elle eut épanché son chagrin.

— Je voudrais qu'on reste ainsi longtemps, juste comme ça, toi et moi.

Autour d'eux, la foule bruissait d'une joie sans partage. Ces jours d'arrivée des navires étaient bénis, on les avait tant espérés, attendus. Déjà, on faisait le compte de ce qui sortait des cales, négociants et marchands estimant les ballots et les sacs alignés sur le quai, artisans cherchant les outils lourds dont ils avaient besoin. Et les officiers impassibles guettaient l'improbable spectacle de centaines de soldats débarquant, fusil en main ; royal miracle encore une fois refusé à la colonie.

Marie se laissa aller contre la paume de François. Peut-être apercevrait-elle, parmi les gens allant et venant, l'un de ses soupirants. Il n'en manquait pas, de ces tannants[1] qui faisaient des ronds de jambe dans le salon des Falernes et, feignant de s'intéresser à la conversation du secrétaire pupille, lorgnaient vers la donzelle avec l'espoir jusque-là vain qu'elle leur fît enfin un signe.

1. Personnes exaspérantes.

François se retint d'avouer à Marie l'élan toujours vivant qui lui avait valu naguère une cuisante humiliation. Elle et lui n'avaient, depuis, jamais pratiqué à nouveau ce jeu-là. Il laissa la jeune fille lui échapper doucement, fit avec elle les quelques pas les séparant de l'armateur. Marie se réfugia dans les bras de son père.

— Mes enfants.

François n'avait jamais été assez ami avec Philippe Falernes pour éprouver, à cet instant précis, autre chose qu'une vague compassion brouillée par un sentiment troublant d'accomplissement, bien vif quant à lui.

Les deux jeunes gens entourèrent le maître, chacun le tenant par un bras. Informé de l'infortune de son ami, monsieur de Frontenac vint à sa rencontre et s'efforça de le réconforter. La guerre était bien cruelle, qui fixait les destinées si loin de la colonie, et le service du roi, une épreuve quand il imposait de tels sacrifices. Falernes écouta, les yeux mi-clos. Ce jour de liesse était aussi jour de deuil.

— Et nous allons sans doute recevoir quelques-uns de ces fils de famille punis par leurs parents, regretta le gouverneur. C'est une bien détestable habitude qu'a la France de nous envoyer ainsi ses débauchés et ses joueurs à particule, pour des séjours de lézards au soleil.

François avait croisé de ces inutiles ainsi sanctionnés pour leurs frasques de jeunes nantis. Hébergés chez des collatéraux, pressés de repartir pour l'Europe, ils formaient une sorte de petite caste à part, sans aucun intérêt.

Il vit l'absolue détresse de son tuteur. Derrière la fierté qu'il portait au visage tel un masque, Falernes était un homme subitement brisé, vieilli. François en ressentit de la peine. L'armateur était à ses yeux ce qu'à la cour et dans les villes de France on appelait un parfait honnête homme. Scrupuleux et humble, rigoureux sans excès moraliste, cultivé sans être pédant, il était aussi d'une constante et noble courtoisie. Un tel être ne méritait pas le malheur qui s'abattait sur lui.

Le chagrin de madame de Falernes fut profond. La dignité seyant à ce genre de circonstances voulant que l'on ne s'épanchât pas outre mesure en public, ce fut dans sa chambre que Jeanne se laissa aller, en longues plaintes entrecoupées de cris rauques. Seul dans son bureau aux murs couverts de cartes et de gravures marines, l'armateur demeura prostré tandis que Marie allait de l'un à l'autre.

François garda le silence tout au long de la journée. Les domestiques avaient préparé un souper auquel les maîtres de maison ne participeraient pas. Il s'attabla face à la jeune fille, la servit. Lorsqu'il la vit secouée de sanglots, il se leva, s'approcha d'elle, caressa ses cheveux, puis, pris de honte, recula.

— Reste, dit-elle.

Il s'assit, plongea son regard dans le sien. Ils n'étaient plus des enfants mais des jeunes gens que la vie avait traités de façons bien différentes. Et qui se rejoignaient, ce soir-là. Marie caressa le front de François. On aurait pu la marier dès l'âge de onze ans, cela se faisait ailleurs, souvent avec des barbons ;

mais une telle idée horrifiait Jeanne de Falernes. Grâce lui en serait rendue.

— Seulement, je ne sais pas trop si tu veux encore de moi pour femme, dit-elle d'une petite voix.

Sans doute s'était-il fait déniaiser dans quelque taverne de Québec. Peut-être même avait-il jeté son dévolu sur l'une ou l'autre des donzelles de passage rue Notre-Dame. Il ne put s'empêcher de sourire. Le moment n'était pas à la gaîté, pourtant il lui sembla qu'un peu d'été entrait dans la maison endeuillée des Falernes. Il se dit qu'il avait été patient, jamais Daniel Beauchêne n'eût supporté d'attendre aussi longtemps une telle déclaration.

— Je reste, dit-il.

Il approcha son visage de celui de la jeune fille, frissonna au contact de leurs joues. Il avait fini par ne plus penser à ce moment-là. Les sourires mutins qu'il recevait dans les rues de Québec le contentaient, un jour ou l'autre il se serait décidé à engager la conversation avec l'une de ces maraîchères ou cousettes apparemment peu farouches ; pour penser à quelqu'un d'autre et sortir de sa longue rêverie.

Elle lui offrit furtivement ses lèvres. Il en ressentit un plaisir inouï. Sa vie basculait à nouveau. Il pensa qu'une bonne étoile veillait sur lui depuis la nuit de Lachine, allumée par la sainte patronne de la colonie.

— Eh bien, nous n'aurons pas droit à un charivari, voilà une bonne chose, dit-il, les joues rougies.

L'évêque réprouvait les tourments infligés aux jeunes veuves de barbons remplacés sans tarder par des amants de leur âge. La populace faisait grand bruit sous leurs fenêtres, des semaines durant, indifférente aux menaces d'excommunication affichées aux portes des églises. Marie eut un sourire triste.

— Je te trouve très joli, dit-elle en caressant la joue de François.

— Comme ça, du jour au lendemain ?

— Mais non. Cela tient depuis longtemps. Seulement...

Seulement il y avait les convenances, le souci de n'alimenter aucune rumeur. La maison Falernes n'était pas de ces demeures de la ville basse abritant des amours contestables.

François posa un doigt sur les lèvres de Marie. Il connaissait sa grande vertu, son âme sans malice dévouée aux autres. Sainte, Marie préférait heureusement l'ordre marital à celui des couvents.

Il baisa son oreille, sentit qu'elle se tendait à son tour.

— Le jour où Philippe s'est embarqué, murmura-t-elle, je t'ai offensé. J'aurais dû t'en demander pardon mais j'ai failli, c'est ainsi, puis le temps a passé, nous avons cessé d'être des petits et j'ai appris en silence à te désirer.

Ils n'avaient pas encore dix-huit ans, un âge considéré comme ordinaire pour convoler. François hocha la tête, songeur. Cette journée de départ des navires lui restait plantée dans la mémoire comme un porte-étendard sur un champ de défaite.

Marie se leva pour débarrasser la table, et François la vit soudain différemment ; femme, par le moindre de ses gestes, maîtresse de la maison où elle avait vu le jour, désirable.

La journée ressemblait à celle du départ de Philippe de Falernes pour la France ; navires et événements peu ordinaires. L'histoire se répétait, mais cette fois François y tenait un rôle bien différent.

Il irait à la cathédrale, remercier les saints dont les reliques, nombreuses, reposaient autour de l'autel. Québec était la ville inspirée où les contes dont Marie était friande prenaient corps.

Mai 1693

Monsieur de Frontenac avait tenu bon, l'Iroquois serait brûlé en place publique. En vérité, les choses de la guerre n'allaient pas assez vite ; quant à la situation de la colonie, elle restait sous l'influence d'aléas de toutes sortes. En ces temps où l'embellie du siège anglais rompu s'était diluée dans les difficultés financières, les roueries anglaises et les coups de main des Iroquois, il convenait de faire un exemple.

L'intendant de la Nouvelle-France s'était interposé, sa femme avait tenté à plusieurs reprises d'obtenir la grâce du prisonnier. En vain. Les circonstances n'autorisaient pas la pitié.

Madame de Falernes avait prévenu François :

« Tu n'es pas obligé d'aller voir ça. »

Marie s'était bouché les yeux et les oreilles, jamais elle ne participerait à pareil spectacle.

Son père avait décidé d'accompagner François. Il manquait à monsieur Beauchêne, ainsi l'appelait-il parfois, quelques éléments d'une authentique éducation coloniale.

« Tu vas découvrir une forme de courage qui n'appartient pas à nos civilisations sauf à leurs prêtres », lui avait-il dit.

Des Indiens brûlés, il en avait vu quelques-uns depuis que cette guerre avait commencé et aussi lors des précédentes, en vérité depuis qu'enfant son propre père l'avait un jour conduit sur le promontoire où l'on exécutait les sentences.

Les jeunes gens de Québec s'endurcissaient à ces sortes d'épreuves. Il convenait d'exorciser chez eux la peur instinctive qu'ils avaient des Sauvages. Certes, la capitale était moins exposée que Montréal mais enfin, on était en guerre, les Anglais pouvaient armer de nouvelles flottes et livrer la ville aux flammes. Il fallait leur montrer que leurs alliés n'étaient pas à l'abri de la colère française.

« J'irai », répondit François.

Marie se réfugia dans sa chambre. Comme toute Canadienne se respectant, elle portait haut dans son cœur les couleurs de la France. Cela ne voulait pas dire qu'elle acceptait les termes inhumains du conflit en cours. Sa fréquentation de la misère des femmes, sa piété, son esprit capable de critique la tenaient en dehors du tumulte. Il suffisait bien qu'elle priât pour la victoire des siens et, par-dessus tout, pour la paix enfin revenue en Nouvelle-France.

« Tu as raison », lui dit sa mère.

L'Iroquois était entre deux âges. Il avait été fait prisonnier sur le chemin du fort Frontenac, lors d'une escarmouche avec des soldats français. Son torse glabre était musculeux, comme ses cuisses serrées par un pagne noué sur le côté, sa chevelure luisait, noire.

Il faisait partie d'un lot d'une quinzaine de guerriers dont on supposait qu'ils feraient un jour ou l'autre une bonne monnaie d'échange. Celui-là avait été choisi, les raisons d'une telle décision n'avaient pas à être données au peuple.

Il y avait à Québec, à l'extrémité ouest de la ville, un endroit nommé le Cap-au-Diamant. Samuel de Champlain, fondateur de la ville, y avait installé son premier poste de traite, l'Abitation. De là, la vue embrassait, comme sur une peinture, la ville, le fleuve et la rive opposée, jusqu'à son infléchissement vers le sud.

Lorsqu'il y parvint aux côtés de l'armateur, François leva les yeux vers le ciel limpide de mai. C'était une journée délicieuse, propice à la promenade, à la méditation face à la splendeur azurée du Saint-Laurent. Il vit le bûcher, un haut tas de bois installé par de jeunes Hurons. Il sentit ses genoux faiblir.

— Tu ne veux pas t'en retourner ? lui demanda Falernes.

Le jeune homme fit non de la tête. L'Iroquois avait bravement résisté aux gens qui l'interrogeaient. Il avait dit et répété sa fierté d'avoir infligé à des Hurons et à des Français les douleurs qu'il se préparait à subir. François songea à ses parents, à sa sœur. Il éprouva soudain une colère qui le sidéra.

Le condamné apparut, encordé. Il chantait une sorte de psaume, lancinant, répétitif, de sa voix grave et bien posée. On l'allongea puis on s'affaira autour de lui ; des pierres brûlantes furent disposées en demi-cercle, contre lesquelles on pressa la plante de ses pieds.

François mit sa main en visière ; en vérité, il désirait voir le moins possible. Une nausée lui serra le haut du ventre, non pas tant au spectacle de la fumée s'élevant de cette cuisson que du psaume qui s'obstinait à sortir des lèvres du supplicié.

— Le bougre a du sang, murmura Falernes.

Il y eut des cris dans la petite foule assemblée sur le Cap-au-Diamant. On se demandait combien de temps l'homme pourrait ainsi chanter sous la torture. Les pipes allumées qu'on le força à serrer dans ses paumes ne changèrent rien à son humeur, pas plus que la section de ses tendons aux coudes et aux genoux.

— La Hontan[1] s'en va, remarqua l'armateur.

C'était un voyageur, chroniqueur de la vie à Québec, écrivain à la réputation un peu sulfureuse. N'avait-il pas décrit les filles du roi comme des catins aux mœurs légères, quasiment prostituées ? Et prétendu avoir découvert des affluents du Mississippi demeurés jusque-là mystérieux ? François l'avait parfois croisé rue Notre-Dame. Il lisait ses libelles. L'homme avait du talent, et une plume acérée.

— Monsieur, je ne peux plus, dit François d'une voix mourante. Je vous demande permission de me retirer.

Il se tourna pour vomir son déjeuner. Falernes lui donna l'autorisation de s'éloigner. Les bourreaux s'attaquaient aux nerfs du supplicié, qu'ils entortillaient, en tirant dessus, autour de verges. François fut soulagé de pouvoir s'extraire du public. Il croisa un Huron armé d'un casse-tête, le suivit du regard.

1. Louis Armand de Lom d'Arce (1666-1715).

Mandé par la femme de l'intendant, le guerrier s'en alla achever l'Iroquois, qui psalmodiait encore, d'un coup sur son crâne dépecé au couteau.

Ainsi allait la guerre. François Beauchêne n'avait rien vu du massacre de Lachine, pas même le champ de ruine et de mort laissé par les assaillants. Québec était une ville paisible, loin du front mouvant où se confrontaient les adversaires. Il y avait trouvé le repos de l'âme et la bonne nourriture de l'esprit. Parvenu aux frontières de sa vie d'adulte, il avait éprouvé le besoin d'une épreuve, d'une initiation aux exercices pratiqués par Daniel.

Il tenait l'une et l'autre et s'en trouvait malade, le ventre en charpie. Près de la cathédrale, il retrouva des gens qui s'en revenaient à leur tour du Cap-au-Diamant. On se regarda à la dérobée, ne sachant trop quoi dire. D'aucuns grimaçaient, avec dans les narines les effluves de la chair brûlée. D'autres, joyeux, s'en allaient boire à la santé du roi, des marins et des soldats qui se battaient très loin de là. François se hâta vers la maison Falernes.

Regarder la guerre en face, ce n'était pas comme en parler autour d'une table ou devant la cheminée. Il fut soulagé de retrouver le silence de la grande demeure, ses pénombres sentant la cire et le bois, son ordre entretenu avec soin. Il sourit à Jeanne de Falernes, avoua qu'il n'avait pas tenu jusqu'au bout.

— Voilà qui me satisfait, dit-elle, cette guerre est trop longue, et cruelle.

Marie le considéra, du défi dans le regard. Elle avait raison de ne pas se mêler à ce genre de fête. Ils avaient parfois parlé, elle et lui, de la nuit de Lachine. L'expiation de l'adversaire était sans doute le plus court chemin de l'atrocité à la vengeance. Pourtant, ils pensaient tous deux qu'il existait d'autres moyens d'apaiser les conflits ; le service des autres pour elle, la négociation armée pour lui.

Il chercha une contenance, encore hanté par le visage sans expression de l'Iroquois, lorsque l'armateur, de retour, le pria de le suivre dans son bureau.

— Assieds-toi, François, j'ai deux choses à te dire.

Il y avait un peu de cérémonial dans l'invitation. Falernes ôta sa perruque, mit de l'ordre dans sa chevelure, qu'il avait plutôt rare sur le dessus du crâne. Ainsi rendu au naturel, il accusait bien sa cinquantaine.

— Marie a parlé à sa mère, dit-il. Ici, nous nous passerons des coutumes et autres préventions, ce qui nous fera gagner du temps. Tu dois simplement me dire si tu es sûr de tes sentiments. Notre fille est tout ce qu'il nous reste de famille, comme tu le sais. Elle porte notre nom et se trouve être la dernière à le faire.

Il s'interrompit. L'homme sûr de sa puissance montrait une faille, son expression n'était plus la même. Il y avait eu la nouvelle de la mort de Philippe, puis sa fille lui avait annoncé qu'elle se choisissait un mari ; c'était beaucoup pour un père, en si peu de temps. François affronta le regard de son tuteur. Il y lut de l'intérêt, et pas mal de surprise tout de même.

— Mes sentiments pour Marie sont très anciens, monsieur, dit-il, ils n'ont pas changé. J'ai respecté sa liberté avec l'espoir qu'un jour elle me considérerait autrement que comme un commensal.

Falernes acquiesça. Il s'était demandé jusqu'à quel point les deux jeunes gens avaient respecté la décence et les mœurs, sous son toit. Le fait que François Beauchêne n'eût pas de sang noble dans les veines ne lui importait guère, la colonie ne vivait pas tout à fait sur le modèle de la mère patrie. Seul le bonheur de sa fille comptait pour lui.

— Alors, tu as dû souffrir de voir sa cour s'agiter autour d'elle.

— Ce ne fut pas toujours agréable, je dois à la vérité de le dire.

— Tu es endurant, à ta manière.

Il y avait tout de même du paysan dans ce garçon parvenu à se frayer un chemin en ville ; un goût pour le silence et la souffrance assumée, une capacité à encaisser sans broncher les différences de naissance. François se souvint du regard porté parfois sur lui par les soupirants de Marie. On appréciait son service à la colonie tout en le considérant comme un dû sans contrepartie. En cela, la société canadienne était bien sortie de la matrice française.

— Donc, tu voudras bien de moi comme beau-père ?

La question valait affirmation. François fit un pas vers son tuteur, prit sa main qu'il serra longuement.

— Le reste est moins souriant, François.

Falernes s'approcha de la fenêtre, croisa les mains dans son dos, une attitude chez lui familière lorsqu'un souci le tourmentait.

— Il s'agit de ton frère.

François se tendit. Contrairement à ce que pensait Daniel, il n'y avait pas encore assez de monde au

Canada pour que les actes des uns et des autres se perdent longtemps dans ses immensités.

— Le prévôt de Québec a diligenté une enquête sur l'assassinat d'un grenadier, à la fin de l'hiver dernier. Les langues se sont déliées. Saurans. Ce nom te dit-il quelque chose ?

— Je me souviens de cette affaire. Marie prend soin de sa femme, chez nos sœurs.

— Tu l'y as rencontrée ?

Immobile, Falernes gardait le dos tourné. François sentit un frisson désagréable lui parcourir le dos. L'armateur attendait qu'il s'exprimât là-dessus.

— J'ai vu la femme, en effet.

— Tu n'étais pas seul.

— C'est vrai. Mon frère était avec moi.

Falernes se tourna vers lui.

— Les sociétés continuent toujours à vivre malgré les guerres, dit-il d'une voix calme, on y tient les choses en ordre même lorsque tout est tumulte autour d'elles. Enfin, on s'y essaie. C'est nécessaire, François, alors, même en des temps comme ceux que nous traversons, il convient que les meurtriers soient livrés à la justice. Ton frère s'est mis en bordure de la colonie, après l'avoir servie avec bravoure. Il va devoir rendre des comptes, la police fait son ouvrage et, ma foi, plutôt bien. Certes, ce grenadier était un individu assez méprisable, quoique bon soldat à ce qui se dit. Ça ne justifie pas sa mort violente. Daniel Beauchêne a été vu il y a peu en ville, il y a fait un commerce réprouvé par le roi. Tu n'es sans doute pas sans savoir qu'il a d'autre part une femme dans une tribu alliée, avec un enfant pour lequel, à l'image de pas mal de ses semblables, il n'éprouve sans doute guère de compassion. Je trouve que cela fait beaucoup pour un seul homme. Est-ce aussi ton avis ?

Il savait tout. Voyageurs, soldats et missionnaires étaient autant de relais sur les sentiers hasardeux de la colonie. Comme partout ailleurs dans le monde, les affaires défiant la règle volaient plus vite que les autres des bouches aux oreilles.

Il avait connu l'époque des premiers mariages entre Français et Sauvages. Un gouverneur de Trois-Rivières avait même convolé avec une Marie-Chrétienne, Huronne de naissance. C'était l'exception, accordée par les religieux du bout des lèvres. Autres temps, autres mœurs ; l'état de guerre rompait les pactes moraux, la licence se répandait. Il convenait de la réprimer d'une poigne ferme.

Il comprenait la discrétion de François, l'excusait. Désormais, le secret était levé, la rumeur deviendrait vite jugement. Daniel devrait se débrouiller seul, toute aide au fugitif qu'il était devenu serait considérée comme une complicité.

— Oui, monsieur, dit François.

— Je ne demande pas si tu sais où il se trouve à cette heure.

— Je l'ignore, absolument. Il a sans doute quitté la ville.

— Bien.

Falernes eut un pâle sourire, puis, dans un geste paternel, il prit François dans ses bras, lui dit qu'il l'aimait beaucoup.

— Marie et toi formerez un fort joli couple, avec la jeunesse pour marraine. Nous vivons une époque incertaine, tout peut changer en quelques heures, nos pauvres destinées comme celle de la colonie tout entière. Vous êtes notre espérance.

François était encore plein du spectacle offert au peuple par le gouverneur. Il fallait frapper les esprits, montrer aux gens que rien n'était acquis hors la volonté du pouvoir de châtier durement l'adversaire. Les temps étaient plus encore barbares qu'incertains.

Il referma la porte du bureau derrière lui. Dans le couloir, les yeux clos, il s'écouta longuement respirer. Il se trouvait entre deux existences, marcheur au milieu d'un gué, sentant la terre ferme sous ses pieds, sûr, à cet instant, de rejoindre l'autre rive.

Il se souvint de son émoi à la découverte de la petite société de Montréal. De cet éveil était née une ambition : ressembler un jour aux enfants des bourgeois et des nobles, en savoir autant qu'eux, leur en apprendre, même, sur ce qu'ils étaient. Ça n'avait pas été le plus difficile. Curieusement, ce fut au moment même où s'achevait cette quête que François Beauchêne ressentit une brûlure à l'endroit du cœur.

— Mère.

Penser à elle le bouleversa. Lorsqu'il ouvrit les yeux, Marie était devant lui. Il se ressaisit, écarta les bras. Elle vint s'y blottir, comme Jeanne de Falernes le faisait dans ceux de l'armateur. François y vit une heureuse similitude, une aimable malice de l'existence.

— Sais-tu ce qui se passe en ville, mon beau prince ? dit-elle sur le ton de la confidence.

— Ma foi non. On brûle un autre Sauvage ? Les Anglais sont de retour avec une flotte de quatre cents navires ?

— Benêt ! C'est à propos de *Tartuffe*.

— Quoi, on pourra enfin voir cette comédie sur scène ?

— Pas du tout. Le gouverneur a reçu cent pistoles de la main de l'évêque pour ne pas la laisser jouer.

L'affaire agitait les esprits depuis plusieurs mois. Frontenac ayant formé le projet de faire donner la pièce de monsieur Molière jusqu'entre les murs du Séminaire, la gent d'Eglise s'était alarmée, réclamant que ce texte à la forte odeur de soufre et de scandale fût laissé à jamais à l'appréciation des Français de France, et d'eux seuls.

— Cent pistoles, jolie somme pour quelques dialogues… Et il les a acceptées ?

— On le dit.

— Québec refusant ce que Versailles tolère, en voilà une prétention, qui te rassure, cela dit.

Le sujet divisait la famille, les hommes se déclaraient pour la liberté de montrer, les femmes plutôt contre, quoique curieuses malgré tout d'en voir au moins une partie, « manière de s'en faire une idée ». François se détendit. Il avait lu la pièce. Le clergé en prenait pour son grade, au point que le roi en avait été, disait-on, contrarié.

— Evêque et gouverneur trouveront là de quoi parfaire leur pérenne inimitié, s'amusa François. Il est des questions infiniment plus graves, celle-ci par exemple, mademoiselle de Falernes va perdre sa particule.

Elle haussa les épaules, sourit, mutine.

— Monsieur Beauchêne va devoir se fiancer avant cela. Ordre du roi.

Elle se haussa sur la pointe des pieds, l'embrassa furtivement. On jouerait la comédie à quelques pas du bûcher où les cendres de l'Iroquois achevaient de se consumer, ainsi allait la société.

Dans la rue, François croiserait, ici et là, le regard volontiers incrédule, parfois narquois, de l'un ou l'autre des soupirants éconduits par Marie. Ces gens étaient pour la plupart de son âge, il y en avait cependant de plus matures, occupant des fonctions civiles remarquées. Qu'un fils d'habitant de la côte nord, fût-il en tutelle et introduit depuis longtemps dans la maison, ait pu ainsi séduire l'héritière des Falernes était proprement stupéfiant.

Dans quel monde vit-on ? penserait François à leur place. Le mien, ma foi, et il me satisfait, se répondrait-il à lui-même.

On les maria à la cathédrale, en présence de ce que la ville de Québec abritait de puissants et de braves. Les héros que François admirait tant étaient là, autour de lui ; des gentilshommes guerriers à la peau couturée en maints endroits, des capitaines de navires, des officiers, une bonne partie du Conseil souverain et, voisinant avec l'armateur Falernes, le plus illustre des Canadiens, monsieur de Frontenac, l'homme qui tenait entre ses mains le destin de la colonie.

Les yeux mi-clos, François écouta l'homélie du prêtre. Il y fut question du souverain, de sa gloire, du courage nécessaire pour le servir loin de la mère patrie. En ces temps de guerre, il fallait au Canada des hommes de valeur, qu'ils y fussent nés ou fussent venus de France. Partant, ceux de la forêt, des rivières et des champs, habitants et soldats, et, pareillement, ceux qui offraient à la Nouvelle-France le socle administratif et commercial dont elle avait besoin.

— Nous sommes petits dans l'océan nommé Amérique, que le Seigneur nous aide, dit l'officiant, les bras levés vers la voûte.

— Je te prends à épouse, Marie, murmura François.

— Je te prends à époux, François.

Cela voulait dire à vie. A l'instant où, sous les yeux de l'évêque, le prélat déclarait le mariage conclu, François entendit le murmure approbateur de l'assistance. Il fut pris d'une chaleur qui empourpra ses joues. Certes, il servait le roi en tenant quelques comptes maritimes, mais qu'était-il à côté des soldats présents dans l'église ? Ceux-là pouvaient recevoir l'hommage, qui mettaient leur vie en jeu comme ils seraient allés à la chasse.

Comme souvent lorsqu'il doutait de lui-même, le visage de son frère lui apparut. Ce proscrit-là avait de la gueule ; il ne savait ni lire ni écrire, jouait facilement du couteau, méprisait les gens de pouvoir, de bure, et les fortunés ; pourtant, il appartenait à une sacrée bonne race de terriens.

« Le moineau s'est fait commis des puissants et le voilà qui prend femme dans la bonne ville de Québec ! C'est une gracieuse personne et son époux lui fera des enfants bien torchés par les domestiques. »

La voix qui flottait aux oreilles de François était comme à l'habitude railleuse, avec la pointe d'amertume née du temps passé, des actes sans remède, de l'existence coulant en marge de la société.

François ouvrit les yeux. On venait à lui pour le féliciter, complimenter son jeune et joli couple. D'instinct, il chercha Daniel du regard, songea à ces minutes terribles vécues sous l'orage, derrière des rochers. Lorsqu'il l'avait vu revenir du village en feu pour lui donner l'ordre de marcher, il s'était dit que rien de grave ne pourrait plus lui arriver. L'aîné désobéissant, toujours prêt pour quelque aventure dangereuse, l'avait sauvé. Une prémonition lui avait fait choisir cette nuit-là pour l'épreuve du sault.

« Les voies de Dieu sont impénétrables », répétaient les religieux. Ils n'avaient pas tort.

— Qu'as-tu, mon joli ? Tu parais bien sombre, tout à coup.

Marie l'observait tandis que la petite foule s'égaillait sur le parvis de la cathédrale, avant le banquet offert par l'armateur. Il se coiffa. Sous le large bord de son chapeau, il avait fière allure ; svelte, le dos bien droit, ses cuisses forcies moulées par la culotte sous la veste chamarrée ; jusqu'aux souliers à boucles et aux rubans ornant ses manches, un vrai petit noble, enfin adoubé par la caste supérieure.

— Tu penses aux tiens, dit-elle.

Elle lisait en lui comme dans un livre. Il tenta de masquer son trouble. Des forces contraires vibraient en lui, qu'il peinait à discipliner. Dans les bras de son beau-père, qui le félicitait encore, il se sentit un peu mieux. Falernes donnait lui aussi le change. Ce mariage le comblait en même temps qu'il ravivait un chagrin mal éteint.

— Tout ceci est plus fort que la guerre, et que les rois, même, dit-il, la larme à l'œil et tâchant malgré tout de se montrer joyeux.

François pénétra dans la chambre qu'il partagerait désormais avec sa femme, referma la porte derrière lui, puis il s'appuya contre le chambranle et regarda Marie défaire le ruban de sa longue tresse. Ce geste, si féminin, elle l'avait répété parfois devant lui, et dans le cœur de François avait rougeoyé la braise de la jalousie.

— Aide-moi, veux-tu, exigea-t-elle avec douceur.

Il s'approcha d'elle, entreprit de défaire la rangée de petits boutons fermant la robe dans son dos. Il vit ses épaules nues, fit glisser le long vêtement blanc sur elles. D'un mouvement plein de grâce, Marie tourna sa tête vers lui, entrouvrit ses lèvres.

Elle le scruta, les yeux grands ouverts, attendit, pour les fermer, qu'il ait joint ses lèvres aux siennes. Brusquement, elle se déroba.

— Tu m'as mordue ! Es-tu sauvage !

Elle toucha sa bouche, inquiète de voir du sang sur ses doigts. Il s'empressa, demandant pardon, incapable de comprendre ce qui s'était passé. Elle hochait la tête, incrédule. Une telle brutalité. Il la fit asseoir sur le lit, s'agenouilla devant elle, implora son pardon.

— Tu es si constant depuis toujours, c'est ta force, lui dit-elle. As-tu du tourment ? Les souvenirs cruels dans ton cœur, je les connais. Ce sont eux qui te rendent ainsi méchant ?

Il fut envahi par le chagrin, en désarroi. Près de cinq années avaient passé depuis qu'il était entré dans la maison. Il ne se souvenait pas d'une seule de ses journées qui n'ait été consacrée à s'élever dans la société. Les jeunes fats ignorants qu'il rencontrait devaient admettre, derrière leurs attitudes supérieures, son ascension dans un milieu pourtant corseté par les convenances. Cette course à la réussite le laissait dans un état étrange de désir et de frustration qui le sidérait.

Tout se bousculait dans sa tête. Il leva les yeux vers sa femme, vit son trouble, sa compassion aussi. Elle était à l'image des saintes qu'elle vénérait, humble et libre d'esprit, servante et maîtresse. Il prit ses mains, qu'il baisa longuement, sentit les doigts de Marie caresser doucement sa nuque. Dans son giron, il appuya son front contre le ventre de sa femme.

— Je t'aime, souffla-t-il, tu es bonne comme le pain, on ne saurait te faire du mal.

Elle se pencha, comme sur un enfant, le força à la regarder. Elle avait fait un voyage en lui, depuis longtemps, explorant, l'air de rien, ses recoins secrets, ses zones d'ombre. Tout était dans ses silences, ses regards sur les autres, et dans cette obstination à réussir dont la force, souvent, durcissait son visage sans qu'il s'en rendît compte.

— Je t'ai entendu sangloter, là-haut, dans les combles. Quelquefois. J'ai eu envie de te consoler, de t'écouter raconter ce que tu avais sur le cœur. Et puis tu paraissais, le matin, avec ton regard d'ange et tes projets pour la journée. A te voir ainsi, mon père se disait que tu compenserais bien agréablement le peu de goût de Philippe pour l'étude. Il avait raison. Tu as conquis cette maison, en si peu de temps.

Elle sourit. Une trace rouge marquait sa lèvre.

— Tout est à toi, ici, dit-elle. Il faut que tu y trouves la paix.

Il caressa la petite blessure, laissa Marie baiser son doigt, puis sa paume. Eperdu, il la coucha sur le lit.

— Attends, mon beau.

Elle s'assit, acheva de défaire sa tresse tandis qu'il la dénudait plus ou moins adroitement. Lorsqu'elle lâcha ses cheveux, il vit une splendeur d'ébène couler sur sa peau blanche, jusqu'aux reins. Il pensa : C'est à moi, posa ses doigts sur ce fleuve mat, puis il y enfouit son visage.

Il venait une seconde fois au monde et ne savait comment s'y prendre. Gourd. Au bout d'un moment, il entendit le rire étouffé de Marie. Niaiseux en amour, il aurait bien du mal à faire croire qu'il en avait la moindre expérience. Chez les Falernes, on nc parlait pas de ça, on le montrait, dans l'intimité familiale.

Elle le dévêtit à son tour. Elle avait vu des corps nus des deux sexes, abjects ou superbes, détruits le plus souvent. Elle avait entendu les histoires que lui racontaient, toute pudeur abolie, les femmes des hospices. C'était cru, souvent sinistre, parfois drôle, chuchoté loin des oreilles des religieuses. Les hommes n'avaient pas ce goût pour le détail, ou alors c'était au secret de leurs salons de billard et de leurs cercles de jeux. Marie avait appris l'amour en écoutant les autres. François choisit de se laisser faire, ainsi éviterait-il les gestes intempestifs.

Il s'éveilla aux premières lueurs du jour. Leur étreinte avait été brève, il en conservait un sentiment d'approximation, le souvenir de murmures, de rires et, dans son dos, la trace des ongles de Marie. Il n'avait rien éprouvé, tout était allé trop vite. Il se leva, alla à la fenêtre par où entrait une lumière grise, sous le ciel bas.

Il avait comblé, à titre posthume, la distance mise avec lui par son défunt futur beau-frère. Maintenant, il possédait tout ce qu'il avait désiré, et la reconnaissance de ses talents en plus. Ne disait-on pas de lui qu'il était en vérité l'un des fils de l'armateur Falernes, bon serviteur du royaume, égal du marin parti pour la France ? Ses mérites finissaient par estomper la pénombre de ses origines ; pourtant, la colonie singeait les hiérarchies de la mère patrie au point de les rendre parfois grotesques tant elles concernaient peu de monde.

C'était ainsi, il y avait, pour accéder à la lumière, des passages obligés que François Beauchêne, fils d'habitants du village de Lachine, avait su emprunter.

L'amour en plus. Marie avait baisé son visage. Elle l'avait couvert de son corps. Elle n'était pas de ces oies blanches livrées à des maris comme on se débarrassait d'une marchandise plus ou moins encombrante, mais une femme, charnelle, impatiente, imposant sa demande. Les roucoulades de ses parents dans les pièces et les couloirs de la maison l'avaient avertie que le désir était chose pérenne pour qui savait l'entretenir.

François la contempla, dormant. Elle serait son égale dans la société ; occupée à en réparer les injustices et les cruautés, comme depuis son très jeune âge. Ne tenait-elle pas tête aux puissants par trop dédaigneux de la souffrance des humbles ?

Sainte et amante. Elle s'était révélée bien mieux préparée que lui aux gestes amoureux. « Peut-être avons-nous plus d'imagination que vous ? » Elle semblait si sûre d'elle qu'il l'avait soupçonnée de quelque aventure avec l'un ou l'autre de ses soupirants. Impensable.

Leur lit était un cocon, une cuirasse d'une absolue douceur, un bain chaud. Il eut envie d'y retourner, attendit qu'elle commençât à bouger.

Enfin, elle ouvrit les yeux et, l'ayant aperçu, en chemise devant la fenêtre, le regarda fixement. Il s'approcha, souleva le drap, contempla son corps offert sans défense.

— Nous prendrons notre temps, murmura-t-elle.

Ordre ou simple proposition. Il hocha la tête et, l'ayant saisie par la taille, il s'allongea doucement près d'elle.

Côte sud du Saint-Laurent

Le père Xavier écarquilla les yeux. Devant lui se tenait l'homme que toutes les polices de la colonie recherchaient.

— Au village, à c't'heure, vous ne manquez pas d'aplomb, mon ami. Ou alors c'est que vous êtes saisi d'un sens de la famille qui m'étonne grandement.

Daniel le toisa.

— Voulez-vous m'entendre en confession ?

— Ce ne serait pas de trop, en effet.

— N'y comptez pas.

Daniel lui montra les gens vaquant à leurs occupations sans se soucier de lui. Ceux-là se moquaient bien des aléas de la vie dans les villes.

— J'ai une famille ici, c'est bien vrai. Vous devez m'en rendre justice et ne pas l'oublier, et puis, c'est bien vous qui l'avez bénie il y a de ça pas mal de lunes.

Le jésuite se caressa le menton. L'âge assombrissait encore son regard, la broussaille de ses sourcils s'était épaissie. Sculpté au ciseau par les années, son visage sans joie reflétait toute la douleur de la chrétienté en guerre.

— Vous pouvez hurler à la garde, lui dit Daniel, je dois valoir cent livres à ce jour, p't-êt' ben davantage, de quoi offrir des livres saints aux Sauvages de la contrée.

Le prêtre jeta un bref regard à la ceinture du visiteur. Une dague y voisinait avec la crosse d'un pistolet. Le voyageur sorti de la forêt ne ressemblait plus guère au trublion mal dégrossi qui avait mis une Iroquoise en famille. Un homme, piètre paroissien, mais que le remords et la compassion habitaient peut-être, puisqu'il revenait au village.

Le père Xavier leva le doigt.

— Il passe des soldats ici, monsieur Beauchêne. Tous n'ont pas le souci de leurs semblables mais ils ne dédaignent pas d'améliorer leur ordinaire grâce à quelque capture de proscrit. Alors, je vous conseille de vous faire le plus discret possible, et de ne pas séjourner trop longtemps. Maintenant, je vous recommande aussi de vous pencher très bientôt sur votre enfant, qui souffre d'une mauvaise fièvre et risque bien de passer.

Ils allèrent ensemble à l'habitation d'Oneida. Lorsqu'elle vit Daniel venir vers elle dans la pénombre, l'Indienne tendit les mains et baissa la tête. Ces femmes avaient de l'endurance, qui pouvaient voir passer les saisons sans se plaindre de l'absence des hommes. Daniel saisit ses mains et, debout, les garda dans les siennes.

— A la bonne heure, murmura le prêtre.

Il se pencha vers l'enfant allongée sur une natte. Daniel le rejoignit, s'accroupit. Il avait craint de découvrir les ravages de la petite vérole sur le visage de sa fille. En vérité, la papoose baguenaudait dans une fièvre empourprant ses joues. Le souffle rapide, les doigts agités de petits soubresauts, elle délirait.

Daniel s'agenouilla tandis qu'Oneida s'asseyait, un chapelet à la main, les jambes repliées en tailleur. Le père Xavier tira de sa veste un minuscule sachet dont il versa une partie du contenu dans un bol. Puis il fit se dissoudre la poudre grise dans de l'eau.

— Kateri Tekakwitha[1], ce nom vous dit-il quelque chose, monsieur Beauchêne ?

Daniel ne répondit pas.

---

1. Première bienheureuse canadienne, béatifiée par Jean-Paul II en 1980.

— Cette convertie a amené à Dieu des peuples entiers, il y a longtemps. Elle est morte très jeune, elle est depuis vénérée.

Il souleva la tête d'Ozadée, introduisit le rebord du bol entre ses lèvres.

— Avale, petite. Doucement.

Il se mit à prier à voix basse tandis que l'enfant à demi inconsciente laissait le liquide couler dans sa gorge, puis expliqua :

— Elle boit des fragments infimes de la robe de cette belle âme, ainsi que la terre de son tombeau. Nous ne sommes pas nombreux à posséder ce bien.

Il tourna la tête vers Daniel, sourit.

— Mais cela ne suffira sans doute pas.

— Pourquoi cela ?

— Parce qu'il est coutumier de devoir compléter ça par quelques dévotions, monsieur. On fait dire des messes, ou alors on s'astreint à une neuvaine, dès lors que l'on est vivant, et en bonne santé. Vous voyez, ce sont des petites choses mais qui ont peut-être leur importance.

Daniel se renfrogna. Le prêtre le dominait de toute son ignorance des bonnes médecines. Les Indiens aussi savaient soigner, et puis les fièvres guérissaient parfois d'elles-mêmes, sans le secours de la foi.

— Vous la ferez boire souvent, recommanda le jésuite en se relevant.

Oneida caressa le front de sa fille. Daniel la contempla, le regard vide. Quelque chose en lui s'apaisait pourtant. L'indifférence des villageois à son égard, le sentiment d'être en sécurité dans cette habitation autant qu'au cœur de la forêt, le silence rompu de temps à autre par des bruits ténus, des murmures, des rires lointains ; tout était là hors du temps et des passions humaines.

— Ailleurs.

L'Indienne s'agenouilla devant lui, prit à nouveau ses mains, qu'elle posa sur ses cuisses. Il se dégagea, frôla le front de la fille de ses doigts, puis ses joues, son cou.

Elle vint contre lui, muette et soumise. Il ferma les yeux, se laissa aller en arrière, les narines emplies de la senteur musquée de l'Iroquoise. Ainsi, la nuit le retrancherait-il du monde.

Le prêtre ne le dénoncerait pas. Les Indiens quant à eux avaient d'autres chats à fouetter que de signaler la présence à leurs côtés d'un possible assassin de soldat.

Aux marches de la colonie, songea Daniel. Il s'y trouva bien, auprès de la femme silencieuse qui lui ouvrait ses bras, dans ses silences et dans la paisible acceptation de ce qu'il était.

Il la regarda vivre. Les soins qu'elle donnait à sa fille attendrirent Daniel. Digérant, à demi allongé, sa sagamité, il l'observa oignant l'enfant du front aux orteils, caressant ses tempes, son thorax, pétrissant son ventre pour en calmer les spasmes. Les colons ignoraient ces méthodes transmises par les hommes-médecine. Ils se confiaient au Seigneur et contemplaient, impuissants, les ravages de la souffrance.

— Elle va mieux, constata-t-il.

Deux jours avaient passé. Les onguents faisaient effet, peut-être était-ce tout autant la prière psalmodiée par la mère. L'enfant se mit à respirer moins vite, sa peau sécha, les bénédictions du père Xavier hâtèrent sa guérison. Daniel reçut son premier sourire comme un cadeau.

— Elle sait maintenant qui vous êtes, lui dit le jésuite.

Son père. Daniel n'avait pas encore réalisé pleinement cette chose pourtant simple. Oneida déposa leur fille entre ses bras. Que faire de ce fardeau ? L'Indienne s'amusa de son embarras, baissa la tête aussitôt, confuse. A son tour, il se mit à rire.

La fillette était le seul bien qu'il se fût créé en ce monde, le reste n'était qu'errance sous le ciel des saisons, fuite vers d'inatteignables horizons, désir de vengeance. En se dissipant, la fièvre qui avait failli emporter Ozadée l'offrait à un inconnu et celui-ci reconnaissait la petite sang-mêlé comme sienne. Il croisa son regard libéré des peurs, pensa que c'était la première fois qu'il la voyait pour de bon.

— Donne-lui.

Oneida tendit à Daniel un bol plein d'une tisane bouillante, et une cuillère en bois.

— Donne-lui, répéta-t-elle.

Un ordre. Daniel se souvint des leçons de La Tulipe, de la manière qu'avait le sergent de considérer les femmes des tribus. Il n'avait pas compris d'emblée le respect qu'il leur portait, pourtant il s'agissait bien de cela : « Elles règnent sans le montrer, leur patience est égale à leur sentiment de supériorité sur les meilleurs guerriers, ne te leurre pas, elles sont la vie comme tu la rêves sans le savoir. »

Il donna la becquée à sa fille, sentit l'enfant s'abandonner peu à peu pour sombrer dans le sommeil. Dans la semi-obscurité de l'habitation, sous les ronds de lumière tombant de la voûte végétale, il goûta à son tour l'apaisement. Lorsqu'il se fut endormi, sa progéniture contre lui, l'Iroquoise alluma de l'encens dont elle dispersa de la main les volutes. L'homme et l'enfant dormant ensemble : un tel spectacle valait que l'on en rendît grâce à tous les dieux de l'univers.

— J'ai fait un rêve, lui dit-elle lorsqu'il se réveilla.

Des canots d'écorce accostaient au bas du village. Une troupe en descendait, à la recherche d'un fuyard. Celui-ci allait être pris quand un aigle apparu dans le ciel le saisissait pour l'emmener loin vers le couchant, où personne ne pourrait le retrouver.

Daniel lui demanda si elle en avait demandé la signification aux sages du village. Rêver n'était pas anodin pour eux, les esprits favorables ou hostiles y étaient partout présents, dictant les conduites à tenir, rassurant ici, terrifiant là. Oneida venait d'aller prendre conseil. Les nouvelles n'étaient pas trop mauvaises. Celui qui aimait la vérité ne devrait pas craindre d'être enlevé de cette manière. Il survivrait et serait libéré de la peur.

Il acquiesça.

— Je préfère ça aux oraisons du jésuite.

— Mes frères et sœurs sont contents que tu sois revenu.

Cela voulait dire qu'elle l'était aussi. Daniel apprécia ce réveil ; il en avait connu de moins agréables.

S'enhardissant, sûr de son impunité, Daniel emmena le fils de La Tulipe à la chasse. Le métis n'y était pas mauvais, l'instinct sauvage parlait en lui, mâtiné de roublardise française. Ces garçons-là méritaient que l'on s'intéressât à eux. A cheval sur les civilisations, ils étaient le peuple possible qu'évoquait le vieux pisteur lorsqu'il parlait du roi Henri et de ses amis. Indéfinissables, bien vivants pourtant.

Daniel avait donné à Louis une sœur métisse qui lui ressemblerait, les femmes du clan en avaient fait leur fille. Sous les rodomontades et les fiertés des garçons du village perçait une aménité naturelle envers ces êtres pas comme les autres, ainsi était la loi des tribus ; celui qui l'acceptait en devenait un membre égal à tous.

Daniel vécut ainsi auprès des siens, le temps d'un été. On pouvait se faire la guerre à quelques jours de marche de là, les prévôts se demander quand ils mettraient enfin la main sur le probable assassin du grenadier Saurans, et les rivières couler, chanteuses impassibles, entre les collines ; le coureur des bois se donna le temps de regarder vivre ceux qu'il avait si longtemps méconnus.

Le père Xavier conserva envers lui une méfiance de moraliste pas trop rassuré. Il connaissait l'engeance des voyageurs, leur indifférence envers les codes de la société. En même temps, il vit l'apprivoisement du sauvage par d'autres, qui l'étaient sans doute moins que lui. Un jour, Daniel lui révéla les détails de son crime.

— Je suis au courant, Beauchêne, tout se sait dans la colonie.

Il désirait l'entendre pour de bon en confession. Daniel refusa.

— Je ne crois pas à la réparation de telles choses par cette voie. Je vous en ai assez dit comme cela.

Dans les mêmes circonstances, François se fût précipité pour que l'on apaisât son âme. Il eût tout déballé, craignant de brûler plus tard dans les flammes de l'enfer.

Daniel décida d'abréger la conversation. Il suffisait bien qu'il fût là.

— Des archers ou des soldats viendront bientôt vous saisir ici, l'avertit le jésuite. Que ferez vous ?

Il s'en irait, une fois encore. Un jour, peut-être, le pardon lui serait accordé. Ce serait celui des hommes et non des dieux ; une reconnaissance de son bon droit.

— Quel orgueil, fit le prêtre.

— C'est à prendre ou à laisser. Vous pouvez certes me livrer, si vous pensez que le monde s'en portera mieux. Moi, je suis en paix.

— Je ne te livrerai pas.

— Je vous en dis merci.

Ils s'affrontèrent du regard, longuement. Daniel rompit le premier. Il ne séjournerait guère plus longtemps au village où, à sa manière, le jésuite, pourtant, le protégeait.

16

Québec, mai 1697

— Eh bien, monsieur Beauchêne, comment va votre fils ?

François s'inclina, serra la main du gouverneur.

— Pas trop pire, monsieur, il met assez de joie sous le toit de la rue Notre-Dame.

Frontenac sourit. Le petit habitant de Lachine avait conservé quelques tournures de son parler originel.

— Pas trop pire. A la bonne heure. Mes pauvres amis ont été bien affligés par la disparition de leur fils. Il est heureux qu'une génération nouvelle arrive, pour leur bien comme pour celui de la colonie.

Il considéra avec un peu d'inquiétude l'entrée de la côte de la Montagne.

— Me donnerez-vous votre bras pour gravir ce calvaire, monsieur le secrétaire ?

— Avec joie !

François s'empressa. Le gouverneur souffrait à l'occasion de difficultés respiratoires qui lui raccourcissaient le souffle. L'épreuve du jour consistait à rejoindre la ville haute pour une assemblée de la plus grande importance.

— Parlez-moi de votre charmante épouse, proposa-t-il tandis qu'ils entamaient l'ascension du raidillon.

François s'exécuta de bonne grâce.

Marie avait accouché au plus dur de l'hiver, dans une maison froide malgré le poêle en fonte et les flambées allumées partout où c'était possible. François avait découvert, inquiet, la chaise percée sur laquelle sa femme aurait à produire son douloureux effort. La corpulence de la matrone, son parler rude comme l'étaient ses manières, son poil noir au menton, même, l'avaient dissuadé d'assister à l'événement.

Du jardin gelé où il était allé fumer une pipe, il avait entendu des hurlements propres à lui fendre l'âme, mêlés aux cris terrifiants de l'accoucheuse. Enfin, le concert s'était calmé ; une fenêtre s'était ouverte.

« Un petit mâle !

— Etienne... »

Comme son grand-père.

Des remugles flottaient dans la chambre où l'on ramassait les linges souillés. L'enfant avait été lavé puis promptement vêtu.

« Le Seigneur l'a conservé en vie, ainsi que ma fille. C'est un jour heureux. »

Jeanne de Falernes en pleurait de soulagement. Son mari n'avait pas caché sa fierté.

« Me voici grand-père, François, et d'un beau petit monsieur. La pelle-à-feu[1] a bien travaillé. De la jeunesse pour le Canada ! »

---

1. Matrone.

Ils avaient su masquer leur tristesse. L'ombre du fils planait dans la demeure, parfois pesante. François s'était penché sur Marie. Apaisé. Elle s'était trouvée pleutre, agressive, avant de fondre dans une béatitude courbatue. Il l'avait complimentée.

« On ne peut être plus en beauté que toi. Tu es sainte, comme ces femmes à qui tu désires tant ressembler. Une sainte infiniment désirable, dont je suis l'adorateur. »

— Quand le baptisons-nous ? s'inquiéta le vieux soldat lors d'une halte à mi-côte.

Il possédait déjà une trentaine de filleuls. Parrainer des petits Canadiens, lui qui n'avait pas d'héritier, était le service le plus plaisant qu'il pût rendre à ses administrés.

— Dès avant l'embarquement, monsieur.

— Bien. Nous allons faire très bientôt de grandes choses, mon jeune ami. J'espère que vous êtes conscient de cela.

— J'en suis conscient, et très fier, monsieur.

— C'est bien. Maintenant, il faut me redonner votre bras.

François trouva Frontenac d'une parfaite bonne humeur. Le projet d'aller porter un coup décisif aux Iroquois Onnontagués semblait le rajeunir de quelques années. Cette fois, il commanderait lui-même la petite armée de mille cinq cents hommes levée pour la circonstance.

François salua les gentilshommes présents. Il y avait, parmi la vingtaine d'invités dans la grande salle du château Saint-Louis, messieurs de Callières et Duluth[1], des capitaines et des officiers subalternes, toutes personnes convoquées par le maître des lieux. François les connaissait presque tous, pour les avoir côtoyés chez l'armateur ; ces hommes-là avaient eu moult occasions de se distinguer au fil d'une guerre dont on finissait par ne plus très bien savoir quand elle avait commencé.

— François Beauchêne nous accompagnera tout au long de notre expédition, expliqua Frontenac. Ses qualités de scribe nous seront précieuses afin de prendre en note les péripéties que nous allons vivre. Notre ami est un nouveau La Hontan, moins les insolences de notre grand homme et sa propension à déformer plus ou moins la réalité...

François se sentit rougir. S'il n'était devenu proscrit et ne se terrait quelque part dans la forêt, Daniel eût bien été obligé de constater que son cadet avait pris du muscle, de l'entregent, éprouvant même des velléités de participer aux opérations militaires.

Le gouverneur se pencha sur une carte, pointa du doigt l'itinéraire choisi. On irait par le Saint-Laurent et ses affluents, jusqu'au cœur du pays ennemi, loin le long des rivages du lac des Ontarios. On saisirait la capitale iroquoise, Onnontaé, ainsi les frontières de la Nouvelle-France s'élargiraient-elles une bonne fois pour toutes au sud-ouest. Après les rudes coups portés aux Mohawks les années précédentes, celui-là achèverait d'amener les tribus hostiles à la raison.

1. Fondateur de la ville qui porte son nom.

Frontenac fut formel.

— C'est une certitude ! Les nécessités de la guerre risquent de nous forcer à réduire un certain nombre de postes au bénéfice des armées et de leur train. Bast ! Nous ferons ce qu'il faut.

D'une façon générale, il trouvait l'entretien des religieux disproportionné par rapport à celui des militaires, et ressentait comme une douleur intime l'obligation de gratifier des prélats qui ne se gênaient pas pour critiquer sa politique.

— Nous rognerons sur les dotations aux enfants de chœur et au bourreau par la même occasion. Quatre cents livres pour faire cuire des Sauvages et pendre des avorteuses, c'est payer cher corde et fagot, dit-il, malicieux.

Marie Beauchêne pesterait encore contre la rigueur budgétaire qui répandait un peu plus de misère dans les rues de Québec. Elle était fatiguée de ce conflit qui n'en finissait pas, cela fabriquait des veuves et des orphelins, en sus de mettre les ouvriers au chômage.

« Eh bien, se défendait François, nous ne pouvons tout de même pas offrir la colonie aux Anglais en leur demandant de subvenir aux besoins de notre pouillerie... Tout est français, ici, y compris la misère. »

Marie n'avait pas pesté ; François avait cependant bien vu à quel point son aventure guerrière la contrariait.

— Mon frère y a déjà péri, cela pourrait suffire, tu ne crois pas ?

— On ne discute pas les ordres de monsieur de Frontenac.

— Les ordres ? Ah, oui, bien sûr.

Elle n'était pas dupe. L'excitation mal dissimulée de François, son impatience, et jusqu'à la façon qu'il avait de regarder le fleuve, tout était chez lui désir d'action.

Il avait pourtant eu quelques occasions de se dégourdir l'imagination ; Terre-Neuve avait été prise aux Anglais en plein hiver et Callières avait lancé de nouveaux coups de main vers la Nouvelle-Angleterre. La France passait pour de bon à l'offensive.

— Cette fois, c'est le grand combat des chefs. Le Père des Sauvages se lance en personne sur le sentier de la guerre. Il sait que le moment est venu, nous avons été assez nombreux à joindre notre sentiment au sien. La bataille sera décisive.

Plus il plaidait, plus elle s'était murée dans un silence hostile. A la fin, il lui avoua que son devoir de Canadien était de se mêler un jour à la lutte. Il avait vingt et un ans.

— Voilà un bel âge pour se faire percer le cœur par une flèche ! Toi qui prônes la paix et la palabre avec les Sauvages...

— *Si vis pacem para bellum.*

Il ne la convaincrait pas. Elle fut triste de voir que personne, autour d'elle, ne prendrait vraiment son parti, même sa mère, que le deuil de Philippe plongeait encore dans de profondes mélancolies.

— Eh bien, puisque c'est ainsi, avait-elle admis, va faire ta guerre. Je prierai pour toi, si les miséreux de Québec m'en laissent le temps.

Elle acceptait, quelque part blessée. Marie ne ressemblait pas aux femmes de la colonie. Elle avait établi avec son mari des rapports d'égalité. On partageait les petites choses, les chagrins, les espérances, sans que l'autorité de l'un ou de l'autre dût s'exercer. François comprit la colère mêlée de tristesse de Marie. Il s'en excuserait. Au moment de s'engager, l'attrait de l'action l'emportait sur tout le reste.

Juin 1697

Lorsqu'il vit l'homme de soixante-quinze ans couler sa bedaine et ses vieux os dans le canot indien, François ne put s'empêcher de sourire. Monsieur de Frontenac partait en guerre avec au visage l'expression d'un grand plaisir.

Ce serait une longue balade dans les chaleurs parfois étouffantes de l'été. D'aucuns avaient tenté de le dissuader de partir aussi loin, à son âge. Onneiouts et Onnontagués n'avaient pas décidé d'éteindre sous la chaudière, ils défendraient leur patrie avec ce qu'il leur restait de forces.

« Eh bien, je mettrai ce qu'il reste des miennes dans l'affaire ! Cessez de m'ennuyer, j'irai, là ! »

Mille cinq cents hommes et plus, commandés par les meilleurs capitaines de la colonie, constitueraient son armée. On transporterait des canons, des mortiers, des centaines de grenades. Des partis indiens quitteraient Québec avec les Français, d'autres, venus de l'est, rejoindraient la colonne au lac des Ontarios. Le rapport de forces avait changé, ce serait désormais à un contre un.

François observa la mise en place de l'expédition. Il devait en tenir le journal, noter les mouvements, les incidents, les nécessités du portage et jusqu'aux caprices du climat. Lorsqu'il grimpa à son tour dans le canot qui suivait celui du Père des Sauvages, il éprouva une fierté mêlée d'un peu de nostalgie.

Marie ne l'avait pas accompagné aux embarcadères. Elle était restée rue Notre-Dame. Peut-être la curiosité la pousserait-elle à monter sur la falaise, mais, dans la foule éparpillée sur la rive, il serait difficile de la repérer.

Le Saint-Laurent était d'une platitude absolue. Brusquement, les rameurs indiens se mirent à chanter dans les canots ; la beauté nue de cette louange aux dieux du fleuve fit frissonner François. Il ôta son chapeau, répondit aux saluts joyeux des Québécois. Simple civil parmi les militaires et leurs supplétifs, il sut alors qu'il devenait un témoin privilégié de l'Histoire. Lui qui depuis sept ans n'avait jamais quitté la capitale s'embarquait pour une aventure sans pareille, vaincre enfin la résistance iroquoise et donner la paix au pays tout entier.

Le village de Lachine fut une étape importante sur la route de la capitale iroquoise. On y attendit des armes et les renforts indiens, de la puissance supplémentaire pour une armée déjà redoutable. Pour François, le décor reconstitué du village, l'existence en apparence paisible de ses habitants furent autant de dards plantés dans son âme.

Il fit quelques visites, reconnut des gens. Des enfants étaient nés là, qui contemplèrent, bouche bée, le déploiement de la troupe. Huit ans avaient passé, la vie avait repris ses droits, à quelques dizaines de pas de l'endroit où dormaient les suppliciés d'août 1689.

— Eh bien monsieur Beauchêne, vous voici revenu dans un bien triste endroit...

Frontenac n'avait pas oublié. Il eut des mots aimables pour le protégé de son ami Falernes. Désormais, tout danger serait définitivement écarté de l'île de Montréal. La colonie s'étendrait sans tarder, dans les pas des capitaines français. L'ombre iroquoise ne hanterait plus jamais la côte nord du fleuve.

— Il en sera ainsi jusqu'aux lacs où le Saint-Laurent prend sa source. Nous aurons tous bien travaillé pour cela.

Il eut un geste large, vers le couchant.

— Après cela, nous éteindrons le feu sous la marmite, nous enterrerons les haches de guerre et nous pétunerons avec des ennemis ramenés à la raison. Vous écrirez tout cela, n'est-ce pas ?

François acquiesça, rêveur. Daniel ne serait pas de la fête et son ami La Tulipe non plus. Leurs visages s'estompaient parfois dans sa mémoire, comme ceux de ses parents. C'étaient des moments insupportables, quand l'esprit en désarroi cherchait en vain à les reconstituer. François fit ainsi un étrange et pesant pèlerinage, jusqu'à l'ordre de marche donné à nouveau, aux premiers jours de juillet.

Où était Daniel Beauchêne ? L'itinéraire de l'armée ne passait pas par le village où vivaient sa femme et sa fille. François pouvait tout imaginer ; mort et enterré quelque part dans la forêt, ou en route vers l'ouest. Le plus vraisemblable était qu'il se cachait au bord de quelque lac et subsistait de chasse et de pêche.

La guerre ramenant les gens à des urgences nécessaires, personne auprès de François n'évoqua la figure du fugitif. Les villageois rescapés, qui n'avaient pas oublié l'adolescent intrépide et volontiers désobéissant, lui avaient demandé de ses nouvelles ; il était resté évasif. Daniel voyageait. Cela suffisait bien.

François vécut la remontée du fleuve, les portages à terre évitant les rapides de Long-Sault, des Galets et des Jacques, comme une aventure unique. Le spectacle d'une cinquantaine d'Indiens épaulant le canot du gouverneur Frontenac, chantant et riant sous la charge, le mit en joie. Il y eut ainsi des moments où l'expédition prit les allures d'une simple promenade en forêt, d'une randonnée vers des lacs écrasés de soleil que l'on traversa à la voile.

Le haut-pays...

Tout y était splendeur et majesté, scintillement de la lumière sur des eaux étales où il faisait bon plonger, le soir venu. Des gens qui ne prenaient de bain qu'une fois ou deux par an se laissèrent aller, en chemises et pantes de lin, aux délices de l'immersion en milieu naturel. On fut attaqués, mais par les seuls maringouins, que la présence d'une telle surface de peaux offerte à leurs dards affolait.

L'Iroquoisie s'ouvrit en grand devant l'assaut des Français et de leurs alliés. On traversa des bourgades désertées par leurs habitants, les anciens chemins empruntés par les jésuites aux lointaines époques de paix furent à nouveau foulés par des étrangers. Il sembla à François que l'affaire était facile.

« Détrompez-vous, lui avait dit Frontenac, la chaudière bouillonne toujours et nous pénétrons au cœur de la nation ennemie. »

Il fallait demeurer sur ses gardes. Les portages s'effectuèrent à l'abri de patrouilles envoyées loin en forêt. François occupa l'essentiel de ses soirées à écrire à la lumière de la bougie, stupéfié par les découvertes qu'il avait faites à chaque pas.

Des lieux aux décors jusque-là imaginés en dévorant des livres, le rapide de La Galette et l'Anse-à-la-Famine, l'Ile-aux-Chevreuils, la rivière des Onnontagués. Et ces gentilshommes ordinairement perruqués et poudrés, croisés dans les rues de Québec ou dans les soirées du beau monde, là bottés jusqu'au haut des cuisses, vêtus de cuir indien et de vestes de trappeurs, coiffés de feutre, jurant tels des soldats lorsqu'ils trébuchaient dans la broussaille, laissant pousser sur leurs joues des barbes de galériens ; messieurs Duluth, Manthet et de Grandpré, Subercase et du Mesnil, de la Durantaye et Lamothe-Cadillac. D'autres encore, compagnons de route des humbles, des anonymes et des Sauvages. Jamais la colonie n'avait rassemblé une aussi noble phalange, pour une cause aussi importante.

30 juillet 1697

On avait laissé Duluth avec une trentaine d'hommes au fort Frontenac, charge à eux d'y consolider la forteresse. Puis on avait piqué droit vers le Sud. Les épaisseurs complices de la forêt se prolongeaient par une steppe broussailleuse baignant dans des marécages aux remugles vaseux. Plus loin, un océan d'herbes hautes ponctué de bois étiques s'étendait. L'eau régnait, comme un prolongement de la rivière.

Très vite, la chaleur accabla porteurs et soldats. On s'enfonçait jusqu'aux genoux dans ce cloaque d'où surgissaient en essaims rageurs des nuées d'insectes conviés au festin. Il y eut des attaques iroquoises sur les arrières de l'armée, on perdit quelques hommes.

François se mêla avec plaisir à la troupe. Il lui importait de savoir ce que les hommes confrontés à un tel paysage vivaient. L'épreuve l'épuisa. Marie se moquerait gentiment de lui, on ne s'improvisait pas missionnaire, capitaine ou coureur des bois. Il serra les dents, pris dans la glu jusqu'au haut des cuisses.

L'épreuve qu'il s'infligeait le grandissait à ses propres yeux. Tout en peinant à se désenvaser, il songea aux prudents restés entre les fortifications de Québec. S'il survivait à l'équipée, ceux-là cesseraient de le considérer comme un paysan parvenu par la grâce de son mariage.

— Le Rigolet. Il conduit au lac Gannentaa, lui expliqua un officier au sortir d'un marécage. Le peuple d'ici se dit du Grand Marais, on comprend pourquoi.

Le passage des pièces d'artillerie fut une longue et dure épreuve. On perdit du temps dans un environnement favorable aux coups de main et aux embuscades.

François considéra d'un œil sceptique le fil étroit de la rivière coulant entre deux étendues de brousse humide. Les jésuites avaient autrefois emprunté ce chemin pour aller bâtir une mission au bord du lac, avant d'en être chassés. Tout, alentour, devint soudain hostile, inquiétant.

Les éclaireurs trouvèrent des traces fraîches. Les Iroquois avaient éventé le projet de leur vieil adversaire, tout espoir de les surprendre devenait vain.

— Nous allons partir en avant, décida l'officier. La capitale des Sauvages n'est plus très loin désormais. Vous nous accompagnez, monsicur lc scribc ?

François perçut un peu de moquerie dans la proposition de l'officier. Pour beaucoup de ses compagnons de route, il n'était en fin de compte qu'un jeune citadin protégé par quelques puissants, quels que fussent son sens de l'observation, ses talents d'écriture et même son allant et son endurance physique.

— Ma foi oui, dit-il.

On retrouverait bientôt des paysages moins austères que les sables putréfiés du Rigolet ; de la bonne, épaisse forêt.

— Regardez ces signes, monsieur Beauchêne. Ils indiquent la grande malice de nos adversaires.

François se pencha vers un tronc d'arbre couvert de signes mystérieux que l'officier déchiffra pour lui :

— Il est écrit là-dessus que nous sommes deux mille, face à une cohorte égale de guerriers iroquois. En vérité, ce dernier chiffre est sans doute excessif, mais il est de bonne guerre de nous inquiéter, même si la masse indienne encore en état de se battre doit avoisiner cela. Les femmes et les petits ont déjà dû quitter la bourgade, il faut s'attendre à un rude accueil.

La forêt barrant l'horizon du nord au sud était une invitation à la visite, un leurre aussi, redoutable derrière son immobilité. François songea à son frère. Daniel avait apprivoisé depuis longtemps cette nature omniprésente, vaste au point qu'elle paraissait devoir couvrir le reste du monde. Il fallait posséder un esprit autre que celui d'un simple voyageur pour désirer s'en faire une maison.

— Monsieur Beauchêne, s'enthousiasma l'officier, vous serez ainsi l'un des premiers à apercevoir la formidable cité nommée Onnontaé. Heureux mortel !

Une petite colonne s'ébranla en file indienne. Bientôt, elle entra sous le couvert des feuillus et des conifères mêlés, dans des lumières douces. Le lac Gannentaa était à une demi-journée de là. François imagina la paix de ses rives baignées de douceur vespérale. On poserait là le camp, peut-être pour deux ou trois jours, le temps de préparer l'assaut final.

Les bois se densifiaient autour d'une piste par endroits effacée. Les Indiens n'avaient pas tracé là d'avenue permettant de mieux les envahir. Au contraire, ils avaient laissé la nature recouvrir les voies d'accès à leur sanctuaire. François coula son pas dans ceux des éclaireurs, lesquels devaient élaguer la végétation pour avancer.

S'étant arrêté pour soulager son ventre, il se trouva soudain seul à l'arrière de la colonne. Les buissons qui l'avaient abrité lui parurent soudain muraille. Il pensa appeler mais cela paraîtrait par trop alarmiste, voire pleutre. Il voulut courir, trébucha sur des arbustes dont les branches aiguisées lui griffèrent les mains et le visage.

Il sentit une présence à ses côtés, entrevit des formes se déplaçant d'un arbre à l'autre. Lorsque les Iroquois se montrèrent, il se dit que sa dernière heure était venue.

Trois hommes aux visages peints, aux torses nus, fondirent sur lui et, l'ayant saisi par les épaules, l'entraînèrent hors du chemin. Il n'avait même pas eu le temps de crier. Il tomba, fut relevé sans ménagement.

Tout alla vite. Les éclaireurs avaient dû s'apercevoir de son absence, trop tard pour entreprendre quoi que ce fût. Il se demanda ce qu'il était venu faire là, pesta contre lui-même et contre ceux qui l'avaient embarqué dans ces maudits canots pleins de soldats.

Profonde était la forêt aux abords du lac Gannentaa. La ramure y était si abondante qu'on ne distinguait plus le ciel. La lumière elle-même semblait avoir fui l'endroit, partie vers des lieux plus hospitaliers.

Les Iroquois étaient inquiets, presque apeurés. Ils s'arrêtèrent souvent, humant l'air, comme cherchant un chemin qu'ils devaient pourtant connaître par cœur. A les voir ainsi désorientés, François supposa qu'ils étaient eux-mêmes éclaireurs de leur troupe, tombés par hasard sur l'avant-garde au moment où ils observaient la progression des Français.

« Je les encombre. »

Cela voulait dire qu'ils pouvaient se débarrasser de lui après l'avoir allégé de sa chevelure, ou interrompre leur mission pour le ramener dans leur sanctuaire. Monnaie d'échange. L'une comme l'autre de ces perspectives ne souriaient guère.

Ainsi les Sauvages savaient-ils tout ou presque de l'expédition française. De là où il se trouvait à présent, François Beauchêne aurait l'amer loisir de vivre l'aventure du point de vue de l'ennemi. Tandis que les trois hommes le poussaient devant eux à coups de poing dans le dos et à coups de pied dans les fesses, il songea à la position privilégiée qu'il occupait. Ecrire ce qui se ressentait de l'autre côté. Les visages crispés des Iroquois, leurs regards de fauves lâchés sur une proie, la musculature luisante de sueur de leurs torses eussent inspiré un peintre. Où allait-on, ainsi pressés ?

Une clairière d'une centaine de pas de long rompit le fouillis végétal. Le soleil de midi y posait une lumière crue estompant les formes et les couleurs de la prairie. Les Indiens hésitèrent à s'y engager. Finalement, ils s'y risquèrent, casse-tête en main, courant, courbés, dans les hautes herbes de juillet.

François les ralentissait, les choses prenaient un tour désagréable. Il ne pouvait détacher son regard des lourdes pierres ficelées au bout des tomahawks. Un geste de l'un des Sauvages et c'en serait fini de lui. Il vécut comme un soulagement le retour en forêt.

Il y eut une détonation, sèche, suivie d'une autre, d'une autre encore. Un Iroquois se figea debout, hagard, déjà mort. Un autre boula net, un troisième lâcha son casse-tête, porta la main à son épaule et s'enfuit en hurlant. François demeura seul, mains levées dans un réflexe de reddition immédiate. Ses jambes lui refusèrent tout service, il chuta à genoux, attendit.

— Le donzelon à la guerre, j'aurai vu ça dans ma chienne de vie !

Daniel se tenait devant lui. Deux Canadiens l'accompagnaient, pareillement vêtus de laine légère et de culottes en peau coupées aux mollets. Hirsutes, poignards et pistolets à la ceinture. Plus un Indien sans peintures au visage, torse nu, vêtu d'une jupe jusqu'à mi-cuisse.

François se frotta les yeux. Qu'est-ce que son frère pouvait bien faire là, en plein territoire sauvage, aux marges d'une expédition militaire ?

— Tu me dois cher, dit Daniel, mais sois tranquille, je n'exigerai jamais rien de toi. Tu vois, je fais ce que tu m'as ordonné, rester loin de Québec et de Montréal. Ne suis-je pas un grand frère obéissant ?

François réitéra sa question.

— Le castor, mon petit moineau. Nous autres, on cherche ça et seulement ça. La douce fourrure pour les belles dames de Paris et de Bordeaux. Voici mes amis, messieurs Segal et Beyne, gens de bonne race qui supportent mal la vie en ville.

Coureurs des bois. La peau tannée par les longues marches au soleil entre eaux et forêts. Libérés de toute contrainte, bravant l'interdiction royale. Daniel rit, montrant une denture en mauvais état. Son visage s'était encore creusé. Une belle gueule à faire peur aux citadins, dans le trou rond du pilori.

Il expliqua :

— Le pays iroquois se vide de ses habitants, l'ami castor se trouve bon à prendre là où il nous était impossible d'aller le chercher. Cette marche guerrière nous ouvre les Grands Lacs et plus loin encore. Nous sommes intéressés par son succès, nous prions pour qu'elle en termine une bonne fois avec les Sauvages de Teganissorens, de Chaudière Noire et de quelques autres.

Il accompagnait de loin l'armée, avec ses acolytes. Mille cinq cents hommes se déplaçant avec une charge de canons et de boulets, des portages d'une telle envergure, cela se voyait de loin.

Daniel était d'humeur badine, les grands espaces lui convenaient, décidément.

— Les Iroquois vont rompre, s'ils ne l'ont déjà fait. Ils se disperseront aux quatre vents, iront rejoindre leurs cousins Miamis, Illinois, ils iront jusqu'aux plaines du Missouri, même, et c'en sera fini de leur nation. Tu vas pouvoir leur faire signer la paix, moineau, ils viendront la mendier jusqu'à la citadelle de Québec. Ton maître Frontenac aurait pu avancer avec le quart de sa troupe, le résultat aurait été le même. Les assassins de nos parents n'en peuvent plus, le temps, la maladie et les malices du gouverneur les ont saignés, c'est la fin d'un monde et la justice rendue.

Il partit d'un grand éclat de rire, invita son cadet à le suivre au sommet d'une butte d'où l'on apercevait, au loin, le rivage du lac Gannentaa. La situation le mettait en joie, pour de bon. Proscrit, condamné par avance à la prison ou à la corde selon l'humeur du juge, il éprouvait du plaisir à côtoyer de cette manière la fine fleur de l'aristocratie canadienne.

On ne lui faisait aucun cadeau ; il avait pourtant débarrassé la terre d'une crevure juste bonne à tourmenter une femme. Alors, savoir avant tout le monde, et si loin du Conseil souverain, ce qu'il allait advenir de la guerre en cours suffisait à son bonheur.

— Tu vas pouvoir retrouver tes amis, dit-il. Veux-tu encore un brin de compagnie, ou penses-tu pouvoir y arriver tout seul ?

Encore abasourdi, les mollets douloureusement serrés par des crampes, François suivit du regard l'itinéraire que lui indiquait son aîné. C'était finalement assez simple, les éclaireurs précédaient d'une demi-lieue le gros de l'armée, quant à celle-ci, elle progressait vers le sud-ouest, invisible à cet instant.

— Ils sont là où je te l'indique, crois-moi. Pour les rejoindre, tu n'as qu'à croiser la course du soleil, sans faire de détour. A vrai dire, je préfère rester où je suis et ne pas me risquer trop près de mes juges. Tu me comprends, moineau ?

Les coureurs des bois étaient pour de bon une étrange espèce. Ceux-là souriaient, bonhommes, à quelques pas des corps qu'ils avaient couchés. Voyant l'embarras de François, l'un d'eux se dévoua. Il ramènerait l'égaré au plus près du troupeau.

— Prends-en soin, Segal, lui recommanda Daniel. Si notre pauvre mère nous voit en cet instant, elle doit se dire que son petit poussin s'est bien mis en danger.

François opina.

— Hé, moineau ?

— Quoi ?

— Un jour, à Montréal, il y a déjà longtemps, je t'ai dit quelque chose sur ce que tu pourrais faire de ta vie.

— Commis. Je me souviens. Porter des papiers à des gens qui les signent et repartir avec la fortune du monde entre ses mains.

— Belle mémoire.

— Tu avais sans doute raison.

— Je crois, oui. Il faut que chacun reste à sa place. La mienne est par là, derrière, dans ce pays maintenant ouvert. La tienne, moineau, n'est certes pas en compagnie des guerriers, toi et moi n'avons guère d'intérêt à leur commerce. Voilà qui nous rapproche.

Ils se regardèrent, l'air grave. François réalisa qu'il avait gardé son chapeau emplumé sur la tête, malgré la brutalité de sa capture. Il l'ôta, salua son aîné sans baisser les yeux.

— Prends garde à toi, mon gentil frère.

Daniel eut un geste du menton vers les cadavres des deux Iroquois.

— L'avancée des Français vers leur capitale les avait coupés de leurs semblables. Ils cherchaient à rejoindre leurs frères et n'allaient pas s'encombrer longtemps d'un piètre marcheur. Dépêche-toi, maintenant. Tu as quatre heures de mauvais chemin devant toi, au moins.

François réprima son envie d'embrasser son aîné. Il brûlait de savoir comment il vivait, lui qui n'avait plus de domicile fixe dans la colonie. Daniel arpentait le pays depuis des années, il s'y était fondu. Souvent, des gens s'évanouissaient dans la nature, qu'on ne retrouvait jamais. D'autres réapparaissaient, des années plus tard. Ils étaient comme la Nouvelle-France, sans frontière définie, happés par la forêt, oubliés ou regrettés par les vivants.

François baissa la tête. Le hasard était folâtre, qui lui préparait des rencontres avec son frère aussi brèves que chargées de tragédie. Des lendemains de la tuerie de Lachine aux abords d'un lac du haut-pays, il les avait réunis le temps d'un siège anglais, puis d'un meurtre, et maintenant, il les séparait à nouveau.

Il se mit en marche aux côtés de son guide, plein d'un sentiment de soulagement, de tristesse et de honte mêlés. Daniel lui avait sauvé la vie, comme à Lachine. Il semblait, même absent, veiller sur lui en permanence. Le loup et le moineau, monsieur de La Fontaine eût écrit là-dessus.

François pourrait, dès son retour parmi les siens, intercéder en sa faveur, mais pour cela il lui faudrait alors conter son équipée dans le détail. Daniel ne demandait rien, de toute façon. François résolut de mentir par omission. « Ces Sauvages paraissaient en déroute, ils ne savaient trop quoi faire de moi, j'ai pu tromper leur vigilance et vous rejoindre, avec beaucoup de chance. »

On le croirait, peut-être même passerait-il pour une sorte de héros. Les captifs français parvenant à s'échapper des griffes indiennes n'étaient pas si nombreux. L'aventure singulière du sieur Beauchêne entretiendrait quelques conversations, le temps d'un long hiver.

— Monsieur Beauchêne, vous écrirez ceci, pour l'histoire.

Le gouverneur Frontenac contemplait les ruines d'Onnontaé, noircies par le feu des incendies. L'armée franco-indienne avait investi sans combattre une cité fortifiée que ses habitants avaient détruite avant de l'abandonner. Des défenses en bois subsistaient quelques pans de muraille, une tour bâtie sur le modèle européen, le reste était parti en fumée, comme les longues habitations des Iroquois.

Frontenac fouilla de la botte les cendres étalées devant lui. On lui avait amené deux prisonniers capturés à proximité de la capitale. Il leur montra les réserves de blé d'Inde ancien et nouveau, que l'on allait brûler.

— Je vous laisse la liberté, leur dit-il, vous pourrez rejoindre les vôtres. Dites-leur que je suis prêt à devenir leur père s'ils ont encore assez de raison pour cesser de nous faire la guerre. Vous leur direz aussi que les Anglais n'étaient pas là pour les aider, parce que c'est dans leurs habitudes depuis toujours de vous laisser seuls en face de nous. Où sont-ils, à l'heure de votre défaite ? Je vous le dis, ils sont dans leurs colonies lointaines et n'ont nul souci de ce qui vous arrive. Je sais les cadeaux qu'ils vous ont faits, les chaudières, les colliers de nacre, les fioles d'eau-de-vie, tout cela est bien beau, mais leurs soldats sont restés dans leurs maisons et vos alliés mohawks dans leurs villages. Tous vous ont trompés. Maintenant, nous allons travailler à rétablir la paix dans ce pays car la volonté de mon roi est que vous deveniez aussi ses fils, vous, hommes libres du haut-pays...

Il parlait pour l'histoire, à la manière solennelle de ses adversaires. Les prisonniers s'agenouillèrent devant lui, demandèrent qu'il posât la main sur eux, car, maintenant qu'ils l'avaient vu et qu'ils connaissaient sa mansuétude, ils se reconnaissaient comme ses enfants et se mettaient sous sa protection.

A ce spectacle, François fut persuadé que, bientôt, ce serait la nation iroquoise tout entière qui ferait ainsi allégeance au roi Louis. Sa joie lui fit oublier la terreur rétrospective qu'il éprouvait chaque soir, au moment de s'endormir.

Septembre 1697

L'aventure avait duré trois mois. Lorsque François Beauchêne revint à Québec, il était devenu un homme différent. Ce n'était pas tant le risque encouru, la folle course à travers bois et clairières en compagnie de ses ravisseurs, la mort approchée de si près, que le sentiment d'avoir participé à l'événement le plus important depuis que la guerre s'était allumée en Amérique.

Marie le trouva changé. Le grand soleil d'été avait hâlé sa peau, les longues marches lors des portages avaient durci ses muscles, mais il y avait autre chose, un éclat du regard, une manière de se tenir, une assurance et une gestuelle de capitaine.

— Le clerc s'est fait homme des bois.

Elle le somma de lui conter par le menu les péripéties du voyage, ce qu'il fit à la manière des contes orientaux, livrant chaque soir un peu de ce qu'il avait écrit au fil des jours. Bientôt, elle sut, par la rumeur cette fois, comment il avait échappé à la capture. Il s'abstint de lui donner les détails de l'affaire.

— J'espère bien que tu n'y retourneras plus.

— Tout se passe désormais là-haut.

— Ça m'est bien égal. J'ai un joli mari et ne veux point le perdre chez les Sauvages.

— Parle-moi de tes paroissiens en détresse.

— Tu iras de nouveau, c'est bien ça !

— Je ferai mon devoir pour le service du roi.

Il avait envie de voyager encore. Marie n'avait pas épousé un capitaine du Carignan-Salières ou d'un vaisseau de guerre. Elle devrait cependant se faire à l'idée que son époux éprouvait une sorte de vocation. N'était-elle pas elle-même habitée par le sentiment très fort de sa mission ?

Il trancha :

— La paix va se faire, tu la désires autant que moi. Je veux en être jusqu'au bout, n'y suis-je pas déjà engagé ? Il sera temps, ensuite, d'aller se promener sur le fleuve, à ta guise.

Elle ravala sa contrariété ; elle découvrait une sorte d'aventurier et se demanda par quel miracle elle pourrait bien le retenir à Québec.

17

— Messieurs, des nouvelles importantes nous sont arrivées du royaume.

Dans la salle du Conseil, le brouhaha des conversations se calma. Monsieur de Frontenac exhiba le document qu'il avait jusque-là tenu roulé dans sa main.

— Il y a deux mois, en septembre, nos souverains ont signé une paix dans la cité flamande de Ryswick, dit-il, solennel. Ils ont mis fin à une guerre longue de neuf années, guerre dont nous savons bien, ici, qu'elle fut féroce et sans pitié. Et bien plus longue qu'en Europe.

Il y eut un murmure, quelques vivats. Les échevins se congratulèrent. A quelques pas du gouverneur, François Beauchêne applaudit.

— La France acquiert les terres d'Alsace et de la Sarre. De plus, la gloire de notre roi nous autorise à disposer du sucre d'une grande partie de l'île de Saint-Domingue. C'est assurément un grand jour pour nous, qui avons résisté avec bonheur, en son nom, aux entreprises de l'Angleterre sur le sol de la Nouvelle-France.

Il omit de préciser que le traité confortait le huguenot sur son trône londonien, et ne changeait rien quant aux frontières déjà très floues des empires lointains.

Il leva les mains vers les caissons qui segmentaient le haut plafond de la salle. Dieu avait en fin de compte choisi son camp dans cette interminable affaire. Une chose était sûre désormais, l'Ouest canadien s'ouvrirait en grand aux entreprises françaises, dès lors que l'on aurait achevé de pacifier les tribus encore hostiles. Ce serait là le projet d'envergure, à réaliser sans délai.

— Nous en parlerons avant la fin du jour, glissa-t-il à ses conseillers tandis que l'on levait les verres à la santé du roi Louis.

François se sentit plein d'une soudaine ferveur. Certes, la fin du conflit se laissait deviner depuis quelques mois. Les dépêches de France évoquaient la lassitude des belligérants, leur désir de mettre fin à cette affaire de famille qui laissait quelques dizaines de milliers d'hommes allongés sur les champs de bataille. Maintenant, la perspective d'une Amérique tournée vers le commerce, l'agriculture, l'industrie s'imposait.

— Calmez-vous, Beauchêne, lui dit Frontenac lorsque il eut réuni ses gens dans son bureau, le plus difficile reste à accomplir. Je ne mets pas en doute le profond désir des Anglais de faire la paix, pas plus que celui de nous forcer un jour ou l'autre à accepter leur domination. Nos voisins de Boston, de New York et d'Albany sont certes fatigués de nous avoir constatés à ce point vivaces. Ils vont se reposer, reprendre des forces, car, ne nous y trompons pas, leur hargne à unifier l'Amérique à leur profit ne manquera pas de se manifester à nouveau, dès que l'occasion s'en présentera. Ils ont cette idée dans la tête, depuis toujours. A leurs yeux, nous représentons, nous autres Français, une curiosité aussi exotique que les Nègres des Antilles. Exotique, et agaçante, infiniment.

Il alla vers la fenêtre, demeura silencieux, les mains dans le dos. L'asthme lui faisait des misères, au point qu'il s'était mis à redouter pour la première fois l'arrivée des vents humides de l'automne.

François l'observa. Un tel homme ne pouvait tomber vraiment malade, encore moins trépasser. La colonie, qui s'était coulée dans son ombre depuis trente ans, ne s'en remettrait pas.

Novembre 1698

Ce que l'on avait tant redouté finit pourtant par arriver.

Le gouverneur manda l'un après l'autre ses proches amis à son chevet. Cela faisait déjà quelques mois qu'il souffrait de dyspnée continue jusqu'à s'étouffer parfois dans des quintes interminables. Falernes et François Beauchêne le trouvèrent alité, obligé de se tenir appuyé contre des oreillers. Monsieur de Callières se tenait près de lui dans un fauteuil, l'air soucieux.

— Je dors ainsi, regretta Frontenac d'une voix sourde. Mes forces m'abandonnent jour après jour et les médecins ne savent trop que faire.

On l'avait saigné plusieurs fois. François le trouva amaigri, le visage creusé. Le gouverneur avait perdu les rondeurs de ses joues, ses doigts laissaient paraître des nouures aux articulations. Le malade ainsi confiné n'avait plus rien à voir avec le corpulent intrépide des batailles et des conquêtes.

— Maintenant que l'Iroquoisie demande merci, je m'en vais faire la paix avec mes derniers adversaires, dit-il. Il est des moments, n'est-ce pas, où il convient de calmer les passions par trop humaines. L'intendant et l'évêque seront les bénéficiaires de cette humeur-là, je les ai suffisamment piqués durant toutes ces années.

Falernes se confondit en bonnes paroles. La fin de l'automne canadien était souvent une saison traîtresse, difficile à traverser. Frontenac eut un geste las. Il le somma de lui parler des cargaisons, des navires et de leurs équipages.

— Le traité signé en Europe vous ouvre en grand les portes de l'océan, apprécia-t-il, les Anglais en sont hélas devenus les maîtres, mais bast, vous aurez de l'espace pour leur faire une bonne concurrence. La France n'est pas avare de forêts dont on coupe les chênes pour en faire des vaisseaux.

Lorsqu'il évoqua à nouveau la paix indienne que Callières préparait avec autant d'espérance que de talent, son vieux corps brisé sembla reprendre de l'énergie. C'était là son rêve, depuis toujours.

— Amener ces nombreuses tribus à s'entendre avec nous, et entre elles aussi, quelle éclatante revanche sur ces longues guerres ! Ma foi, j'aimerais voir ce jour, si Dieu m'y autorise. Et comment se porte notre jeune scribe ?

— Bien, monsieur, dit François.

— Vous êtes donc entré au cabinet de monsieur de Callières. Il va vous falloir vous familiariser un peu plus avec les affaires indiennes. Vous en savez déjà beaucoup, c'est bien.

— J'en suis fort content, et fier de votre confiance.

François regarda son tuteur. Un ancien bavardage dans le salon de la rue Notre-Dame lui revint en mémoire, tandis que le gouverneur, soudain en crise, ouvrait grande la bouche pour y faire pénétrer un peu d'air.

Les Iroquois entreraient bientôt dans la grande famille canadienne, le salut de la colonie passait par cette neutralisation indirecte de la puissance anglaise. Bientôt viendrait le temps de l'apaisement, déjà les colons de Montréal et de Lachine ne craignaient plus les assauts des guerriers iroquois.

Falernes lui fit un signe, puis se leva.

— Vous devez vous reposer, monsieur. Dieu vous garde, nous vous aimons bien sincèrement.

Frontenac lui tendit sa main décharnée, qu'il serra longuement. François eut la certitude qu'il ne reverrait pas vivant le vieux soldat que l'on croyait indestructible. Il s'inclina, sortit, le cœur chaviré, de la chambre.

29 novembre 1698

— Monsieur de Frontenac est mort cette nuit, annonça l'armateur. Il sera inhumé à la chapelle des récollets, son cœur sera mis dans une urne et voyagera jusqu'à la France, charge à sa veuve de lui trouver une demeure. Callières a pris officiellement ses fonctions de gouverneur, te voilà en première ligne désormais, auprès d'un homme de grande qualité. Je te suivrai avec intérêt, mon petit.

François regarda le ciel bas et lourd d'où tombait un grésil annonçant les vents mauvais. C'était un jour lugubre, que la nouvelle bientôt répandue dans la ville achèverait de plomber.

— Il n'aura pas connu l'accomplissement de sa tâche...

— Elle sera parachevée, affirma Falernes.

Bien qu'il y eût encore des engagements militaires ici et là, des délégations indiennes du Sud et de l'Ouest étaient arrivées à Québec. On discuterait castor à peler et prisonniers à échanger. L'Iroquoisie blessée en profondeur répondait enfin à une très ancienne invitation et, cette fois, l'Angleterre serait impuissante à retarder son allégeance à la France. C'était là une immense victoire, scellée sur quelques milliers de tombes à travers tout le pays.

— Regardez qui voilà ! se réjouit Falernes.

Porté par sa mère, Etienne Beauchêne avait rejoint le reste de la famille dans le salon où régnait une pénombre d'aube à peine éclairée par le feu dans l'âtre.

— Ton époux a perdu son dieu de métal forgé, annonça l'armateur. Nous sommes orphelins.

François prit l'enfant contre lui. C'étaient des moments ordinairement délicieux. Ce soir-là, le babil de son fils ne le dérida pas.

— Quel avenir pour toi ? murmura-t-il.

— Allons, François, pas de pessimisme ! s'insurgea l'armateur.

François regarda Marie. Il doutait. Elle caressa son front. La mort de monsieur de Frontenac était certes un grand malheur, mais elle survenait après des victoires décisives. L'homme avait marqué son époque d'une telle manière !

— Ton pays canadien vit, dit-elle, et tu le sers bien.

Il avait remisé ses velléités de voyage dans un coin de ses désirs. Elle ne l'interrogeait pas là-dessus. L'évolution des choses la rassurait, la guerre s'était éloignée du Saint-Laurent, des projets y naissaient, suffisamment enthousiastes pour balayer les craintes et les angoisses.

Il leva haut son fils, s'amusa à le laisser glisser contre lui.

— L'hiver va nous garder pour de longs mois dans ses froidures, dit Jeanne.

Elle brodait, rêveuse par instants. François appuya sa tempe contre l'épaule de Marie. Tout allait bien dans la maison de l'armateur Falernes.

Monsieur de Callières ne tarda pas à marquer son territoire. Son amitié pour Frontenac lui avait fait accepter sans douleur les foucades de son pair. De tels coups de génie compensaient l'humeur peu partageuse du chef blanc ! Mais la loi devait être désormais appliquée dans toute sa rigueur.

— L'activité des coureurs des bois aux marges de la société canadienne gêne la bonne marche des affaires. Il y a pléthore de peaux, trop sans doute, et ces gens ne paient pas la taxe. Par ailleurs, des messages nous sont parvenus de Versailles avec les derniers navires de l'année. Ils expriment la très ferme réprobation royale face à la vie dissolue de ces gens-là. Nous savons bien comment ils vivent, poursuivit-il, et cela ne date pas d'hier. Ce pays fascine les voyageurs, depuis sa création. Quant au commerce des peaux, il n'a jamais été facile à réguler. Dieu sait si nous avons pourtant eu besoin de ces gens, en maintes occasions. Mais c'est ainsi, la Cour s'alarme de leurs pratiques par trop canailles.

Il baissa la voix, se pencha vers ses hôtes, un rien malicieux.

— Je soupçonne l'influence de madame de Maintenon dans cette affaire. Des filles du roi aux bâtards d'Iroquois, la destinée de la gent féminine du Canada lui tient à cœur. Elle préfère l'adoption d'orphelines de Saint-Cyr par des barbons perruqués aux libres amours des voyageurs et autres livreurs de fourrures...

Il y avait eu les temps d'utopie, au début du siècle, lorsque le roi Henri avait imaginé une société métissée sous la houlette de l'Eglise catholique. Une nation naîtrait de ce mélange, semblable à nulle autre et doublement attachée à la mère patrie. Les dures réalités de la guerre avaient eu raison du projet.

— Les Anglais ne connaissent pas ce dilemme, reconnut Callières. Ils ont fermé leurs alcôves aux Indiens et se bouchent le nez lorsque l'un de ces sauvages passe trop près d'eux. Ils diffèrent grandement de nous par ces traits.

Champlain avait créé l'Ordre du Bon Temps en Acadie. Lors des fêtes nautiques auxquelles les chefs indiens étaient conviés, on déclamait de la poésie, on chantait et on ripaillait. C'était à qui inventerait la plus fine recette de cuisine, monterait le plus gracieux ballet de tritons. Entre deux expéditions contre l'Iroquois, les alliés se mêlaient et de ces rencontres étaient nés quelques rejetons cuivrés aux yeux bleus, gris ou verts.

Le gouverneur eut une mimique un peu navrée. Autres temps, autres mœurs. Aux joyeuses équipées des pionniers d'Henri IV succédait la morne rigueur d'un souverain vieillissant, soumis aux exigences morales de sa compagne.

— Nous allons donc édicter à propos des coureurs des bois. Je propose qu'ils se nomment une bonne fois pour toutes voyageurs, et qu'on les contingente encore plus sévèrement. Il me semble que cela correspond à une fonction moins débridée.

François pensa à son frère. Daniel ne se laisserait pas faire. Il avait apprivoisé le décor de sa nouvelle vie depuis assez longtemps pour savoir qu'il serait bien difficile aux autorités de le contraindre à chômer en attendant l'embellie parisienne des fourrures. « Venez donc me chercher ! » leur crierait-il de loin.

Septembre 1699

— Ah ! Si Frontenac était encore là, le spectacle à venir ajouterait quelques années à sa vie, regretta monsieur de Callières.

Des Anglais à Québec ! Ce que l'on avait tant redouté arrivait, sous une forme pacifique. Trois émissaires venus de Boston, accompagnés d'une demi-douzaine de civils dont on pouvait supposer, à leurs raides manières, qu'ils étaient en vérité des militaires ainsi costumés. François s'était accoutumé aux noms de ses adversaires, Schuyler, Livingston, Hansen, ceux-là mêmes dont il découvrit les visages dans le bureau du gouverneur.

Il y eut un long silence suivant l'entrée des Anglais dans la grande pièce inondée de soleil. Pour la première fois depuis près de quinze ans, l'ennemi se montrait dans la capitale française. Fallait-il, lui qui avait envoyé une flotte de plus de trente navires pour prendre la ville, qu'il se sentît neutralisé pour concéder à ce point !

Callières se leva de son fauteuil, s'inclina brièvement, puis il invita ses hôtes à s'asseoir. Deux hommes de l'escorte demeurèrent debout derrière les négociateurs, dont un grand roux aux joues couperosées, portant un anneau à l'oreille.

François dut se concentrer sur sa feuille vierge. Daniel lui avait décrit l'étranger de Lachine, le fait qu'il fût présent dans cette ambassade semblait logique. « Un agent, vivant et toujours en activité. » Les deux partis n'en manquaient pas, vêtus de soutanes, de capots paysans, de vestes militaires ou de pourpoints, ainsi allait l'ordinaire des guerres.

François croisa le regard de l'homme et se sentit rougir lorsque son nom fut prononcé.

— Monsieur Tomkins, du comté de Providence, à la colonie du Rhode Island.

Daniel Beauchêne eût payé cher pour en savoir autant. François prit une note, ses doigts tremblaient un peu. L'homme, impassible, écouta le préambule de ses compagnons. Les rois Louis et George exigeaient que l'on désarmât tout le monde, Indiens compris. Vue de loin, la chose devait paraître aisée. Il n'en allait pas de même sur le terrain, où il fallait encore intervenir dans maints endroits pour calmer les dernières ardeurs iroquoises.

— C'est la guerre entre tribus qu'il convient de faire cesser dès lors que nous avons arrêté la nôtre, dit Callières. Ce ne sont que bisbilles et tracasseries dans le haut-pays, entre Illinois et Onneiouts, Miamis et Onnontagués, et j'en passe. Ces Sauvages doivent savoir de façon claire qu'ils n'obtiendront plus d'aide de l'extérieur, et que personne ne les poussera plus à nous tourmenter.

Représentant des dix mille Français qui forçaient les quarante mille colons de la Nouvelle-Angleterre à dialoguer, il était en position de force. A des semaines de marche de Québec, Lamothe-Cadillac allait installer un poste à Detroit. Des jésuites entraient à nouveau dans les villages iroquois, ce qui devait faire blêmir de rage les pasteurs de Boston et de New York. Un peu partout dans la région des Grands Lacs, des chefs de clans et de tribus faisaient savoir qu'ils se tenaient prêts à renverser la chaudière si leur honneur était sauf et leur liberté de commercer garantie.

Les Anglais protestèrent de leur bonne volonté. On arrangerait des échanges de prisonniers, les Français en détenaient en grand nombre, on rétablirait le domaine de la chasse au castor. Callières martela que les Iroquois ne passeraient plus par les Anglais pour cela. Ils étaient une nation libre, en aucune façon sujets du roi d'Angleterre. Là était le point d'achoppement essentiel, depuis toujours.

— Il faudra que vous lâchiez là-dessus si vous désirez vraiment la paix, insista le gouverneur.

François croisa à nouveau le regard de l'homme à l'anneau emperlé. L'histoire se faisait devant lui, l'Angleterre était mise devant ses responsabilités, pourtant, il ne pouvait s'abstraire de cette présence.

L'Anglais avait remarqué son trouble. A son tour, il le dévisagea avec une certaine curiosité. Allait-il lui demander s'ils s'étaient déjà rencontrés ? François éprouva le besoin de libérer un peu son cou. Des oiseaux passèrent devant les fenêtres, criant fort. On parlerait de la frontière entre les colonies, à tracer une bonne fois pour toutes. Il se pencha à nouveau sur sa feuille.

— Un jour important, monsieur.

L'interprète était satisfait de l'entretien. Lui aussi avait entendu des mots jusque-là bannis des réunions : paix, négociations, territoires ouverts. François acquiesça tandis que le dénommé Tomkins les rejoignait devant l'entrée du château Saint-Louis.

Les émissaires s'en étaient allés à l'auberge où on les logeait, il y aurait d'autres discussions, on n'avait pas fait tout ce chemin pour s'en retourner aussitôt en Nouvelle-Angleterre.

François eut du mal à avaler sa salive. Il vit venir Marie et son fils, qui profitaient du beau temps pour se promener. La jeune madame Beauchêne était fière de son mari, cela se voyait dans le regard qu'elle lui porta. François fit les présentations. Il lui sembla soudain que cette scène était irréelle, tant les souvenirs, les sentiments, les impressions se télescopaient dans son esprit. Enfin, il se décida, s'adressant à l'interprète, la main tendue vers le ciel limpide :

— C'est un beau jour, oui, il en faudra quelques autres pour effacer la nuit de Lachine, il y a dix ans. Mes parents y furent tués par un méchant parti venu de loin.

Il guetta la réaction de Tomkins à mesure que l'interprète traduisait. L'Anglais pourrait à bon droit lui rappeler le massacre de Schenectady ainsi que quelques autres moins signalés, peut-être y avait-il lui même perdu des proches. François était moins intéressé par cela que par l'expression du visage de l'agent. Il fut déçu de n'y lire qu'une vague commisération, une mimique navrée sur des mots anodins.

— *War is cruel.* Le paix, aujôrd'houi, *may be*, peut-être.

Un sourire démenti par ses yeux de métal froid. Le temps était à la quiétude. Les hôtes du gouverneur saluèrent Marie, puis François. Rompant d'une manière assez diplomatique.

— Pourquoi as-tu parlé de ça ? s'étonna-t-elle lorsqu'ils se furent éloignés.

Il la regarda longuement, silencieux, puis il se décida à lui révéler ce qu'il avait tenu secret jusque-là. La présence d'agents anglais dans les pas des Iroquois faisait partie des règles en usage en période de guerre. Celui-là était particulier. Il semblait suivre les Beauchêne à la trace, ménageant avec eux des rendez-vous calculés.

— Que vas-tu faire ? s'inquiéta-t-elle.

— Que veux-tu que je fasse ? Pas grand-chose, je suppose. Les rois ont signé un traité, et puis rien n'est sûr concernant cet Anglais.

Il songea à son frère. L'ayant reconnu, Daniel eût percé aussitôt le sieur Tomkins. Il l'avait croisé deux fois et avait bonne mémoire.

— Les hommes de grande taille avec des cheveux roux et un anneau à l'oreille, il doit y en avoir autant chez les Anglais que chez nous. Enfin, un peu plus, sans doute.

Il chassa les pensées grises, prit son fils dans ses bras. Etienne Beauchêne connaîtrait l'embellie. Un Canada où les gens pourraient enfin naviguer, voyager, labourer la terre, sans craindre à tout moment d'être tués. Il venait un moment où les passions mauvaises devaient céder la place aux grands projets, aux amours paisibles, à l'espérance de vivre ainsi longtemps.

— La paix des âmes, murmura-t-il.

Ils marchèrent jusqu'à la côte menant à la ville basse. De là, on apercevait, entre les maisons, les mâts des navires au mouillage. Des gens vaquaient à des occupations ordinaires. François sentit peu à peu le calme revenir en lui. Le spectacle de son fils trébuchant sur des ornières séchées l'amusa.

— Il faudrait songer à lui donner un petit frère, dit-il.

— Ou une sœur ! Pourquoi les hommes, toujours ?

Il dut avouer que Marie n'avait pas tort, prétexta que la guerre n'était pas vraiment finie et qu'il fallait des hommes pour la faire. Elle balaya l'argument de sa main gantée de blanc.

Un guerrier au visage peint levait son casse-tête au-dessus d'un prisonnier, d'autres tenaient les mains du captif et riaient, comme d'une bonne plaisanterie. L'homme hurlait mais personne ne venait à son aide.

C'était au bord d'un sault dont le bruit devenait un vacarme couvrant sa voix, à moins de vingt pas d'une clairière où s'affrontaient des armées gigantesques.

L'Indien poussa un cri, saisit la gorge du supplicié. La pierre ficelée était un rocher détaché de la montagne, un bloc plus gros qu'un boulet de marine ; il écraserait le corps, après que la tête aurait éclaté.

François s'éveilla en sursaut, s'assit dans son lit. Le silence était absolu, dans l'âtre des braises achevaient de se consumer. Il se leva sans bruit, alla à la fenêtre. Parfois, lorsque ses travaux d'écriture l'avaient mené tard dans la nuit, il contemplait ainsi la ville dans la lumière spectrale de la pleine lune.

Marie s'était endormie seule, près du berceau de leur fils. Il devina ses formes sous le drap, pensa au matin qui le verrait les dévoiler pour les caresser. Elle avait hérité de ses parents le goût du lutinage. Ensemble, ils apprenaient.

Coquine...

Il revécut son rêve. Son aventure au lac Gannentaa avait été aussi brève qu'intense. Elle lui laissait de ces frayeurs nocturnes qui s'ajoutaient à des angoisses remontant à l'enfance. Daniel éprouvait-il les mêmes frissons ? L'homme à l'anneau s'était installé dans leurs vies ; il devait être doué de patience pour avoir attendu de hanter à son tour le cadet des Beauchêne, si longtemps après.

— Ce doit être lui, par Dieu, le doute est un tourment de plus, murmura-t-il.

François se trouva lâche. Il aurait dû sauter tout de suite au collet de l'intrus, le sommer de s'expliquer. L'Anglais portait une épée au côté. Il l'aurait tirée de son fourreau, un geste inutile face à un clerc désarmé. Les choses auraient été dites, cependant, et le compte réglé. Ou l'affaire classée, faute de preuves.

Québec dormait dans la pâle clarté lunaire et l'esprit de François Beauchêne s'emplissait de brume. Des hasards complices avaient épargné au fringant secrétaire la misère réservée à d'autres. Il y avait là un partage inégal, une sorte de scandale.

Certes, il y avait eu le deuil de Lachine comme part d'un brouet saumâtre. On le plaignait encore pour cela. Mais ensuite ? Le souci de Daniel pour son frère orphelin s'était changé en une sorte de bile amère qui remontait à sa gorge, à voir François ainsi embourgeoisé, côtoyant les puissants en attendant de leur parler en égal. Et la chance en plus ! Le petit Beauchêne ne pouvait se plaindre d'en avoir été privé.

— C'est grande injustice…

Il agirait, mais comment ? Sa position le plaçait idéalement dans les tractations à venir. Il savait tout sur les tribus, sans autre expérience que ce rapt et une promenade à travers les cendres d'une bourgade incendiée. Maintenant qu'il était question de les amener une à une à s'en remettre à la parole du roi de France, les clercs allaient remplacer les gens d'armes. Les ambassadeurs iraient vers elles les mains tendues en signe de fraternité. Il fallait être prêt pour un monde nouveau.

Callières n'avait pas les qualités guerrières de Frontenac, mais son habileté de diplomate serait essentielle dès lors que l'on déciderait de renverser les chaudières et d'enterrer les haches. Ainsi allait le génie de la France en Amérique, à considérer par avance l'adversaire comme un possible ami et non comme un animal à exterminer.

— Je sers des grands hommes...

Son frère les avait servis, lui aussi, à sa manière. Daniel avait fait sa part du travail.

François devrait changer de registre, quitter le confort des bureaux et des entrepôts de Québec pour se frotter à nouveau aux réalités du pays profond. Sans qu'il comprît pourquoi, une nostalgie lui vint de son voyage vers Onnontaé ; des paysages longuement contemplés dont il avait fait des croquis, des Sauvages chantant sous la charge du gouverneur et de son canot, de mille autres anecdotes, de l'espace, enfin, conquis par une force qui n'avait même pas eu à s'employer.

Il retourna s'asseoir au bord du lit. En s'éveillant, Marie apprendrait que son mari allait accompagner les délégations vers les Grands Lacs, dès que Callières aurait décidé de les y envoyer.

« Mais les Sauvages ont manqué te briser le crâne ! Et tu retournes les saluer ! »

Il imagina sa contrariété. Partir pour ce genre de mission signifiait une absence d'au moins quatre mois. Il lui rappellerait que la route était désormais débarrassée de ses humaines embûches.

« Je ferai savoir au gouverneur que je m'oppose à ce que tu partes...

— Que nenni, madame, vous n'en ferez rien.

— Eh bien, tu verras ! »

Il irait au plus tôt au château Saint-Louis, faire sa demande à son maître. N'était-il pas l'homme qui avait échappé à une bande d'Iroquois prêts à l'assassiner ? Sans armes, muni de sa seule audace ?

Il se détendit, soulagé de vérifier que le temps finit toujours par tempérer les mauvais souvenirs et les grandes douleurs.

— Je sais bien où j'irai, ma jolie, murmura-t-il.

Elle se tourna vers lui, toujours endormie. Il frôla sa poitrine de ses doigts. Elle comprendrait. Le service des grands hommes et des souverains valait que l'on prenne pour eux quelques risques.

Une pluie subite, glacée, tombait sur Québec, transformant les rues en champs de boue. Des attelages patinaient dans les ornières, leurs cochers fouettaient les chevaux, qui hennissaient et se cabraient. Dans une lumière crépusculaire, quelques ombres se hâtaient, crottées jusqu'à mi-mollet.

François referma derrière lui la porte de l'entrepôt, longea avec précaution le bâtiment de bois et de brique où les ouvriers avaient entassé la cargaison des deux derniers navires de l'année. L'intendant Champigny serait satisfait ; la colonie avait reçu du sucre des Antilles ; de France étaient parvenus du tabac, du vin, des socs de charrue et maintes autres pièces de métal, sans compter les tissus et fils pour les ateliers de couture.

« Tu t'assureras que les écrits de monsieur Perrault auront bien été du voyage. Et les contes de madame d'Aulnoy. »

François tenait bien au sec dans sa sacoche un trésor de littérature, dont Marie ferait son miel tout au long de l'hiver.

La commande au libraire de Paris datait de l'année précédente. Marie, qui lisait avec la même assiduité que son mari, rêvait de connaître un jour l'un de ces salons où l'on déclamait de la poésie en prose et en vers, où les histoires de monsieur Perrault tenaient en haleine un public au bord de l'extase. François possédait ce soir-là de quoi faire oublier à son épouse sa décision d'aller échanger des prisonniers dans le haut-pays.

Il dut sauter au-dessus d'une rigole pour éviter de s'y embourber. A peine avait-il réussi à rétablir son équilibre qu'il fut heurté par un homme pareillement embarrassé et perdit son chapeau.

— Eh bien, monsieur, excusez-vous, protesta le clerc.

— Tout pareil, alors.

L'homme portait une veste de laine épaisse partiellement fermée sur une chemise froissée, un feutre au bord duquel ruisselait un rideau de pluie. François le saisit par le col, ce qui fit rire le bonhomme.

— Vous voulez me mener ainsi à mon auberge, messire Beauchêne ?

— Qui êtes-vous donc ?

— Si vous survivez à l'eau qui vous inonde, je vous le dirai.

François souleva le bord du galure, reconnut le chasseur de castor qui l'avait ramené au bout du Rigolet.

— Par Dieu, nous allions nous commettre, dit-il.

— P't-êt' ben. Faudrait nous abriter, je crois.

Ils n'avaient guère conversé, à l'époque. Le dénommé Segal marchait alors à grands pas, se jouant des embûches accablant son compagnon. Tout juste avait-il donné à François une brève leçon sur l'orientation des pierres, les encoches sur les arbres, les pièces de bois balisant le chemin, tous signes indiens présents un peu partout que le clerc, pourtant gonflé de sa science, n'aurait jamais remarqués.

— Je peux vous mener au Chien d'Or, proposa François tandis que la pluie redoublait.

— C'est votre tour. Cela me va.

Ils s'attablèrent devant des chopes de bière d'épinette. La taverne fleurait fort le chien mouillé, la sueur et la fumée du tabac.

— Où est mon frère ? demanda François.

Il se sentit en meilleure position qu'auprès du lac Gannentaa. Daniel avait poussé jusqu'à Québec pour préparer le négoce de l'année suivante. François savait qu'un commerce parallèle existait, les lois étant faites pour être contournées, et ce depuis l'origine du monde. Il ne soufflerait mot de leur rencontre.

— Daniel est là-haut, fit l'homme, évasif. Les Onnontagués sont revenus dans leur cité. Ils ne parlent plus de se peindre contre les Français.

— Je suis au courant. Ils ont donc de meilleures intentions.

— Certes. Ils ne se montreront plus guère en aval. Ça nous facilite la besogne.

Segal annonçait la paix à venir, le voyage vers les lacs sans autres risques que ceux de la nature.

— Les Iroquois crèvent de ne plus pouvoir commercer. Ils cherchent à survivre, ce n'est pas aisé. Ça nous arrange, il y a maintenant moins de chances de se faire mettre au poteau entre le lac des Eriés et celui des Ontarios.

Un parti de marins était entré dans la taverne. Des hommes de Falernes et d'autres. L'arrivée des navires marchands libérait à travers la ville de ces cohortes joyeuses dont les tenanciers de tripots collectaient assez vite le salaire. François s'en amusa. Les habitants de Québec profitaient de cette manne, et bien des maisons d'apparence honnête se transformaient en bouges sous l'œil courroucé des religieux.

— Quand repartirez-vous, monsieur Segal ?

— Bientôt. L'hiver n'est plus très loin, je le passerai là-haut.

— J'ai un message pour Daniel. Dites-lui qu'il y aura des échanges de captifs au printemps prochain. On parle même d'une délégation à Onnontaé, la capitale iroquoise. La paix va venir, c'est une certitude. Dites-lui aussi que l'Anglais de Lachine, si c'est lui, s'appelle Tomkins. Il était de l'ambassade de septembre, avec ses semblables. Ils ont tenté de retourner les Indiens, en vain.

Il regretta d'avoir lancé ça sans réfléchir. Daniel était sans doute heureux dans sa solitude, à quoi bon lui remettre en tête ce qu'il avait peut-être envie d'oublier ? D'un autre côté, l'aîné reprocherait au cadet d'avoir tu cette information.

— Bien, fit l'homme. « Tomkins »...

Il ne posa pas de questions, vida sa chope. François insista pour payer.

— Je vous dois ça, et bien plus encore.

Ils sortirent sous des bouffées de pluie griffant la boue, se saluèrent.

— Bonne route, monsieur Segal.

— Prenez garde de pisser maintenant bien en vue de la troupe, monsieur Beauchêne.

François éclata de rire. On se reverrait, si Dieu le voulait.

18

Août 1700

Le gouverneur Callières pouvait être satisfait. La délégation à qui il offrait banquet sur banquet à Montréal comportait des représentants de trois des cinq grandes familles iroquoises. Manquaient les Onneiouts et les Mohawks, mais ceux-là, trop proches géographiquement des Anglais, viendraient en dernier planter l'arbre de la paix. Il y avait encore eu quelques affrontements entre les Indiens alliés et leurs cousins en rébellion. Rien n'était sûr car l'on savait les Anglais à la manœuvre pour contrecarrer le grand projet français.

François participa aux agapes en compagnie de Falernes. Le gouverneur tenait à ce que la paix entre les souverains d'Europe fût fêtée comme il se devait en Amérique.

— Tous ensemble, nous leur montrerons aussi la puissance commerciale française et le souci qu'ont les colons et les négociants canadiens de coopérer désormais avec leurs anciens ennemis, dans la confiance et le respect mutuels.

Les Iroquois repartiraient en compagnie d'une ambassade chargée de porter des présents et d'échanger des prisonniers.

— Nous en garderons cependant quelques-uns par-devers nous, décida Callières tandis que l'expédition s'organisait. Ce genre de tractation ne peut raisonnablement s'envisager sans que l'on dépose ici et là une caution. Messieurs, il vous faudra être de retour à Montréal avant la fin du mois de novembre, si nous voulons réunir ces gens et nos alliés présents jusqu'à cette date. Vous savez leur susceptibilité, ils ne prisent guère les rendez-vous manqués. Le retard des autres les humilie. Réussissons ! Ce pourrait être là une simulation parfaite de la paix générale sur quoi nous travaillons. Nos amis d'Albany et de Boston en seront fort aigris, mais nous voisinons désormais sous la garde de Déméter et d'Hestia, n'est-ce pas[1] ?

Le château que le gouverneur avait fait construire entre la petite rivière Saint-Pierre et le Saint-Laurent avait pris des allures de campement indien. Les sachems s'étaient installés sous des tentes, dans la cour. François goûta intensément ces instants. Il désirait depuis toujours que vînt le temps des réconciliations. L'habileté des diplomates français le laissait admiratif.

On savait bien que les Anglais en faisaient autant de leur côté, que la guerre entre Blancs continuait sous une autre forme. Mais la certitude de savoir les Iroquois au bout de leur résistance stimulait les énergies. Leur faire admettre leur défaite tout en

1. Déesses grecques de l'Agriculture et de la Famille.

ménageant leur orgueil, le pari valait la peine d'être pris par des hommes de talent passés de l'art martial à celui de la négociation.

L'ambassade française prit la route. Au bout d'un mois d'une marche en pays pacifié, elle s'arrêta à un quart de lieue de la capitale iroquoise, deux ans après que ses propres habitants l'avaient livrée aux flammes. Les Indiens appelaient Petit Oiseau le gentilhomme qui la dirigeait. Ils le savaient courageux et bon soldat, pour avoir en maints endroits éprouvé son art de la guerre. Avec monsieur de Maricourt[1] cheminaient, outre une escorte militaire, un jésuite, le père Bruyas, et un lieutenant de marine, Joncaire, ancien prisonnier des Iroquois. Pour François, la compagnie de ces gens déterminés fut une expérience de plus, une pierre blanche dans son jardin intime.

Au passage, on se remémora l'aventure du jeune clerc au lac Gannentaa. Beauchêne avait du sang, qui revenait ainsi sur les lieux mêmes où il avait failli disparaître. Cette fois, cependant, il y eut une délégation pacifique pour venir à la rencontre des Français. Les Iroquois étaient porteurs de fruits, de pain, d'étoffes et de vannerie. Les Français déroulèrent un drapeau blanc qui se mit à flotter dans le vent. On se mit en marche, tous ensemble.

François ne tarda pas à apercevoir les chefs iroquois rassemblés à l'entrée du village. Leur capitale avait été en grande partie reconstruite, les longues habitations s'élevaient comme par le passé autour de

1. Paul Lemoyne de Maricourt (1663-1704), né à Montréal.

la place centrale. François avait entendu parler de Teganissorens ; il découvrit un homme de grande taille dans la force de l'âge, aux traits taillés comme à la serpe. Austère figure, qui ne souriait ni ne semblait en colère.

Maricourt s'avança, ôta son feutre puis, la main levée, salua son hôte. Le chef vint à lui. Ayant tiré une étoffe de sa ceinture, il essuya les yeux de l'ambassadeur, en hommage aux Français morts depuis que cette guerre avait commencé. Stupéfait, François le vit ensuite saisir doucement la gorge de Maricourt et la masser. On lui avait expliqué ce geste visant à faciliter la parole des négociateurs. Il y eut droit, à la suite des chefs de l'expédition, soutint le lourd regard de l'Iroquois, ce qui le fit frissonner. Enfin, Teganissorens étala sur le sol la natte du Conseil et la nettoya symboliquement du sang trop longtemps versé sur la terre des ancêtres.

François vécut cette initiation aux rites d'accueil en temps de guerre comme une délivrance. Rien n'était encore joué cependant, les Indiens pouvaient à tout moment rompre la négociation pour des prétextes aussi futiles qu'imprévisibles. On était de surcroît très loin du Canada, sur un territoire que les Anglais considéraient comme le leur, chez des gens assimilés à des sujets du roi d'Angleterre.

« Il conviendra de les libérer une bonne fois pour toutes de cette dépendance », avait dit Maricourt.

Les Français entrèrent dans Onnontaé, salués par une salve de mousquets. On les conduisit en lisière du village, à une maison dans laquelle les attendait une marmite de sagamité et des épis de blé d'Inde bouillis.

— Eh bien, mes amis, nous voici dans la place et sans devoir nous battre, se réjouit Maricourt. Cette fois, nous ne sommes pas quinze cents mais seulement cinquante. Les temps changent.

François prit ses quartiers aux côtés des soldats de l'escorte. Il vivait un vieux rêve, voir les gens se parler dans la solennité de ce genre de rencontre. Les Iroquois décimés, acculés à la défaite, gardaient leur fierté grâce à l'intelligence des diplomates français. François avait depuis toujours la conviction qu'il ne servait à rien de s'exterminer. L'humilité de ses compatriotes face aux Indiens conforta cette certitude.

On attendit les autres, Onneiouts, Goyonquins, et même les Mohawks, annoncés comme témoins de ce qui se préparait. Lorsqu'une délégation anglaise fit irruption dans le village, il y eut quelques instants de doute. Albany ne s'avouait pas dépassée par les événements, les visiteurs venaient faire aux Iroquois quelques propositions susceptibles de renverser le cours des choses.

L'offre anglaise avait de la gueule.

Vêtements et couteaux, tabac, une cinquantaine de chaudières de cuivre et autant de fusils, deux mille livres de plomb, douze barils de poudre. Les gens d'Albany et de New York abattaient leurs derniers atouts.

François assista à cette étrangeté qui transformait les adversaires en voyageurs de commerce pressés de conclure un marché. Maricourt eut les mots qu'il fallait, et le ton aussi. Il apparut très vite que le parti français sortirait vainqueur de l'échange.

François ne tarda pas à repérer, parmi les Anglais, l'homme à l'anneau. Monsieur Tomkins devait avoir pour de bon la confiance des siens, pour se trouver partout où se décidait le sort des deux colonies. Les Iroquois ne tenant pas à entamer des discussions à trois, les délégations furent éloignées l'une de l'autre, et reçues séparément.

Ce fut une paix armée, où chacun avançait désormais ses pions au vu et au su de l'autre, les négociateurs à la place des agents et des militaires. François écouta les arguments de ses compagnons face au Conseil indien. Les Français serraient fermement la barre. Ils eurent tôt fait, ayant affirmé qu'ils tenaient l'Iroquoisie pour une nation indépendante, d'emporter les dernières réticences de leurs hôtes. On irait ensemble à Montréal afin de parler aux alliés et de mettre en place ce qui serait le plus grand traité jamais signé en Amérique.

— *You win the game*, constata Tomkins avec un rictus d'atrabilaire.

François n'eut pas besoin d'interprète pour deviner la fureur rentrée de l'Anglais. Il revenait des bois cernant le village lorsqu'il l'avait croisé, à l'orée d'un champ de blé d'Inde. Il écarta les bras, sourit. Ainsi allait la vie.

Tomkins eut une mimique de dépit. Au bout d'un siècle ou presque de guerre, les gens de New York, d'Albany et de Boston se retrouvaient avec pour voisin un Canada agrandi, bientôt gardé par des tribus devenues filles de l'insupportable roi papiste de

France. Il fallait une bonne dose de flegme pour accepter d'avaler la potion.

— C'est la paix, monsieur, dit François.

La déconfiture de l'agent suffit à calmer la colère qu'il sentait monter en lui. Le temps avait passé, les douleurs de l'enfance s'étaient amendées, restait la présence physique entêtante d'un possible complice d'assassinat, offerte par le hasard comme une punition supplémentaire, une rouerie de l'histoire. Il ne s'attarda pas, retourna au village. Si victoire il y avait au bout du compte, la trogne de Tomkins surgie des désastres passés en gâterait le goût.

Les Indiens n'avaient pas été entravés. La vingtaine de prisonniers proposés à l'échange attendaient patiemment, cernés par des soldats, sans autre expression sur les visages qu'une vague curiosité pour ce qu'il adviendrait.

François reconnut les abords du lac Gannentaa. C'est là qu'aurait lieu la tractation. L'endroit avait été choisi pour sa proximité avec la capitale iroquoise. Il fallait montrer la bonne volonté des Français, leur désir sincère de voir les tribus les plus hostiles accepter la palabre.

Le chemin conduisait à une vaste clairière au bout de laquelle les eaux du lac luisaient, d'un bleu intense, sous le soleil tiédi d'octobre. On attendait un nombre équivalent de captifs des Indiens.

D'aucuns, désignés pour faire partie du négoce, avaient, à ce qu'on disait, refusé de quitter les villages où ils avaient été adoptés. Les années passant, ces colons, ces soldats ou ces enfants pris dans les coups de main iroquois s'étaient accoutumés à leur nouvelle vie. Par une charité fort aléatoire, leurs hôtes les avaient épargnés.

François savait que l'on remplaçait ainsi un fils tué dans la forêt, une fille emportée par la colique ou par la fièvre, un frère disparu sans laisser de trace. Au dire de ceux qui tranchaient vite et net, les Sauvages corrigeaient ainsi, autant que faire se pouvait, une démographie vacillante. Pour d'autres, qui les connaissaient mieux, ils observaient une simple coutume, fût-elle quelque peu coercitive.

Sortie des noires épaisseurs des bois, la délégation iroquoise se montra à l'heure où le soleil plongeait vers le couchant. Comme éveillés d'une sieste, les captifs des Français se levèrent et, d'une seule voix, s'étant réunis l'un contre l'autre, se mirent à psalmodier une plainte qui fit frissonner François.

— Il y a des femmes en face, dit Maricourt, une lorgnette rivée à l'œil.

Le voyage vers les Grands Lacs s'était bien passé. Le haut-pays semblait pacifié. On craignait cependant un traquenard de dernière minute, un coup de sang de quelque jeune chef en colère. François distingua bientôt les captives et quelques hommes, vêtues à l'indienne. L'officier en fit rapidement le compte. Les échanges se réglaient à l'unité près. On ne mégoterait pas pour autant. Des gens avaient disparu depuis parfois vingt ans. Une mère et sa fille étaient ainsi arrivées à Montréal quelques mois auparavant, au bout d'une captivité de trois lustres.

— Tout va bien, annonça Maricourt.

François sentit son cœur battre plus fort. La destinée de ces êtres le touchait au plus profond de lui-même. Il s'avança, bientôt rejoint par les interprètes indiens.

La troupe s'immobilisa à une dizaine de pas des Français, le dialogue s'amorça presque aussitôt. Cette fois, on n'apportait aucun cadeau, ni marmites, ni colliers, ni poudre. La tractation terminée, chacun s'en retournerait, sans autre forme de procès.

— Eh bien ? demanda l'officier.

— C'est bon, dit l'un des Indiens alliés.

De part et d'autre, les captifs scrutaient les visages signifiant pour eux la liberté retrouvée. Les femmes pleuraient, les hommes, accablés et heureux en même temps, secouaient la tête, l'air de ne pas y croire tout à fait.

— Libérez les nôtres, ordonna Maricourt.

Les Iroquois ne se le firent pas dire deux fois, quelques secondes leur suffirent pour se retrouver de l'autre côté. La cohorte française s'ébranla à son tour. Ne sachant trop quelle distance elle avait parcourue, on avait installé pour elle une table avec des victuailles. François s'assit, sortit de sa sacoche une plume, un encrier et du papier. Un prisonnier s'avança.

— Jean Hébert, colon à La Prairie.

Il avait été enlevé en 1692, à l'époque où les Iroquois entretenaient un climat de terreur de part et d'autre du Saint-Laurent. A sa suite, François vit ainsi défiler devant lui un pan entier de l'histoire du Canada, des années d'incertitude et de tragédies dont la pitoyable conclusion se montrait, nue et désemparée.

— Beauchêne, Marguerite je crois, du village de Lachine

François lâcha sa plume. Face à lui se tenait une femme épaisse, forte de poitrine et de hanches, au visage couvert d'un onguent contre les maringouins. Elle portait une robe indienne bariolée, serrée à la taille par une ceinture de tissu. Son visage sans grâce n'exprimait rien. François ne reconnut pas ce regard vide, où gîtaient de la fatigue et le fatalisme de ceux qui n'attendent plus rien de l'existence.

Il se leva, répéta le prénom de sa sœur. Les Iroquois lui en avaient donné un autre, qu'elle déclara d'une voix neutre :

— Hateya.

— Ça veut dire « Traces de pas dans le sable », expliqua l'interprète.

Le sable de Lachine, les cris, les lueurs rouges des incendies... Tout se mit à danser dans la tête de François, qui éprouva le besoin de se rasseoir.

— Je suis François, ton petit frère.

Il demeura bouche bée, attendant un signe, un élan, qui ne vinrent pas. Elle le considéra sans émotion, hocha la tête.

— Onze années, murmura-t-il.

Elle porta la main à sa tempe, semblant réfléchir, puis elle se mit à sangloter en silence, figée telle une statue. François s'approcha d'elle, la prit par l'épaule.

— François Beauchêne, fils de Gabrielle et d'Etienne, frère de Daniel et ton frère, aussi. Tu ne te souviens pas ?

Elle fit signe que oui. Elle se souvenait. Il se leva, la serra contre lui, caressa ses cheveux en désordre qu'un bandeau de laine maintenait en haut du front.

Elle n'avait plus rien à voir avec la donzelle que courtisaient les garçons du village.

Il l'installa à la table, lui donna à boire. L'espace d'un instant, il revit la femme du grenadier, qui se balançait d'avant en arrière de la même façon. Qu'avait-on fait à Marguerite, pendant si longtemps ?

— J'ai eu un enfant, dit-elle, il est trépassé. Beaucoup sont partis avec lui, cette fois-là. Une maudite fièvre.

Ses mains jointes sur ses genoux tremblaient, son regard allait de François aux hommes stupéfaits qui les observaient, les yeux écarquillés. Un captif déclara que les histoires comme celle-ci ne manquaient pas, et celles des enfants aussi, qui finissaient par oublier qui ils étaient et se transformaient peu à peu en petits Sauvages.

Et puis il y avait ceux qui ne retourneraient jamais à leur vie d'avant. Les Iroquois ne les faisaient pas combattre avec eux. Parfois, ils les mettaient en esclavage, sinon, ils les cantonnaient dans les bourgades, où ces prisonniers devenus transfuges prenaient femme et fondaient des familles.

Des noms circulèrent. Ceux-là, personne n'irait les chercher.

— Qu'ils vivent donc ainsi, s'ils le souhaitent, dit Maricourt.

Les femmes s'étaient mises à parler, en grand désordre. Elles aussi avaient des choses à dire, certaines, riant et criant, semblaient avoir perdu en partie la raison. Les hommes sanglotaient, à genoux ou levant les mains vers le ciel, leur doyen d'âge avait été enlevé, tout jeune homme, plus de vingt ans auparavant.

— A la rivière des Outaouais, précisa-t-il.

Maricourt décida que l'on prierait tous ensemble au bivouac, avant de souper. Ce serait une action de grâce, pour remercier le Seigneur d'avoir ouvert ce jour-là la porte des bagnes iroquois.

— Vous prendrez soin d'elle, recommanda François aux hommes qui s'en retournaient à Montréal.

Marguerite avait libéré sa parole en pages désordonnées, tout au long de la nuit. Hors le fait d'avoir été poussée sans ménagement au fond d'un canot, elle n'avait pas été maltraitée lors de son enlèvement. D'autres avaient eu moins de chance, violées au bord du fleuve et jetées dedans vivantes ou saignées.

« Elles gémissaient, elles imploraient. Dieu tout-puissant, ça me pique encore le cœur… »

Elle avait fait un voyage long de plusieurs semaines, au cours duquel des émissaires anglais avaient croisé la colonne de prisonniers. Elle avait cru tenir là son salut, mais ces gens n'avaient pas pour mission de ramener des Français en Nouvelle-Angleterre. La marche n'en finissait pas, on avait dépassé le village dit Onnontaé, longé les rives d'un lac immense. Très vite, elle s'était dit qu'il n'y avait aucun espoir, qu'il lui faudrait passer le reste de sa vie parmi les Iroquois.

« Il y en a qui se sont jetées du haut des rochers. Je n'ai pas eu le courage. »

Ses mains dans celles de François, elle avait cherché ses mots, les dix années confisquées par les

Sauvages lui avaient fait oublier en partie sa propre langue.

« L'espérance, monsieur, sans cela, on ne peut vivre ainsi.

— Monsieur ? Je suis François Beauchêne, Marguerite.

— Oui, Monsieur. François. Beauchêne », dit-elle, l'air vague, soudain.

Elle avait vu des supplices, se demandant pour quelle raison on l'épargnait. Les femmes, auprès de qui elle avait appris peu à peu à parler l'onnontagué, lui avaient expliqué ; les Iroquois n'exterminaient pas leurs ennemis. Les dominer après en avoir suffisamment occis leur suffisait, quant aux captifs choisis pour vivre comme eux, ils devenaient leurs frères.

« A c't'heure, je vais revoir mes parents et ça me fait bien plaisir. »

La confusion de son esprit bouleversa François. Il lui raconta ce qui s'était passé après son enlèvement, cachant les détails. Elle ne réagit pas. Ils demeurèrent alors longtemps silencieux, sanglotant l'un contre l'autre.

Il la regarda s'éloigner. Le courant l'emmènerait vers une liberté dont elle ne semblait plus capable de mesurer le prix. François la confiait aux siens, à Québec, très loin de là, loin même de Lachine. Elle s'y reposerait le temps qu'il faudrait ; la place ne manquait pas dans la grande maison de la rue Notre-Dame.

Il songea à Marie, à ses devoirs tout simples de compassion et de piété. Elle n'avait pas été heureuse de sa décision de partir, mais on ne discutait pas les choix des hommes de la colonie. Les Indiennes étaient femmes étranges, qui régnaient au contraire sur leurs clans tout en fauchant l'herbe des champs, leurs enfants sur le dos. Quelle coutume millénaire les avait placées sur un tel socle ?

« Eh bien, va, si tu penses bien faire, avait murmuré Marie. Il y aura de la place à l'hôpital général lorsque tu reviendras couvert de chancres, la tête emplie de fièvre. Philippe est parti, lui aussi, tu sais ce qu'il en est advenu. »

Il lui expliquerait : « J'ai retrouvé ma sœur, j'ai vu sa misère, il m'appartenait de vivre cet instant-là, de ne pas le laisser à d'autres... » Falernes comprendrait, lui, mais raisonner une femme amoureuse n'était pas chose aisée.

François rangea sa plume, l'encrier et les documents attestant l'échange. Au fond de lui-même, il était vraiment secrétaire, attaché à ses routines et peu bâti pour l'aventure. Ce devait être la magie d'un tel territoire qui agissait, le faisant ainsi sortir de sa coquille.

On se battait pour cette France d'Amérique, on y trépassait souvent de mort violente. François contempla le décor apaisé du lac, soupira d'aise. Les gens qui s'y risquaient étaient pleins de foi et d'espérance. Des miracles s'y produisaient, sur fond de guerres incessantes. Marie devrait en convenir, les Canadiens de cette fin de siècle valaient bien ceux qui en avaient illuminé l'aurore.

Il n'y avait guère plus de trente lieues entre la capitale iroquoise et la ville d'Albany. Les émissaires anglais connaissaient par cœur le chemin longeant les monts Adirondacks et la rivière Mohawk, qui les menait ordinairement au cœur du pays allié.

Tomkins et ses compagnons s'en retournèrent vers l'est, la rage au cœur. Cette fois, la situation leur échappait, cadeaux et promesses n'avaient pas suffi à convaincre les Iroquois de demeurer dans le giron de Sa Majesté Guillaume III. Les Français venaient de mettre pour de bon le pied aux marches de la Nouvelle-Angleterre et, noircissant le tableau, le ciel d'octobre se couvrait de lourdes nuées d'orage.

Tomkins ne décolérait pas. Les Indiens qui voyageaient avec lui, alternant portages des canots et marches en forêt, lui apparurent soudain plus que suspects. On ne pouvait décidément avoir la moindre confiance en ces girouettes toujours prêtes à croire le dernier qui avait parlé. Une bonne guerre classique avec élimination totale des obstacles humains, voilà comment résoudre l'urticante question indienne. Et la française ensuite. Quarante mille Anglais contre le quart à peine de ces foutus papistes, cent ans de manigances, de guerre, et on en était là !

Revenant vers les siens avec à l'âme le douloureux sentiment de la défaite, l'Anglais, que l'action avait mené, pendant tant d'années et sans discontinuer, jusque sous les défenses de Montréal, décida que d'autres s'occuperaient dorénavant de ce genre d'affaires. Il serait édile à Providence, à Albany ou à New York, et laisserait les Iroquois des Cinq Nations se débrouiller entre les deux puissances.

Le soleil au couchant jouait avec des nuages immobiles auxquels il donnait, tout le long d'une frange parallèle à l'horizon, la couleur du soufre en fusion. Peu à peu, le décor vira à l'orange puis au rouge, avant que le soir, triomphant de ces couleurs périssables, n'unisse tout dans la mélancolie sans relief de sa grisaille.

Les Anglais installèrent leur campement à deux lieues de la capitale iroquoise, au bord de la rivière. Un peu avant la nuit, le ciel s'ouvrit sur des déluges, noyant les rives et le chemin, puis, lorsque l'orage eut cessé, une brume s'éleva, moite, tandis que des brigades de maringouins assaillaient les voyageurs.

Tomkins se logea, seul, dans une cabane de chasseurs, en vérité un réduit de quelques pieds carrés bien protégé par un toit de chaume et de feuillage. La journée avait été rude, qui avait vu, en forme de résumé, des Français goguenards saluer de loin la délégation et lui souhaiter bonne route.

Il en avait suffisamment subi comme ça. Le souper de blé d'Inde rapidement avalé, il se dévêtit, s'enroula dans sa couverture et, les bras sous la nuque, attendit que vînt le sommeil.

La nuit était d'encre. Il dormait lorsqu'il sentit un frôlement contre son épaule. Dans le même instant, il distingua une brève lueur au-dessus de lui, songea immédiatement à une bête, un ours peut-être bien, attiré par les effluves du repas. Il chercha d'instinct son poignard, n'eut pas le temps d'en apprendre davantage sur l'intrus. Le coup qu'il reçut à la tempe le sidéra. Etourdi, il voulut crier. Un second coup lui fit perdre connaissance.

Daniel Beauchêne observait depuis un moment les lueurs de l'aube pointant à l'horizon sous une chape grise. Cela devait être au-dessus de Schenectady et, un peu plus loin, d'Albany. Il considéra d'un œil neutre l'homme aux mains et aux pieds liés qui gisait sur le sol.

Tomkins avait mal à la tête et geignait par intermittence. Daniel l'avait traîné jusqu'en haut d'un promontoire rocheux dominant la rivière Mohawk. En bas, on ne tarderait pas à s'éveiller ; Daniel disposait d'un laps de temps réduit pour en finir avec une très ancienne histoire.

— Je voulais te voir au jour, dit-il.

L'Anglais cligna des paupières. Daniel le poussa du pied afin de le regarder en face. Puis il demeura silencieux, guettant sa réaction. Tomkins balbutia quelques mots.

— C'est moi qui parle, lui dit Daniel.

Ils ne se comprendraient pas, de toute manière. Mais Daniel avait des choses à dire, un mot, surtout, qu'il répéta :

— Lachine.

Il eût aimé tracer sur la terre mouillée les quatre chiffres de l'année 1689. Mais il ne savait ni lire ni écrire. François Beauchêne était le petit paysan devenu savant, et lui l'inculte demeuré en l'état, comme la plupart de ses semblables.

— Lachine, l'Anglais, tu te souviens ?

Tomkins sembla réfléchir, eut une mimique d'incompréhension. Daniel se pencha vers lui, toucha son oreille, puis l'anneau, qu'il caressa avant de l'arracher d'un geste sec.

— C'est pour moi.

Il se mit à parler de la nuit d'août, des gens qui hurlaient, des filles emmenées à demi nues. Il se tapa la poitrine.

— Schenectady. Moi aussi, comme toi.

Il pouvait cesser là son jeu, considérer que l'on était quittes des morts d'un côté comme de l'autre, des guerres qui se terminent forcément un jour, de l'absurdité conduisant quelques milliers d'êtres à se disputer des lacs et des rivières sur une terre vaste comme un continent, où tous avaient leur place et bien davantage.

— Mais il y a eu Lachine.

Tomkins écoutait. L'homme qui le tenait à merci avait l'allure d'un coureur des bois. Quels hasards l'avaient conduit jusqu'à ces roches d'où le regard couvrait les plus beaux paysages du monde ?

— Tu veux savoir, hé, goddam ? J'ai laissé les castors à leurs maisons et je t'ai cherché. Il n'y a pas beaucoup d'endroits par ici où les gens se rencontrent pour parler de la guerre et de la paix. Toi, je me souviens aussi de t'avoir croisé, une nuit, sous une tente mohawk. Ça criait fort, contre les poteaux de souffrance. Tu as oublié ça, aussi ?

L'autre ne comprenait pas, ou faisait semblant. Daniel en eut soudain assez. Il vit le disque doré du soleil apparaître sous la frange sombre des nuages, trancha d'un coup le lien serrant les chevilles de l'Anglais.

— C'est l'heure.

Il tira son pistolet de sa ceinture. L'arme lui avait été offerte par l'Onnontagué qu'il avait sauvé un jour de la noyade. L'homme, un presque vieux à la peau ridée, chassait lui aussi. Ils s'étaient trouvés nez à nez au bord d'un sault. Un instant de stupeur, un geste instinctif de Daniel, plus rapide. L'Indien, qui ne portait pas de peintures au visage, avait basculé dans l'eau, il s'était agrippé à une branche basse, avait tenté de lutter contre le flot du rapide, s'était vite épuisé.

Au lieu de l'abandonner à son sort, Daniel lui avait tendu un morceau de bois et l'avait hissé sur la rive. Sans savoir pourquoi. L'Indien s'était agenouillé, attendant le coup qui le tuerait. Voyant que le Français le laissait partir, il lui avait demandé de ne pas bouger, puis était revenu, deux heures plus tard, porteur du pistolet et de la poudre qui allait avec. D'où le tenait-il ? Ce cadeau-là valait bien une marmite, et certes plus qu'un collier de nacre.

— Va au bord. Sur la pierre..

Tomkins comprit l'ordre. Il recula, fixant avec intensité l'échalas hirsute qui le dirigeait du canon de son arme. Daniel serra la crosse.

— Père, mère et sœur, dit-il. De leur part, avec le salut du sergent La Tulipe.

Il tira, toucha à la poitrine. Tomkins se tendit, partit vers l'arrière, disparut. Daniel se pencha, le vit étalé en contrebas de la roche, les bras en croix. Ainsi exposé à quelques dizaines de pas de son campement, ses compagnons le retrouveraient sans difficulté. Daniel lança l'anneau sur son cadavre. L'objet lui brûlait la peau depuis assez de temps.

Québec, décembre 1700

François pénétra dans la chambre où Marie, terrassée par une fièvre de poitrine, reposait. Il avait à peine mis pied à terre que son beau-père était venu vers lui.

« Elle brûle de consomption. C'est à force de se donner à la misère, tu sais comme elle est. A ne dormir que quelques heures, et cette course, jour après jour, d'un hospice à l'autre. Elle a frissonné, Seigneur, un jour durant, depuis, elle tousse à s'en fendre le cœur. »

Il se précipita, caressa le front de Marie, ses joues. Sanglotant, il la serra contre lui, murmurant des mots qu'elle n'entendait pas.

— Pardon, mon aimée, pardon.

Il se releva au bout d'un long et intense chagrin. Sur son oreiller blanc, le visage de Marie faisait une tache écarlate.

— Dort-elle ?

A demi allongée dans un fauteuil, Jeanne de Falernes veillait sa fille. François lui baisa la main.

— Elle vogue dans le délire, depuis trois nuits maintenant. Mon pauvre François...

Il éprouva le besoin de s'asseoir. Marie semblait s'être desséchée. Les cheveux collés au front, les lèvres, écarlates, tremblant légèrement, elle respirait par saccades, secouée de temps à autre par une quinte menaçant de l'étouffer.

— Il faut la relever, dit Jeanne.

François se sentit gourd, inutile. Il était aussi piètre infirmier que soldat. Jeanne s'empressa, souleva sa fille, qu'elle tint contre elle le temps pour la toux de s'apaiser.

— Il n'en reste plus rien, constata-t-il.

La liane aux muscles déliés, à la peau ferme, s'était faite squelette. Contrastant avec la vultuosité des joues, son corps avait pris une teinte blafarde, comme ceux des agonisants de l'Hôtel-Dieu. La mort rôdait entre les reliefs visibles des côtes, des salières, des hanches.

François s'affaissa dans son fauteuil. Il avait vécu sa propre gloire, attendu, avant de le vivre, le triomphe de son retour ; les gens, au bord du fleuve, remerciant Dieu pour sa clémence, les captifs débarquant l'un après l'autre, incrédules, cherchant ceux qui les reconnaîtraient. Pendant ce temps, Marie avait perdu conscience. Qu'avait-elle pensé de lui au moment où elle plongeait ainsi dans l'inconnu ?

Plus qu'ailleurs, la mort cheminait, vigilante compagne, auprès des colons du Canada. On ne la maudissait pas ; elle faisait partie du décor, abrégeant les existences au gré de ses humeurs.

— Va-t'en camarade, murmura François.

Marie allait avoir vingt-cinq ans. Son dévouement aux autres méritait mieux que cette sanction du ciel. François joignit les mains. La sainte patronne de Montréal ne pouvait tolérer une telle injustice. Elle régnait sur la ville et bien au-delà, sur le fleuve et sur les champs ; les gens de Québec étaient ses enfants. La mère du Christ ne faisait pas de différence entre les innocents de son royaume.

La vision de son fils debout à l'entrée de la chambre acheva d'accabler François. Falernes suivait l'enfant qu'il prit par les épaules, et poussa doucement devant lui. Le docteur Sarrazin, qui avait longtemps soigné monsieur de Frontenac, était le médecin le plus réputé de la colonie. Il était venu au chevet de la malade, l'avait saignée et purgée.

— Il ne peut rien faire de plus et la met dans les mains du Seigneur, dit l'armateur, la voix brisée. Il faudrait qu'elle sue d'abondance, mais la voilà qui se brûle de l'intérieur...

François songea aux remèdes indiens. Daniel lui en avait dit du bien. Pourrait-on s'en procurer ? Falernes écarta les bras. Des Huronnes de la côte nord venaient le samedi au marché de Québec, où elles vendaient leurs herbes. Il n'y croyait guère. François décida qu'il convenait d'en trouver, coûte que coûte.

Les Sauvages pratiquaient l'épreuve de la pierre chaude. On plaçait le fiévreux, quelques heures durant, entre des gros galets chauffés à en fondre, pour le vider de sa sueur ; après quoi il était brièvement plongé dans de l'eau fraîche. Sa survie signifiait guérison. François se leva.

— S'il le faut, nous le ferons, père. Les herbes, à c't'heure, et la prière.

Les Huronnes de la place Royale lui détaillèrent la prescription, la façon de l'administrer. Il y eut trois autres jours, d'attente et d'insomnie, au fil desquels Marie reprit peu à peu conscience. Epuisée, elle accepta de boire les décoctions préparées par François. Une nuit, elle se mit à transpirer et à uriner au point d'inonder le lit, cela dura jusqu'au soir suivant. Puis, tandis que l'on s'efforçait de l'alimenter, sa toux devint grasse, comme si elle devait expulser quantité de glu de sa poitrine.

— Je ne te laisserai plus ainsi loin de moi, lui promit François.

Il s'en voulait de n'avoir pas été à son chevet au début de sa maladie. Demeurer seule et attendre, c'était là l'ordinaire des femmes de soldats, de voyageurs, de marins. Il pouvait, lui, se payer le luxe d'être en permanence présent auprès des siens.

— Un caprice, dit-il, et je sais maintenant ce que l'on en ressent.

Il avait fait ses humanités, éprouvé ce que les hommes d'action désiraient connaître un jour, le frisson de la guerre, la marche vers l'incertain et le danger. La chance l'avait servi, son frère y était pour l'essentiel. Cela suffirait, désormais.

Il alla rendre grâce à la bonne vestale du Canada pour sa mansuétude. Seul devant l'autel de la cathédrale, il fit ses dévotions, quémanda pardon. Daniel s'était débarrassé de cette charge-là depuis longtemps. L'homme des bois avait peut-être, avec le temps, revêtu la foi simple des Sauvages, leur confiance dans les éléments de leur décor naturel.

A chacun sa vérité.

Si François Beauchêne voyageait à nouveau, ce serait en compagnie de la femme qu'il s'était choisie depuis toujours. Falernes avait évoqué le projet d'un séjour en France, dès que la paix aurait été instaurée.

« Et tous ces pauvres êtres que je ne verrai plus ? »

Marie avait d'abord songé à eux, qui ne possédaient rien. François s'agenouilla. Il avait épousé une sainte, fille des pionnières et courageuse comme elles. Il errait dans des ambitions d'édile quand elle se fondait dans la misère des autres et la servait jusqu'à s'en oublier elle-même.

L'amour qu'il lui portait, ainsi révélé, le fit ployer sur sa chaise.

Marie contempla son époux endormi. François était de la bonne race canadienne, opiniâtre et volontaire. Elle lui avait pardonné, et pourquoi, en vérité ? Les hommes décidaient de leur vie, ils n'avaient pas de comptes à rendre à leurs proches. Celui-là ne ressemblait pas aux autres.

François regarderait peut-être avec nostalgie les canots et les voiles prenant le fil du Saint-Laurent. Il saurait pourtant ranger son désir de les accompagner quelque part au fond de lui.

Il l'aimait, le cœur et l'esprit en paix. Sans doute avait-il fallu pour cela l'intervention divine. Marie se sentit protégée et, comme François, elle en loua avec ferveur le Seigneur.

19

Montréal, 22 juillet 1701

Marie scrutait, inquiète, la côte sud. Son diplomate de mari s'en était allé accueillir une délégation au Sault-du-Récollet, ainsi nommé depuis qu'un religieux s'y était noyé autrefois. François avait eu beau lui répéter qu'il s'était débarrassé de sa hantise de la navigation en remontant les fleuves jusqu'à Onnontaé, elle le pensait toujours capable de tomber à l'eau par imprudence.

— La Rivière des Prairies est bien paisible, lui dit son père. Allons, ce n'est qu'une promenade, par une journée à vrai dire particulière.

Les alliés de toujours, Hurons et Algonquins, étaient parvenus les premiers à Montréal. On attendait les autres, qu'une diplomatie opiniâtre amenait enfin à la paix. En chemin, Onnontagués, Onneiouts et Tsonnontouans, combattus avec tant d'acharnement, se seraient rassemblés pour traverser ensemble le fleuve.

— Ton François est plongé tout entier dans la grande histoire, ajouta Falernes.

— Et s'ils décidaient tout à coup de se faire à nouveau la guerre ? Il y a ces affaires de prisonniers à échanger...

— Bah, et quoi encore, tout cela va se régler entre gens de bonne compagnie. Ces Sauvages redoutent d'être de nouveau pris dans nos guerres. Je les comprends, celle-ci les laisse sur le flanc. La parole du roi de France suffira à les rassurer, ils pourront vivre en paix sur leurs terres, quand nous continuerons, hélas, à nous battre entre civilisés.

Elle doutait. Les discussions préliminaires avaient achoppé sur le délicat problème des captifs. Callières tenait bon la barre ; il avait assuré aux uns et aux autres que la tractation se passerait entre hommes libres de décider par eux-mêmes, sans maîtres ni ordres venus de l'étranger. Et les Iroquois avaient confiance en lui.

— Enfin, tout de même, soupira-t-elle.

La côte sud du Saint-Laurent demeurait vide sous le soleil. Face à elle se tenaient les Français, autour du gouverneur, de l'intendant et de l'évêque. On pressentait un événement comme la colonie n'en avait encore jamais connu.

Marie, dont le cœur battait fort, fit quelques pas avec son fils. François devait être le plus heureux des hommes, lui qui portait dans son cœur une blessure profonde. Elle en ressentit une fierté qui calma un peu son angoisse.

— Les voici ! cria quelqu'un au bout d'une heure, qui lui parut durer un siècle.

Elle mit sa main en visière, distingua des points clairs sur le fond opaque des bois. Il y en avait des dizaines, c'était comme un collier aux pierres étalées d'un horizon à l'autre. Falernes passa son bras autour des épaules de sa fille, l'attira contre lui. On fit le compte. Près de deux cents canots avaient entamé la traversée du fleuve.

Une première salve de canons salua les rameurs tandis que les points grossissaient peu à peu. Marie imagina les Iroquois pagayant à tour de bras, leur chant montant du flot majestueux, et le joli secrétaire au milieu de tout cela, vivant bien éveillé son rêve. Elle frissonna.

On se prépara à l'accueil. Callières tenait à saluer tout le monde. Il convenait de n'oublier personne, de donner à chacun, allié de toujours ou ennemi d'hier, la même part de la générosité française. Il s'avança jusqu'aux immensités de planches tenant lieu de débarcadère, leva les bras, joyeux, vers les premières embarcations dans lesquelles voisinaient ambassadeurs et sachems.

Eblouie, Marie découvrit le chatoiement de couleurs des tenues indiennes. Pagnes et toges, ceintures, ocres et bleus, jaune et rouge, mêlés telles des oriflammes, tout signait le talent des femmes des tribus. Une seconde canonnade salua le débarquement, tandis qu'aux mousquets français répondait l'écho des fusils iroquois. Et les cris des hôtes se mêlèrent à ceux des visiteurs.

A l'instant où François mit pied à terre, tenant par le bras le vieux chef, en larmes, des Sénécas, Marie se sentit traversée des pieds à la tête par une onde bouillante. C'était donc vrai, la nation iroquoise si longtemps tenue à distance entrait dans Montréal au pied même des défenses qu'elle avait tant de fois menacées. Falernes avait raison, le jour était mémorable, qui voyait ce miracle.

Marie se retint de se jeter dans les bras de François, attendit, trépignante. Cela ne se faisait pas en public. Il vint vers elle, baisa sa main.

— Il y avait un sachem quasi centenaire qui sautait en l'air en criant « Hai, hai ! », nous manquâmes chavirer, dit-il, hilare. Sais-tu qu'il en vient aussi des rives du fleuve Missouri, de l'Acadie ! Regarde, ces hommes ici aujourd'hui, c'est le triomphe du talent français !

Il lui montra des chefs aux noms étranges, Quarante Sols et Jean le Blanc, Chichikatalo, Porc-Epic et la sachem Suzanne, d'autres, sortis des lointaines forêts d'où ils se ruaient, il y avait peu encore, sur les fermes et les bourgades de la colonie.

— Et celui-ci, le plus grand de tous, Teganissorens, notre adversaire le plus redoutable, qui mit le feu à sa capitale plutôt que de nous la livrer. Ils seront tous à la table de paix dans quelques jours. Bien, j'ai encore à faire, pardonne-moi, dit-il, exalté.

Elle le vit qui rejoignait les édiles et leurs invités. Mille Iroquois débarquaient, dans un désordre salué par les canons de Montréal. Monsieur de Callières aurait sans doute un tour de cou, à s'incliner ainsi d'un sachem à l'autre. Et dire que l'on attendait pour les jours suivants la venue des Miamis et des Illinois, des Sakis et des Poteouatamis, de dizaines de clans dédiés aux divinités animales, les loups et les esturgeons, les oiseaux-tonnerre, les renards, les coyotes.

— Un monde, murmura Marie, étourdie par le bruit, les couleurs, le soleil dominant cette incroyable fête.

Ainsi dix années de guerre pouvaient-elles s'oublier en une seule journée. Elle songea aux souffrances des uns et des autres, au regard que, du ciel, ses anges tutélaires devaient porter sur l'événement. En vérité, la paix venait au bout d'un siècle de tueries, de sang versé. Elle joignit ses mains et loua François d'avoir œuvré, à sa modeste place, pour que tout cela arrivât.

Callières précéda les sachems sur le chemin de sa résidence. Il y eut cette chose extraordinaire, les capitaines français, si longtemps acharnés à briser la puissance indienne, accueillant leurs ennemis d'hier pour les conduire à la table de paix. Ainsi monsieur de Joncaire, celui-là même qui avait saisi la capitale iroquoise cinq ans auparavant, aidant l'homme qui l'avait tenu autrefois captif à descendre de son canot et, l'ayant longuement complimenté, prenant sa main pour cheminer avec lui.

Il y aurait des offrandes et des banquets, des danses, la population de Montréal doublerait en quelques jours. François Beauchêne aurait fort à faire au milieu de tous ces gens, allant des uns aux autres, s'empressant afin que chacun trouvât sa place entre préséances et susceptibilités.

« Ces gens réduits à la misère et à l'errance vont retrouver leur dignité. »

Le traité garantissait la liberté de chasse pour la nation iroquoise. Ce que les guerriers convoitaient depuis toujours et qu'ils n'avaient pu obtenir par les armes leur était offert par les diplomates, l'accès à la rive nord du lac des Ontarios.

« Il manquera pourtant une tribu à la table de la paix, avait regretté François.

— N'y a-t-il pas là les quarante ou presque qui peuplent ces pays ?

— Ils y sont, oui, sauf la plus redoutable.

— Et laquelle, mon beau sire ?

— Les Anglais. »

La nouvelle de la mort du Rat traversa la ville comme un boulet de canon. Kondiaronk, le vieux chef huron, s'était senti mal à la fin d'un long discours. On l'avait porté au château Saint-Louis, où il n'avait pas tardé à trépasser. Le gouverneur ordonna qu'on lui fasse des funérailles de souverain, auxquelles participèrent tous les sachems présents. Puis vint le temps des signatures.

Des retardataires s'étaient joints à la fête, les Mohawks, même, avaient annoncé leur venue. Ils signeraient plus tard. C'était une victoire totale, moins sur des peuples exsangues que sur les injustices et les cruautés d'une très longue guerre.

Lorsqu'il eut entre les mains le parchemin au long duquel les trente-neuf chefs Indiens avaient dessiné, en guise de signature, leur emblème, qui le loup, l'aigle ou le castor, qui le rat, le chevreuil ou la tortue, François Beauchêne ressentit un intense soulagement mêlé de tristesse. Monsieur de Frontenac eût goûté cet instant. François imagina sa sérénité, sa certitude du devoir accompli. Une lettre de Callières partirait pour Versailles, par le premier navire. On la porterait au roi, qui mesurerait ainsi l'œuvre de ses Canadiens.

— La colonie est sauvée.

A quel prix ! Cinq cents soldats et miliciens y avaient trouvé la mort, des dizaines de civils avaient payé de leur vie ou de leur liberté le droit de ne plus connaître la peur. L'agriculture était en majeure partie ruinée, le commerce, en sommeil depuis plus de dix ans. L'Iroquoisie à genoux ne représentait plus qu'un vague danger, les guerres futures la laisseraient en marge, inutile, nostalgique de son ancienne grandeur.

Marie Beauchêne allait pouvoir quémander pour ses miséreux un peu de l'argent que les gouvernants engloutissaient jusque-là dans les opérations militaires. Peut-être agrandirait-on l'Hôpital général, déjà débordant de sa chiourme en haillons. Madame Beauchêne n'avait pas attendu la signature du traité pour faire le siège de l'intendance, du fort Saint-Louis et de quelques autres places où se prenaient les décisions. François pouvait lui faire confiance, les puissants ne connaîtraient guère de répit entre ses assauts.

Mars 1702

L'homme ôta son chapeau et, cette fois, François le reconnut aussitôt.

— Monsieur Segal ! s'étonna-t-il. Vous êtes donc à Québec. Décidément, nous nous voyons rarement sous le soleil...

La nuit tombait. Une pluie rectiligne et glacée tombait sur la ville encore enneigée. François serra le col de sa pelisse. Il lui tardait de rentrer rue Notre-Dame. Segal se rapprocha de lui.

— Daniel est en ville. Il demande à vous voir.

François le considéra, éberlué.

— Des peaux à vendre ? La France n'en veut plus guère et le marché s'effondre. Pourquoi n'est-il pas demeuré dans le haut-pays ?

Segal haussa les épaules.

— Les peaux ne nourrissent plus leur homme, c'est hélas bien vrai. Daniel a voulu revoir la femme chez les sœurs ursulines. Il veut aussi que vous lui montriez votre sœur.

François jura. Depuis qu'elle avait été recueillie à la maison Falernes, Marguerite Beauchêne se confinait dans le silence. Sa libération semblait avoir achevé de lui ôter le peu de raison qui lui restait. « Un meuble », disait d'elle Jeanne de Falernes, qui tentait avec patience de la ramener au monde.

— Où est-il ? grogna François.

— A la ville basse, monsieur, au quartier des pauvres gens.

Les deux hommes descendirent la côte sans se parler. François éprouva un sentiment désagréable. Il avait fini par se soulager du poids que son aîné faisait peser sur ses épaules. Daniel menait sa vie loin des autres, il s'était perdu dans les vastes espaces du Canada, au point qu'il semblait que tout le monde l'eût oublié.

Justice. Le mot battait aux tempes de François. Son frère en avait une conception personnelle, loin des accommodements de la politique. Il y avait eu la vengeance de Schenectady, légale, et la mort du grenadier, qui l'était moins. Maintenant, Daniel se jetait à nouveau dans la gueule du loup.

Ils parvinrent au quartier des oubliés dans les dernières lueurs du jour. C'était au bout de la rue Sous-le-Fort, contre les remparts, une sorte de village informe, une cour des miracles où les miséreux et les mendiants que n'hébergeaient pas les hospices se réfugiaient sous des abris de fortune. Segal souleva un drap tenu par des bouts de bois. Des hommes en haillons gisaient là, recroquevillés. Près d'eux, assis les jambes en tailleur et tirant sur une pipe, Daniel Beauchêne.

— Tu n'as pas ta raison, lui dit aussitôt François en s'accroupissant.

Daniel eut un rire bref.

— Une secousse[1] qu'on ne s'est vus, eh, moineau ?

— Oui, Daniel.

— L'Anglais avec son anneau à l'oreille, tu te souviens, je pense. Je lui ai donné du plomb sur la rivière Mohawk. Monsieur Tomkins est en enfer à c't'heure, et p't-êt' ben que je l'y rejoindrai bientôt.

François acquiesça. A sa façon, Daniel lui donnait encore la leçon. On pouvait aller au bout des choses, avec un peu d'obstination et suffisamment de haine à l'âme. François se releva.

— Notre sœur est comme une enfant, dit-il. Les Sauvages nous ont rendu un fantôme qui peine à me reconnaître. Nous la soignons du mieux possible, mais je crains que son esprit ne soit gâté à jamais.

Daniel s'appuya contre les planches disjointes de l'abri. François le trouva différent, presque détendu ;

1. Un bout de temps.

il sourit lorsque, pointant le doigt sur sa sacoche de cuir, Daniel lui dit que décidément rien ne changeait sur la colline de Québec.

— Je la verrai demain, dit-il.

— Tu ne le feras pas !

— Hé, le moineau qui se prend pour l'aigle !

Il s'était levé, d'un bond. François ne cilla pas. Le moineau avait pris de la densité physique, aux épaules et au torse.

— Tu vas déranger ces pauvres gens qui crèvent, Daniel.

Ils s'affrontèrent du regard. Segal toucha le bras de son compagnon. L'endroit, sordide, n'était pas fait pour la conversation. François Beauchêne avait raison, on avait pris suffisamment de risques comme cela, il était temps de quitter la ville. François se détendit.

— Ecoute-moi, dit-il, je ne peux t'interdire de revoir Marguerite, mais je ne veux pas que tu la rencontres rue Notre-Dame. Elle sort de la maison pour voir le monde, nous l'accompagnons souvent pour des promenades. Demain, à la tombée du jour, je serai avec elle au bas de la place Royale. Je ne te proposerai rien d'autre.

Daniel insista pour que sa sœur le reconnût. En vain. Par instants, elle sembla réagir, murmura « Ah oui, p't-êt' ben » ; puis son regard partit ailleurs.

François prit sa main.

— Nous essayons, chaque jour que Dieu fait. Les religieuses de Montréal et de Québec ont recueilli quelques-unes de ces pauvres femmes, celles qui n'ont plus de famille. Toutes ont de la misère à se remettre dans la vie ordinaire. Marguerite a perdu l'esprit, tout bonnement.

Celle-ci ne réclamait rien. Mutique, elle passait ses journées devant une fenêtre, à contempler le fleuve.

— Il faut que tu ailles, maintenant, Daniel. Tu n'obtiendras rien de plus d'elle.

L'aîné des Beauchêne en avait terminé avec ses devoirs de vengeance et ses pèlerinages. Le Canada en paix lui offrait ses horizons jusque-là inaccessibles. Il disparaîtrait, cette fois pour toujours. François en éprouva un serrement au cœur. Une histoire prenait fin ; elle avait duré plus de dix ans, pétrissant les destinées comme la pâte sous les doigts d'un boulanger.

— Bien, conclut Daniel.

Un trio d'archers passa. L'état de guerre étant forclos, les nécessités civiles reprenaient le dessus. Leur ronde diurne terminée, ceux-là s'en retournaient chez eux.

— Hé, l'homme !

Un garde s'approcha. D'instinct, Daniel avait rabattu le bord de son feutre sur ses yeux.

— Je te connais, toi. Montre un peu ton visage.

Il regarda François, qui lui fit un signe d'incompréhension.

— Je suis François Beauchêne, secrétaire auprès de monsieur le gouverneur. Laissez-nous.

Daniel détala d'un coup.

— Tudieu ! s'écria l'archer. Il nous fuit !

Le trio se lança aussitôt à sa poursuite. François ordonna à sa sœur de l'attendre et se mit à courir à son tour. Daniel s'était élancé vers le fleuve. François décida de couper par la rue Notre-Dame. Vêtu d'une veste et de mitaines, Daniel serait plus rapide à la course que les hommes empêtrés dans leurs capots et portant leurs mousquets.

A bout de souffle, les jambes lourdes, François plongea à son tour vers la rive. Parvenu au bas de la rue Sous-le-Fort, il entrevit la silhouette de son frère. Au moment où, s'étant placé au milieu de la voie, il levait les bras pour l'appeler, il entendit des coups de feu, ressentit une brûlure dans les reins. Foudroyé, il tomba à genoux dans la neige fondue.

Le fleuve charriait des glaçons vastes comme des parcelles de blé d'Inde. Encore gelé en maints endroits, il ménageait à ce lent flux des couloirs dans lesquels les fragments se frôlaient, s'entrechoquaient, se poussaient l'un l'autre. De cette gigantesque marée montait un murmure entrecoupé de craquements sinistres, comme si un poing de colosse serrait le tout et le brisait.

Daniel aperçut la brume qui montait de ce maelström ; cela se passait souvent ainsi à la nuit tombante. Des volutes blanches accompagnaient le déferlement, s'épaississant au fil des minutes, elles finissaient par tout envahir et se lançaient alors à l'assaut des rives, qu'elles noyaient dans une pénombre grise.

Tandis qu'il descendait à la hâte les escaliers de terre menant à la ville basse, Daniel avait repéré un passage assez loin en aval. En s'élargissant, le fleuve ralentissait le mouvement de la glace. A cette époque de l'année, plus grand monde ne se risquait à traverser à pied. Il n'était de dégel sans que l'on comptât nombre de malheureux, ou d'imprudents, écrasés, noyés, voire raidis sur pied en tentant de rejoindre la côte sud. Daniel se retourna. Les taches bleues des uniformes étaient encore loin, sous l'évêché.

Il longea en courant la falaise, les quelques maisons précédant la demeure d'un patricien. Une batterie de trois canons s'élevait au bord de l'eau, à quelques dizaines de pas du cap est de la ville. Daniel distingua les silhouettes des archers, ralentit son pas, le temps de reprendre haleine. Puis il s'élança à nouveau.

Un étroit corridor séparait la falaise des fortifications consolidées par Frontenac. Daniel chercha l'endroit où il pourrait franchir le mur grossier de pierre, de poutres et de ciment. Québec était autrement défendue que Montréal, les émules de monsieur de Vauban continuaient d'y travailler. Daniel finit par trouver une solution de continuité dans la muraille, où les blocs ménageaient une sorte d'escalier. Parvenu au sommet, il se retourna, vit que le chemin était désert.

A ses pieds, le fleuve était figé, cela paraissait tenir aussi loin que portait le regard. Il estima le saut à une dizaine de pieds, s'agrippa comme il put au rebord, bascula de l'autre côté. Très vite, il dut lâcher prise, chuta lourdement sur la glace. Etourdi, les fesses endolories, il se releva et se mit aussitôt en marche.

Des cris lui annoncèrent l'arrivée des gens d'armes. On avait dû le voir au sommet de la défense, mais il y avait fort à parier que les soldats hésiteraient à le suivre par le même chemin. Lorsque des coups de feu retentirent à nouveau, il rentra d'instinct la tête dans les épaules, se courba et se mit à courir.

Le plomb sifflait autour de lui, fusant à la surface ; une balle, en ricochant, lui troua la veste près de sa hanche. Il pesta. La corde de ses mocassins devait être usée, elle tenait mal la glace. Le moment viendrait, tout de même, où il aurait parcouru une bonne distance et puis les tireurs d'élite n'étaient pas foison à Québec. Souffle bloqué, il finit par se mettre hors de portée des tirs. La vue des vestes bleues alignées en haut de la défense, arme au pied, le soulagea. Il ne demanderait pas son reste, poursuivit sa route.

Il n'avait jamais vu la ville ainsi, depuis le fleuve qu'elle dominait de toute sa majesté. Peu à peu, les nuées grises s'élevant de la surface en fondirent les contours, jusqu'à ce que seule la flèche de la cathédrale y fût encore visible. Lorsque tout eut disparu, Daniel fut parcouru par un long frisson. Une étoffe cotonneuse le cernait de toutes parts, au cœur de laquelle il devenait impossible de se repérer. Seul le vent venu de l'aval, griffant ses joues, pouvait le tenir dans la bonne direction, à condition qu'il n'ait pas la fantaisie de tourner.

Le moment n'était pas propice à se souvenir. Pourtant, Daniel ne put s'empêcher de repenser à ses expéditions au large, quand le gel immobilisait le fleuve jusqu'au sault de Lachine et même plus loin. Les enfants du village avaient coutume de construire des traîneaux auxquels ils s'attelaient, tirant et poussant. Du fleuve, ils apercevaient les bois cernant la colonie, et cette proximité avec le danger indien faisait battre leur cœur.

Daniel serra la ceinture de sa veste, enfonça son feutre jusqu'aux oreilles. Printemps ne voulait pas dire douceur sur le fleuve ; l'hiver avait été rude, long. C'était ainsi depuis des années, une sorte de climat glaciaire qui prolongeait la froidure et l'approfondissait, à se demander s'il ne s'étendrait pas bientôt sur les autres saisons[1]. Daniel s'arc-bouta. Avec un peu de chance, il tiendrait encore là où, passé le goulet de Québec, les eaux s'étalaient à nouveau entre les rives.

La nuit tomba sur la brume tandis que le vent forcissait. Par endroits, la glace formait des reliefs, des ponts même, sur lesquels il n'y avait aucune prise. De près, la surface apparemment étale du fleuve n'était que chaos, pièges parfois plus hauts que des chevaux ; ailleurs, elle se creusait de failles plus ou moins profondes dans lesquelles on pouvait se briser les os ; en même temps, elle était refuge vers lequel les traîneaux des soldats ne s'aventureraient pas. Daniel chuta à plusieurs reprises.

Avancer ainsi dans la pénombre devenait dangereux. Il sentit peu à peu le froid pénétrer sous son pantalon de laine, couler le long de son cou, vers ses épaules. Quel chemin avait-il parcouru ?

La Pointe-de-Lévy était distante de Québec d'environ trois mille verges. Pour une traîne et une mule, en janvier et par temps sec, c'était l'affaire d'une petite heure. Là, dans le maelström du dégel,

1. Petite période glaciaire (1645-1715), appelée « minimum de Maunder ».

bien autre chose. Daniel entendit un bruit de branche morte se détachant d'un arbre. Le sol se mit soudain à tanguer sous ses pieds. Il s'accroupit. Un jour, à Lachine, il avait vu un homme, seul sur un glaçon que la débâcle emportait. Incapable de garder son équilibre, le malheureux avait fini par disparaître entre les blocs. Digéré par le sault. On ne l'avait jamais retrouvé.

Dérivant, Daniel s'agenouilla, écouta les chocs de son esquif contre d'autres, semblables. Les chenaux étaient souvent étroits au début de la fonte, d'immenses espaces gelés arrêtaient le phénomène, créant des retenues où tout se figeait à nouveau. Daniel attendit. Rien de tel, ce soir-là. Par instants, le murmure de l'eau vive se faisait entendre, le cours semblait s'accélérer. Lorsque, enfin, la balade cessa, brutalement, il se dressa. Il lui fallait quitter la mouvance, toucher la glace affermie. Il fit un pas, tomba tête en avant, s'assommant à moitié contre un bloc en partie immergé.

L'eau froide le piqua ; en quelques secondes, son vêtement s'en trouva trempé. Il rua, griffa la surface, parvint à se hisser sur le dur. Là, il demeura un long moment allongé sur le côté, à reprendre son souffle.

Il n'avait aucune idée de l'endroit où il se trouvait. Son radeau avait tourné sur lui-même au fil du courant. La glace, qui tenait, pouvait aussi bien être attachée à la côte nord. Ainsi reviendrait-il tout aussi bien à Québec, ou terminerait-il sa folle course du côté de Beauport. Il se mit à quatre pattes. Un autre chenal et c'en serait fini de lui. Le froid l'engourdissait.

Il avança tel un chien, de plus en plus vite. Lorsqu'il fut certain d'être à nouveau sur de la glace ferme, il se mit debout et, grelottant, reprit sa marche avec de grands mouvements des bras afin de se réchauffer. Lorsqu'il sentit qu'il s'enfonçait dans une boue neigeuse, il poussa un cri rauque et s'affala, épuisé.

Il s'éveilla dans une aube aux relents de vase. Le brouillard masquait toutes choses, à commencer par les possibles chemins de campagne. Il se mit aussitôt en quête d'une piste, d'un signal quelconque.

La côte sud, si toutefois c'était elle, était faiblement peuplée ; loin de Québec, ouverte aux intrusions et sans défenses. Des colons s'y étaient pourtant installés, la terre y était généreuse. Daniel distingua des bois, finit par trouver l'entrée d'un sentier. Très vite, il longea des prairies, tituba jusqu'à une construction basse percée d'une unique fenêtre et dont la porte était entrouverte. Une étable, à l'intérieur de laquelle un fermier trayait une vache.

Lorsqu'il le vit couvert de boue jusqu'aux cheveux, hagard, les yeux injectés, l'homme eut un geste du menton vers un seau empli de lait.

— Bé, tiens, bois-en un coup, dit-il, je pense que ça te fera du bien.

20

Juillet 1702

Les hommes s'en étaient allés faucher les céréales d'été. Quasiment nus, suant leur besogne sous les derniers feux du soleil, ils s'étaient égaillés sur toute la largeur du champ.

Daniel vit les feux devant les habitations. Les femmes allaient de l'un à l'autre, portant les fagots ou les enfants, parfois les uns à bras et les autres sur le dos, en même temps.

Daniel s'assura que le jésuite n'était pas dans la place. Il se méfiait de cette sorte de gens capables d'onction face à vous et de traîtrise dès le dos tourné. Il y avait désormais bien d'autres villages où le zèle du père Xavier pouvait s'exercer. La Grande Paix de Montréal ouvrait largement la porte du haut-pays aux évangélisateurs de toutes obédiences ; un royaume tout neuf pour les soldats de Dieu.

Il se glissa entre les demeures indiennes. C'était, pour les Iroquois, le temps des teinturières. Le sol prenait les couleurs des tissus mis à sécher de toutes parts. Pagnes et jupes, couvertures, capots, la petite fortune à venir des villageois s'étalait au grand jour.

Daniel pénétra dans la maison d'Oneida. Voyageur semblable à quelques autres, simple passant revenant chez lui le temps d'une halte sur la route du castor, il s'assit face à son épouse et demeura silencieux tandis qu'elle s'agenouillait à côté de lui.

— Je vais t'emmener, dit-il, et l'enfant aussi.

Il se pencha vers Ozadée. Sa fille était un assez joli mélange de races ; des cheveux de la couleur des châtaignes, des yeux noirs aux brides atténuées, un corps gracile aux attaches menues.

— Je sais parler le français, dit-elle, le père Xavier m'apprend.

Les choses allaient bien ainsi. Daniel caressa le front d'Oneida, demanda à la femme si elle acceptait de le suivre. On irait vers l'ouest, au-delà des frontières de la province. Déjà, des pionniers s'étaient élancés vers les grands espaces qui n'appartenaient encore à personne.

— Il y aura de nouveau la guerre, dit-il. Là-bas, elle ne nous atteindra pas, et personne ne viendra jamais nous chercher.

Elle dit oui, d'un hochement de tête. Les migrants seraient désormais chez eux dans les tribus. Ils n'auraient à craindre ni les embuscades ni les longues captivités. Par dizaines, ils prendraient librement épouses chez les Indiens, et fonderaient des familles. A l'ouest, passé les forêts où vivaient les castors, s'étendaient des prairies peuplées d'animaux sauvages nommés bisons. Cris et Lakotas leur donnaient la chasse depuis la nuit des temps.

— Fils du sergent venir avec nous, dit Oneida. Lui veut partir, aussi.

— A la bonne heure, il ne sera pas de trop pour faire la route. Nous cheminerons dès demain, à l'aube.

Daniel contempla son petit clan. Il avait faim, et se détendit. A la poursuite du soleil couchant, il quitterait sans regret le monde civilisé, jusqu'à oublier lui avoir appartenu.

Québec, novembre 1702

François Beauchêne se leva péniblement de son fauteuil. Sa jambe droite lui refusant tout service, il se mit en équilibre sur un pied, puis, ayant saisi sa canne, grimaçant, il pesa lourdement sur le pommeau et fit un pas vers son bureau.

L'entrée de Marie accompagnée de leur fils lui arracha un sourire. L'enfant se précipita.

— Je vous aide, père, dit-il.

Il avait appris à lui offrir son épaule. Ainsi équipé, François pouvait se mouvoir à travers la pièce. Bientôt, il aurait permission de se risquer seul en ville, avec le secours d'une béquille que l'armateur Falernes faisait confectionner à sa mesure.

— Grand merci, mon petit Etienne.

Marie posa des dossiers sur le bureau.

— Monsieur de Callières te confie ces documents, dit-elle. Il prétend que tu sauras les mettre en forme.

François la remercia. Voyant son désarroi, elle vint vers lui et le serra contre elle.

— Tu progresses de jour en jour, mon beau, murmura-t-elle.

Il haussa les épaules. La décharge de plomb l'avait laissé paralysé. Puis, très vite, il avait récupéré l'usage d'un membre, au prix d'intenses douleurs dont il ressentait encore, par périodes, l'acuité.

Il songea à la patience nécessaire pour qu'il puisse à nouveau s'asseoir sur une chaise portée ou dans un attelage, et sortir enfin de la maison. Le médecin du gouverneur était formel, le jour viendrait où la souffrance serait oubliée. Il fallait que le corps se reconstituât, certes différent mais valide pour l'essentiel.

François sentit le ventre plein et dur de Marie. « Valide pour l'essentiel », la formule le fit sourire. Sa femme s'était emparée de leur relation charnelle, « mon domaine afin que tu guérisses », avait-elle décidé. Il avait craint longtemps que le tir de l'archer n'ait tranché sa capacité à jouir ; la nature, bonne fille, l'avait rassuré au bout de nuits passées à broyer des angoisses aussi noires que l'hiver.

— Ma bonne fée, dit-il, je voudrais que l'enfant à venir soit une fille. En vérité, vous êtes les anges de la paix. Nous autres sommes tant attirés par la guerre. Rien de bon à attendre de la gent masculine.

Il s'assit à son bureau, se cambra. Le gouverneur lui faisait parvenir assez d'ouvrage pour lui occuper l'esprit le jour durant. De son côté, Falernes lui confiait comme par le passé les comptes de la société d'armement. La vie reprenait son cours avec lenteur, des âmes bienveillantes, aimablement oublieuses, se penchaient avec charité sur François Beauchêne.

Demeuré seul, il se laissa aller contre le dossier de son fauteuil. Libérée de son carcan guerrier, la colonie prospérait déjà ; comme si tout avait été préparé depuis toujours pour qu'elle puisse enfin laisser sa vitalité se répandre. Ah ! Si le roi se décidait une fois pour toutes à la peupler comme elle le méritait ! Elle serait alors autre chose qu'un lointain territoire enneigé six mois sur douze ; une vraie France d'Amérique, aussi puissante que sa rivale anglaise. Pérenne, dans des frontières ardemment défendues.

François ferma les yeux. Douze ans après le massacre de sa famille, il avait participé à un acte d'histoire. A sa manière. Au fond, Marie devait être satisfaite de le savoir débarrassé de ses velléités aventureuses. Ainsi réduit, ayant fait sienne l'idée que le bonheur se trouvait enclos dans les étroites limites d'une ville et de ses faubourgs, le cadet des Beauchêne serait le notable qu'il avait rêvé de devenir. Un jour, peut-être, il entrerait au Conseil souverain, lui, le cadet de Gabrielle et Etienne Beauchêne, simples habitants d'un village nommé Lachine.

Il goûta le silence de la maison, la lumière déclinante du jour sous le ciel bas d'où tombaient, erratiques, les premiers flocons. Les nouvelles de France n'étaient pas fameuses. Le roi se préparait à subir l'assaut d'une nouvelle coalition d'Européens. Il n'était plus le souverain plein d'orgueil et de puissance, désireux de placer son pays au premier rang des nations, mais un vieil homme comptant ses sous, pesant sur son peuple pour en extraire des soldats et de l'argent.

— Maudites douleurs.

Il fallait les conjurer. François redressa son buste et, ayant saisi sa plume, se remit à sa besogne de secrétaire.

Composé par Nord Compo Multimédia
7, rue de Fives, 59650 Villeneuve-d'Ascq

Cet ouvrage a été imprimé en France par

CPI
BUSSIÈRE

à Saint-Amand-Montrond (Cher)
en octobre 2011

N° d'édition : 8812 – N° d'impression : 112889/1
Dépôt légal : novembre 2011